Vorsicht
Geldfalle!

Rechtsanwalt
Thomas Hollweck

Vorsicht
Geldfalle!

Ein unterhaltsames Buch
über Abzocke und Betrug
in Deutschland

Seltsame und kuriose Fälle
aus dem Verbraucherrecht

Bibliografische Information der
Deutschen Nationalbibliothek:

Die Deutsche Nationalbibliothek verzeichnet diese Publikation in der
Deutschen Nationalbibliografie; detaillierte bibliografische Daten
sind im Internet über http://dnb.dnb.de abrufbar.

© 2017 Rechtsanwalt Thomas Hollweck
www.kanzlei-hollweck.de
1. Auflage Februar 2017

Herstellung und Verlag:
BoD - Books on Demand, Norderstedt
ISBN: 978-3-7431-7266-1
Printed in Germany

Vorwort

Ich arbeite seit vielen Jahren als Rechtsanwalt im Verbraucherrecht. Nahezu täglich setze ich mich dabei mit rechtswidrigen Forderungen auseinander, die gegen meine Mandanten gerichtet werden. Derartige Rechnungen oder Mahnungen entstehen häufig aus Fallen, in die die Betroffenen zuvor unbemerkt und ungewollt geraten sind.

Es ist erstaunlich, an welchen unvermuteten Stellen solche Kostenfallen lauern. Selbst auf den ersten Blick seriös erscheinende Großunternehmen schrecken nicht davor zurück, ihre Kunden in die Falle laufen zu lassen, nur um ein wenig mehr Gewinn am Jahresende zu erzielen. Die Kundenfreundlichkeit bleibt dabei auf der Strecke.

Die meisten Fallen gehen jedoch von zahllosen kleineren Firmen aus, die sich oftmals nur aus dem Grund erschaffen haben, um dem Kunden illegal Geld aus der Tasche zu ziehen. Der einzige Unternehmenszweck besteht dann darin, unbemerkt und heimlich angebliche Verträge unterzuschieben, auf deren Basis rechtswidrige Rechnungen verschickt werden können. Andere wiederum belassen ihren Kunden zunächst im Glauben, dass die Kosten im Rahmen bleiben, rechnen am Ende jedoch einen völlig überhöhten Betrag ab.

Damit Ihnen so etwas nicht passiert, habe ich mich dazu entschlossen, dieses Buch zu veröffentlichen. Es berichtet über die wichtigsten Geldfallen, die Ihnen derzeit in unserem Land drohen. Kennen Sie erst einmal die Gefahr, dann können Sie diese bewusst umgehen.

Zu Beginn eines Abschnitts stelle ich Ihnen die jeweilige Geldfalle in einer Kurzfassung vor. Sie haben damit einen Überblick, um was es in dem Kapitel geht. Anschließend lesen Sie die Geschichte eines meiner Mandanten, welche die Falle beispielhaft verdeutlicht. Danach erfahren Sie, wie man aus einer Kostenfalle wieder heraus kommt und wie sie für die Zukunft vermieden werden kann.

Das Buch wurde von mir selbst geschrieben, korrigiert, lektoriert und mit einem Layout versehen. Es ist damit eine vollständige Eigenproduktion der Kanzlei Hollweck. Natürlich habe ich mir die größte Mühe gegeben, um Fehler zu vermeiden. Sollte sich dennoch der eine oder der andere eingeschlichen haben, so bitte ich um Nachsicht.

Ich hoffe, Ihnen mit diesem Buch eine wichtige Hilfestellung zu geben, damit Sie niemals in eine Geldfalle geraten und von übermäßig hohen Rechnungsbeträgen verschont bleiben.

Thomas Hollweck
Berlin, im Februar 2017

Inhaltsverzeichnis

Reisebuchungen im Internet 9
Reisebuchung ohne Buchung? 9
Täuschung mit der Reservierungsmöglichkeit 12
Buchung trotz abgestürzter Homepage 17
Die verschwundene Buchungsbestätigung 19
Versteckte Gebühren 23
Abgefälschte Buchungsdaten 26
Die Masche mit „Flug und Hotel Gemixe" 28
Völlig überhöhte Stornokosten 33

Unseriöse Partnervermittlungen 39
Freizeit wider Willen 39
Eine unglaubliche hohe Vermittlungsgebühr 46
Ungewollte Mitgliedschaft im Online-Datingportal 51
Kündigung unmöglich 56
Mitgliedschaft per abgestürztem Handy 61
Schadensersatzforderung statt Liebesglück 63
Vorgetäuschte Profile und Karteileichen 67

Strafen auf dem Kundenparkplatz 70
Ein Schild bestraft die Kunden 72
Nur fünf Minuten führen in die Kostenfalle 78
Außerhalb der Markierung und schon ein Feind 79
Der defekte Parkscheinautomat 81
Eine Inkassomahnung aus dem Nichts 85
Strafzettel mit Fehlern 87

Geldattacken auf Handy und Festnetz 90
Handyrechnung verdreifacht die Urlaubskosten 90
Teures Surfen auf dem Schiff 102
Handydiebstahl in Barcelona 104
3.600 SMS von Handyvirus verschickt 110
178 Stunden Telefonate nach Nigeria 113
Call-by-call Fallen 115
Problemfall Provision 118
Plötzlich ein ungewollter Neuvertrag 126
Versteckte Preiserhöhungen 128

Drittanbieter auf der Handyrechnung 131
Nie getätigte Anrufe 133
Unerwünschte Servicedienste 135
Plötzliche Abos auf der Rechnung 136
Vertrag ohne jeglichen Vertragsschluss 138

Vertragsfallen 141
Die angeblich kostenlose Registrierung im Internet 141
Probemitgliedschaft mit unerwarteten Folgen 145
Abovertrag durch vorgetäuschte Gewinnspiele 147
Das harmlose Formular mit Hintergedanken 149
Ein unfairer Anruf voller Lügen 151

Unwahrheiten im Fitnessstudio **154**
Die unmögliche Kündigung bei Umzug 154
Gedrängte Überrumpelung zum Vertragsschluss 157
Das plötzlich verschwundene Studio 159
Leere Versprechungen 162

Das Geschäft der Kreditvermittler **165**
Viel Geld für einfaches Rechnungssortieren 165
Betrügerische Reisekostenerstattungen 169
Unterschriften für unnütze Zusatzverträge 171
Abkassieren und dann den Kredit ablehnen 173

Unerwünschte Zeitungsabos **175**
Angebliche Unterstützung von sozialen Projekten 175
Teure Gratis-Abos 177
Unerwartetes Zeitungsabo nach Einkauf im Internet 179
Gewinnspiele mit Abogarantie 181

Schlüsselnotdienste **183**
Ein sehr hoher Preis 183
Bedrohungen und Einschüchterungen 188

Geldfallen lauern überall **191**
Freunde auf sozialen Netzwerken bitten um Geld 191
Betrügerische Kleinanzeigen im Internet 196
Gutscheine für unseriöse Online-Shops 198
Vorsicht bei Vorkasse 200
Gebrauchtware wird als neu verkauft 205
Der arglistige Weinverkäufer 208
Schlank werden leicht gemacht? 211
Angeblich kostenlose Kreditkarten 214
Betrug beim Online-Banking 218

Reisebuchungen im Internet

So manches Online-Reiseportal scheint nicht genug Gewinn zu erwirtschaften und muss daher versuchen, über anderweitige vom rechtschaffenen Pfad abweichende Methoden Geld vom Kunden abzuziehen. Sie können sich gar nicht vorstellen, wie oft ich Anfragen von Personen erhalte, die in die Kostenfalle eines Online-Reisebüros getappt sind. Da werden Reisen abgerechnet, die noch gar nicht gebucht wurden, weil der abschließende Buchungs-Button nie gedrückt wurde. Da gibt es Zahlungsaufforderungen, obwohl während des Buchungsvorgangs die gesamte Homepage abgestürzt ist. Reisen werden gleich mehrfach für die selbe Person berechnet, und Reservierungen sind gar keine, sondern bereits feste Buchungen. Im folgenden stelle ich Ihnen die kuriosesten und am häufigsten vorkommenden Geldfallen im Bereich der Reisebuchungen im Internet vor.

Reisebuchung ohne Buchung?

Welche Geldfalle droht hier? Sie schauen sich die Urlaubsangebote eines Online-Reiseanbieters an. Bei einem Angebot geben Sie Ihre Daten ein, um weitere Informationen zu erhalten. Plötzlich bestätigt Ihnen die Seite eine gebuchte Reise, obwohl Sie nie den entsprechenden Buchungsbutton angeklickt haben.

Man sollte meinen, dass eine Online-Reisebuchung erst dann zustande kommt, wenn wenn man tatsächlich den Buchungsbutton angeklickt hat. Für einige Internet-Reiseportale gilt diese simple Regel anscheinend nicht. Diese eher unseriös agierenden Unternehmen bestätigen ihrem Homepagebesucher gerne mal eine Reise, ohne dass dieser bis zur abschließenden Buchungsmaske kam.

In rechtlicher Hinsicht ist die Sache eindeutig: Eine verbindliche Reisebuchung kommt immer erst dann zustande, wenn der hierfür vorgesehene Buchungsbutton gedrückt wurde. Dieser muss für den Kunden klar erkennbar den finalen Kauf tätigen. Wurde der Button nie angeklickt, so gibt es auch keinen Reisevertrag.

Möglicherweise geht es mit diesen rechtlichen Vorgaben so manchem Reiseportal nicht schnell genug. Einige Reiseunternehmen im Netz bestätigen ihren Kunden bereits weit vor dem Erreichen des finalen Bestätigungsbuttons eine gebuchte Reise. Die Verwunderung beim Kunden ist dann natürlich groß.

Eine Mandantin von mir wollte eine Übernachtung in einem Hotel in Rom buchen. Sie ging auf dem Online-Reiseportal die gesamte Prozedur durch, hatte Name, Adresse etc. eingegeben und die Allgemeinen Geschäftsbedingungen des Reiseunternehmens akzeptiert. Auf einen Buchungsbutton stieß sie zu dieser Zeit noch nicht, immer nur auf ein „Weiter"-Feld.

Nachdem sie abermals auf das besagte „Weiter" geklickt hatte, wurden ihr auf der sich dann aufbauenden Seite plötzlich vorher gänzlich verschwiegene Gebühren offenbart. So sollte sie auf einmal Gebühren dafür bezahlen, dass sie überhaupt bezahlen durfte. Egal, welche Zahlungsart, ob Überweisung oder Kreditkarte, es fiel immer eine vom Portal festgelegte Gebühr an. Diese kam zum Reisepreis hinzu und wurde vorher an keiner Stelle erwähnt. Jene Zusatzgebühren machten das Angebot für meine Mandantin plötzlich unattraktiv, und sie fühlte sich als Kundin verschaukelt. Auf anderen Reiseseiten, die sie vorher bereits besucht hatte, gab es solche Gebühren nicht.

Verärgert brach sie die Buchung an jener Stelle ab und klickte die Seite in ihrem Browser weg, indem sie in der oberen Leiste die Registerkarte schloss. Schließlich entschied sie sich dazu, die gewünschte Hotelübernachtung bei einem anderen Onlineportal zu buchen, was wie erwartet ohne zusätzliche Zahlungsgebühren funktionierte.

Irritiert war die Kundin dann aber, als sie unerwartet eine E-Mail vom ersten Portal erhielt, welches sie eigentlich längst abgebrochen hatte. Diese Nachricht beinhaltete seltsamerweise eine Bestätigung für die nie gebuchte Hotelübernachtung und ein Rechnungs-PDF über 108 Euro.

Natürlich nahm meine Mandantin das nicht hin und schrieb umgehend eine E-Mail an das Reiseportal. Darin machte sie deutlich, dass sie zu keinem Zeitpunkt eine verbindliche Buchung abgab, sondern sich lediglich über das Angebot informiert und ihre Daten eingegeben hatte. Bis auf die „Weiter"-Buttons habe sie nichts angeklickt, was auf einen verbindlichen Reisevertrag hätte hindeuten können. Die Kundin ging nach wie vor von einem Irrtum aus und bat das Unternehmen, ihre Daten und die Rechnung aus dem System zu löschen.

Eine Antwort blieb zum Erstaunen der Kundin aus. Um dennoch gegen die ungerechtfertigte Rechnung weiter vorzugehen, verschickte meine Mandantin schließlich fünf E-Mails, ein Fax, und versuchte mehrmals, einen Mitarbeiter über die telefonische Hotline zu erreichen – vergebens. Das Reiseportal war einfach nicht erreichbar. Die Rechnung blieb unangetastet im Raum stehen, und nach einiger Zeit folgte sogar eine Zahlungserinnerung. Vermutlich hatte der Computer des Reiseunternehmens registriert, dass für die vergebene Rechnungsnummer kein Zahlungseingang festgestellt werden konnte und verschickte vollautomatisch eine Rechnung an meine Mandantin.

Schließlich meldete sich nach vielen Tagen ein Mitarbeiter bei ihr, jedoch nicht, um die Angelegenheit aufzuklären, sondern nur um die Kundin zur Zahlung aufzumuntern. Meine Mandantin nutzte die Gelegenheit und klärte den Anrufer über die nie getätigte Buchung auf. Jetzt endlich, so hoffte sie, würde sich alles richtigstellen lassen.

Weit gefehlt. Der Mitarbeiter reagierte nicht etwa verständnisvoll und mit der Aussage, dass er sich um alles kümmern werde und sich die Angelegenheit bestimmt bald zur Zufriedenheit der Kundin aufklären würde. Nein, stattdessen antwortete er unfreundlich und blieb in kundenfeindlicher Manier dabei, dass meine Mandantin die Buchung getätigt habe und nun bezahlen müsse. Da helfe alles nichts.

Wie erwartet traf einige Tage später eine erneute Zahlungserinnerung ein. Der telefonisch geäußerte Widerspruch blieb ungehört.

Schließlich wandte sich die genervte Kundin an meine Kanzlei, und wir legten einen schriftlichen Widerspruch gegen die Rechnung ein. Dieser war einfach zu begründen, denn das Online-Reiseportal musste lediglich um Nachweis des angeblich getätigten Vertragsschlusses gebeten werden. Natürlich gelang das dem Unternehmen nicht.

Rechtlich betrachtet muss immer diejenige Partei, die einen Vertrag behauptet, diesen auch nachweisen. In dem hier vorliegenden Fall musste nicht meine Mandantin beweisen, dass sie keine abschließende Buchung getätigt hatte, sondern es oblag der Reisefirma, den behaupteten Vertrag nachzuweisen.

Gerade bei im Internet abgeschlossenen Verträgen gestaltet sich so etwas sehr schwierig, da das Unternehmen keinen Beweis erbringen kann. Bei einem schriftlichen Vertragsschluss könnte es den unterschriebenen Vertrag vorlegen, bei einem telefonischen Vertragsabschluss die Tonaufzeichnung. Aber bei einem Online-Vertrag? Welchen Beweis will es hier vorlegen?

Genau das ist das Problem, mit dem viele im Internet agierenden Firmen zu tun haben: sie können einen behaupteten Vertrag kaum nachweisen. Für den Kunden ist das positiv, denn dadurch hat er gegen lediglich behauptete Verträge eine starke Waffe in der Hand. Kann das Reiseunternehmen den Vertrag nicht beweisen, so gibt es keinen, und der Kunde muss nicht zahlen.

Gleiches würde vor Gericht gelten. Das erste, was der Richter sehen möchte, ist der Vertrag. Kann das Unternehmen, das den Vertragsschluss behauptet, diesen nicht dem Gericht vorlegen, so ist das Verfahren schon beendet und die Klage wird abgewiesen. Gleiches gilt im außergerichtlichen Bereich, denn kann eine Firma bereits zu diesem Zeitpunkt keinen Vertrag vorlegen, so kann es das erst recht nicht vor Gericht. In einem solchen Fall ist die Angelegenheit vollständig beendet, der Kunde muss mit keinen weiteren Schritten rechnen.

Leider kommt das Phänomen der angeblichen Reisebuchung ohne konkreten Buchungsbutton immer häufiger im Netz vor. Es besteht tatsächlich der Verdacht, dass einige Reiseportale auf diese Weise vermehrt Buchungen unter Dach und Fach bringen möchten. Denn wird dem Kunden erst mal eine verbindliche Buchungsbestätigung vorgelegt, so wird dieser im Zweifel jene akzeptieren und nicht den Weg des rechtlichen Einschreitens wählen. Es kann durchaus sein, dass so manches unseriöses Reiseunternehmen auf diese verwerfliche Strategie der Kundengewinnung setzt.

Behauptet ein Reiseunternehmen Ihnen gegenüber, dass Sie einen Reisevertrag abgeschlossen haben, so fordern Sie die Gegenseite schriftlich dazu auf, den angeblichen Vertrag vorzulegen, oder zumindest nachzuweisen. Im selben Schreiben legen Sie gegen die Rechnung Widerspruch ein und erklären vorsorglich die Anfechtung des Vertrags. Natürlich kann das Unternehmen keinen Vertrag vorlegen oder beweisen, da Sie nie einen abgeschlossen haben. Alleine der Hinweis, dass Sie Ihre persönlichen Daten in das Formular auf der Homepage eingegeben haben, genügt nicht für einen Vertragsnachweis.

Solange Sie nicht sicher sind, ob Sie eine bestimmte Reise buchen möchten oder nicht, rate ich von der Eingabe persönlicher Daten ab. Geht es gar nicht anders, etwas weil die Homepage weitere Reisedaten erst nach Eingabe der Daten zeigen möchte, dann verwenden Sie allgemeine Angaben wie beispielsweise „Mustermann", nicht aber Ihre eigenen Daten. Das ist rechtlich in Ordnung, solange die Daten nicht an das Reiseportal übertragen werden und Sie mit diesen Daten nicht auf den abschließenden Jetzt-verbindlich-buchen-Button klicken.

Täuschung mit der Reservierungsmöglichkeit

Welche Geldfalle droht hier? Sie reservieren über ein Online-Reiseportal eine Reise. Plötzlich behauptet das Reiseportal, dass Sie bereits eine verbindliche Buchung vorgenommen haben, und fordert Sie zur Zahlung auf.

Manchmal geht es mit der Urlaubsbuchung schneller, als sich so mancher wünscht. Die eigentlich nur reservierte Reise wird unerwartet als verbindlich bestätigt. Haben Sie in einem solchen Fall bei einem eher unseriös agierenden Reiseportal gebucht, so kann es schwirig werden, aus dem ungewollten Vertrag wieder herauszukommen.

Einer meiner Mandanten wollte über eine Reiseportal-Applikation auf seinem Mobiltelefon einen Urlaub für sich und seine Freundin finden. Nach ungefähr einer Stunde hatte er das passende Angebot entdeckt und versuchte, dieses über die von der App angebotene unverbindliche Reservierungsmöglichkeit zunächst nur zu reservieren.

Nachdem er die hierfür notwendigen persönlichen Daten eingegeben hatte, gelangte er nach Betätigung der letzten Dateneingabe automatisch auf eine neue Seite in der Applikation. Den unter der Datenmaske befindlichen Button konnte er aufgrund der automatischen Weiterleitung nicht betätigen. Auf der nun folgenden Seite erhielt er die Bestätigung, dass seine Dateneingabe erfolgreich war, weitere Informationen bekam er nicht. Etwas ratlos, ob die Reservierung funktioniert hatte, schloss er die Applikation.

Nur wenige Minuten später erhielt der Kunde zu seinem Erstaunen eine E-Mail mit der „verbindlichen Buchungsbestätigung". Es wurde damit nicht lediglich eine Reservierung vorgenommen, sondern bereits die abschließende Buchung. Glücklicherweise stand in der E-Mail die Möglichkeit zur sofortigen Stornierung der Reise. Das nahm mein Mandat per App unproblematisch vor.

Damit ging die Geschichte noch nicht zu Ende. Statt einer Stornierungsbestätigung erhielt der Kunde nun eine „verbindliche Reisebestätigung". Obwohl er nie einen Buchungsbutton angeklickt hatte und obwohl er die angebliche Buchung über die Applikation stornieren konnte, erhielt er einen Reisevertrag aufgedrängt.

Nun obläge es dem Reiseunternehmen, einen Nachweis zu erbringen, dass der Kunde tatsächlich eine von ihm gewollte abschließende Reisebuchung vorgenommen hat. In Fällen wie diesen, wo lediglich ein angeblicher Online-Vertragsschluss über eine Mobiltelefon-Applikation gegeben ist, kann das dem Unternehmen natürlich kaum gelingen.

Stellen Sie sich vor, Sie reservieren einen Sitzplatz im Kino. Im Gegensatz zur verbindlichen Buchung, bei der Sie das Ticket gleich online per Kreditkarte bezahlen, müssen Sie bei der Reservierung eine halbe Stunde vor Filmbeginn erscheinen, um das Ticket an der Kasse zu abzuholen. Tun Sie das nicht, so verfällt die Buchung, Kosten entstehen Ihnen aber keine.

Sofort nach der Reservierung erhalten Sie diesmal eine E-Mail auf Ihr Handy, in der zum verbindlichen Kauf des Kinotickets gratuliert wird. Irritiert rufen Sie beim Kino an und fragen nach, was das denn solle. Der freundliche Mitarbeiter erklärt Ihnen daraufhin, dass es inzwischen so üblich sei, dass derartige Reservierungen immer sofort in eine verbindliche kostenpflichtige Buchung übergehen. Dieses neue Konzept habe beim Kinobetreiber zu erhöhten Einnahmen geführt und werde daher beibehalten. Die Zahlung sei in jedem Fall fällig.

Seltsam, oder? Wozu noch reservieren, wenn man das Ticket am Ende ohnehin bezahlen muss. So manch ein unseriöses Online-Reiseportal denkt da wie das Kino und wandelt die Reservierungen seiner Kunden kurzerhand in eine vollwertige Buchung um.

Geraten Sie selbst in die Situation, dass Ihnen im Rahmen einer Reisebuchung ein angeblich abgeschlossener Vertrag unterstellt wird, so richten Sie einen schriftlichen Widerspruch gegen die Rechnung des Reiseunternehmens. Machen Sie deutlich, dass Sie keinen abschließenden Vertragsschluss getätigt haben, indem Sie das Geschehen so ausführlich wie möglich beschreiben. Fordern Sie anschließend im selben Schreiben die Gegenseite dazu auf, den angeblichen Vertrag vorzulegen. Liegt kein Vertrag vor, so wird das Reiseunternehmen den Beweis nicht erbringen können, und die Sache ist abschließend erledigt.

Auch ein anderer meiner Mandanten wollte ein solches Angebot zur Reservierung nutzen. Er hatte das Ziel, über ein Online-Buchungsportal eine Reise nach Italien für vier Personen zu buchen. Nachdem er die passende Reise gefunden hatte, tätigte er eine Reservierung bis 17 Uhr desselben Tages. Das Portal versprach, dass dies kostenfrei möglich wäre.

Nach kurzer Zeit stellte sich für meinen Mandanten leider heraus, dass er die Reise so wie gedacht doch nicht antreten konnte, denn einer der vier Mitreisenden hatte plötzlich eine alternative Idee für die gemeinsame Reise. Kein Problem, dachte sich der Kunde, denn er hatte schließlich die Möglichkeit zur kostenfreien Stornierung bis 17 Uhr hinzugebucht, und es war erst gegen 14 Uhr, als die geänderten Reisepläne besprochen wurden.

Laut dem Online-Reiseportal sollte mein Mandant nun die Möglichkeit haben, in seinem persönlichen Login-Bereich einen Unterpunkt mit der Bezeichnung „Stornierung der Reservierung" zu nutzen. Trotz intensivster Suche in allen Bereichen des persönlichen Reise-Accounts konnte er diesen Menüpunkt beim besten Willen nicht finden. Er zog eine zweite Person hinzu, und sie suchten gemeinsam. Doch nichts war zu sehen, nirgendwo tauchte dieser angebliche Link zur kostenfreien Stornierung der Reservierung auf. Eine telefonische Rückfrage über die Hotline des Portals blieb erfolglos, da diese Leitung permanent besetzt war.

Inzwischen war es 15.30 Uhr geworden, und mein Mandant musste handeln. Er schickte ein Fax mit der Bitte um Stornierung an das Buchungsportal, als auch eine E-Mail. Für das Fax erhielt er eine Sendebestätigung, die besagte, dass das Fax ordnungsgemäß an das Buchungsportal übermittelt wurde. Die zweite anwesende Person konnte bezeugen, dass mein Mandant sowohl das Fax als auch die E-Mail verschickt hatte.

Nachdem die beiden Aktionen durchgeführt waren, ging mein Mandant davon aus, dass nun alles erforderliche getan sei. Denn schließlich habe er fristgerecht weit vor 17 Uhr die Stornierung der Reservierung durchgegeben. Derart beruhigt buchte er die eigentlich gewünschte Reise über dasselbe Online-Portal. Eine Reservierung war inzwischen nicht mehr notwendig, denn die vier Leute wussten nun genau, was sie wollten. Die Buchungsbestätigung der gewünschten Reise kam umgehend per E-Mail, und alles schien perfekt.

Doch zu früh gefreut. Ein paar Tage später erhielt mein Mandant plötzlich eine weitere Bestätigungs-E-Mail eines anderen Reiseunternehmens. Dabei handelte es sich um die Reise, die mein Mandant ursprünglich als erstes gebucht und dann per Fax und E-Mail storniert hatte.

Natürlich fiel der Kunde völlig aus den Wolken, als er die E-Mail las, denn nun hatte er angeblich zwei gebuchte Reisen für dieselben Personen zum selben Zeitraum. Entweder sollten sich die Reisewilligen halbieren und derart getrennt die beiden Reisen antreten, oder eine Klärung der Situation musste her.

Mein Mandant wandte sich umgehend schriftlich an das zweite Reiseunternehmen und schilderte den gesamten Vorgang der Buchung, Reservierung und Stornierung. Leider zeigte sich die Gegenseite wenig einsichtig und verwies den Herrn lapidar darauf, dass er die Reise gebucht habe und eine Stornierung im Unternehmen nicht bekannt sei. Die Reise müsse bezahlt werden. Sollte mein Mandant die Reise aber stornieren wollen, so könne man gnädigerweise eventuell dafür sorgen, dass die Stornierungsgebühren aus Kulanz ein wenig reduziert würden.

Natürlich war der Kunde damit nicht einverstanden. Er hatte die zuerst gebuchte Reise fristgerecht und nachweisbar storniert. Folglich stellte er die Gesamtsituation inklusive aller Nachweise und Benennung der zweiten Person als Zeuge noch einmal gegenüber dem Reiseunternehmen deutlich dar. Doch dieses verblieb bei seiner unnachgiebigen Position: Die Reise wurde online gebucht, eine Stornierung sei nicht bekannt, der Preis müsse bezahlt werden. Aufgrund der geschilderten Situation sei man aber bereit, die Stornokosten auf günstige 295 Euro zu begrenzen.

Auf keinen Fall wollte mein Mandant diese 295 Euro bezahlen. Es wäre zum Fenster hinausgeschmissenes Geld gewesen, denn er hätte für ein „Nichts" bezahlt. Da mein Mandant noch nicht aufgeben wollte, setzte er sich erneut mit dem ursprünglichen Online-Buchungsportal in Verbindung, diesmal telefonisch. Nach einer endlosen Weile erreichte er einen Mitarbeiter, welcher ihm aber auch nicht weiterhelfen konnte. Die Aussage des Telefonisten bestand letztendlich darin, dass die Daten der Buchung an das entsprechende Reiseunternehmen weitergeleitet wurden. Eine Stornierung der Reservierung habe man nie vom Kunden erhalten. Mein Mandant blieb konsequent und lehnte die Bezahlung der angeblich gebuchten ersten Reise mit Nachdruck ab. Nach einer Weile erhielt er ein Schreiben eines Inkassounternehmens, in dem der zu zahlende Stornobetrag von 295 Euro angemahnt wurde. Zusätzlich addierte das Inkassobüro noch einmal ca. 100 Euro Verzugskosten hinzu, die der Schuldner ebenfalls bezahlen müsse.

Als ihm das Schreiben des Inkassodienstleisters vorlag, gab der Kunde auf, und wandte sich an meine Kanzlei. Eine kurze Überprüfung zeigte, dass die rechtliche Situation eindeutig zugunsten meines Mandanten sprach: Der Mann hatte eine Reservierung der Reise vorgenommen, die bis 17 Uhr des Buchungstages kostenfrei stornierbar war. Genau das hatte der Kunde gemacht. Zwar nicht über den angeblichen Link im persönlichen Online-Account, aber doch per Fax und per E-Mail. Dank des Fax-Sendeberichtes konnte er die rechtzeitige Stornierung um 15.30 nachweisen. Zudem hatte er eine zweite Person, die den Vorgang als Zeuge bestätigen konnte. Ebenso war über den Zeugen belegbar, dass der Link für die Stornierung unauffindbar gewesen ist.

Mit diesen Argumenten konnte der Inkassomahnung ein wirksamer und gut begründeter Widerspruch entgegengesetzt werden. Schließlich stornierte das Inkassobüro die Forderung, denn es konnte meinem Vortrag nichts als bloße Behauptungen entgegensetzen.

Indem der Kunde die Zahlung der Stornogebühren vehement verweigerte, hatte er in dieser Situation richtig gehandelt. Auch sein Verhalten zuvor war in rechtlicher Hinsicht korrekt, denn er tat alles, um sich mit dem Online-Buchungsportal rechtzeitig in Verbindung zu setzen: Nachdem er den Stornierungs-Link nicht finden konnte, setzte er sich telefonisch mit dem Portal in Verbindung, schließlich per Fax und per E-Mail. Mehr kann ein Kunde nicht tun.

Leider handelt es sich bei dieser Schilderung um keinen Einzelfall. Immer wieder erlebe ich es, dass Online-Buchungsportale eine Reservierung oder eine angeblich kostenfreie Stornierungsmöglichkeit anbieten, diese dann aber nicht einhalten. Dabei wird gerne die hier beschriebene Methode des unauffindbaren Links angewandt.

Der Kunde wähnt sich in solchen Fällen zunächst in Sicherheit, da er eine kostenlose Stornierungsmöglichkeit hat. Er bucht die Reise wesentlich bedenkenloser, als wenn es bereits eine feste und verbindliche Buchung wäre. Das ist für das Reiseportal von Nutzen, denn auf diese Weise kann es mehr Buchungen erzielen, als ohne eine Rückzugsmöglichkeit.

Kommt es plötzlich zum Ernstfall, und der Kunde muss die Möglichkeit zur Stornierung nutzen, so ist dies nicht so einfach, wie zunächst geglaubt. Entweder ist die Option zur Stornierung im persönlichen Account nicht auffindbar, wie in diesem Beispiel geschildert, oder die entsprechende Seite lädt nicht oder stürzt bei Benutzung ab. Versucht der Kunde dann einen anderen Weg, um die Stornierung kundzutun, so gibt das Buchungsportal vor, diese nie erhalten zu haben und verlangt eine Zahlung der Reise. In rechtlicher Hinsicht muss es das Buchungsportal akzeptieren, wenn die Stornierung per Fax oder per E-Mail kommt. Denn stellt es dem Kunden die Möglichkeit zur kostenfreien Stornierung der Reservierung zur Verfügung, so muss es auch Mittel und Wege bereitstellen, diese in die Tat umsetzen zu können. Gibt es keinen Link im persönlichen Kundenaccount, oder funktioniert die Seite nicht, so kann der Kunde seinen Willen auf anderem Weg mitteilen. Entscheidend ist, dass dieser Stornierungswille seinen Weg zum Buchungsportal findet und der Kunde später nachweisen kann, dass er die Stornierung tatsächlich rechtzeitig aufgegeben hat.

Buchung trotz abgestürzter Homepage

Welche Geldfalle droht hier? Sie möchten eine Reise buchen, doch die Homepage stürzt ab. Frustriert versuchen Sie es ein zweites mal. Diesmal funktioniert es. Doch plötzlich konfrontiert Sie das Reiseportal mit zwei gebuchten Reisen, und fordert Sie für beide zur Zahlung auf.

Erstaunlich oft kommt es vor, dass die Homepage eines Reiseportals mitten im Buchungsvorgang abstürzt. Geschieht das, so sollte man meinen, kann auf keinen Fall ein wirksamer Vertragsschluss vorliegen. Vor allem dann, wenn der Kunde bislang den Buchungsbutton noch nicht gedrückt hat.

Die Sicht der Portalbetreiber ist da, wie könnte es anders sein, eine gänzlich andere. Immer wieder kommt es vor, dass trotz einer abgestürzten oder eingefrorenen Internetseite eine Rechnung für die angeblich bereits gebuchte Reise ins Haus trudelt.

Einer meiner Mandanten war auf der Suche nach einem passenden Urlaub auf Mallorca im Internet unterwegs. Nachdem er ein Angebot auf einem Online-Reiseportal gefunden hatte, gab er seine persönlichen Daten in die Buchungsmaske ein. Plötzlich hängte sich die Seite komplett auf, nichts ging mehr, weder vor noch zurück. Einen Buchungs- oder Kaufbutton hatte mein Mandant bis zu diesem Zeitpunkt noch nicht angeklickt.

Entnervt verließ er die Seite und versuchte es über ein anderes Portal. Dort funktionierte alles reibungslos und er konnte das von ihm gewünschte Urlaubsangebot buchen.

Völlig überraschend erhielt er am nächsten Tag gleich zwei Bestätigungs-E-Mails über die verbindliche Reisebestätigung. Jedoch nicht die des zweiten Portals, bei dem er gewollt und beabsichtigt gebucht hatte, sondern von dem ersten, bei dem die Homepage abgestürzt war. Sowohl das Reiseportal als auch das beauftragte Reiseunternehmen teilten dem vermeintlichen Kunden per E-Mail mit, dass der Urlaub erfolgreich gebucht werden konnte und man nun um Zahlung des Vorschusses bitte.

Sogleich setzte sich mein Mandant ans Telefon und rief das Online-Reiseportal an. Dort teilte man ihm lapidar mit, dass man nichts für ihn tun könne, er müsse sich an den eigentlichen Reiseveranstalter wenden. Gesagt, getan, doch auch ein Anruf bei diesem brachte den Kunden nicht weiter. Dort meinte man unmotiviert, dass die Buchung verbindlich stattgefunden habe, aber aus Kulanz könne man ihm die Reise stornieren und etwas vergünstigte Stornogebühren in Rechnung stellen. Letztendlich wollte der Reiseveranstalter ca. 900 Euro an Stornozahlungen kassieren. Dies für eine Reise, die nie gebucht wurde. Natürlich lehnte mein Mandant freundlich ab.

Eine Internetseite, die während der Dateneingabe abstürzt, kann in rechtlicher Hinsicht in keinem Fall einen Vertragsschluss auslösen. Hierzu wäre immer noch die aktive Einwilligung seitens des Kunden notwendig. Erst wenn dieser nach Eingabe aller Daten final auf den abschließenden „Jetzt buchen!"-Button klickt, kommt ein rechtsgültiger Reisevertrag zustande.

Stellen Sie sich vor, Sie gehen in einen großen Elektronikmarkt, um eine Digitalkamera zu kaufen. Nachdem Sie sich für ein Modell entschieden haben, kontaktieren Sie den Verkäufer, der am PC-Terminal sogleich die Rechnung auf Ihren Namen und Ihre Adresse erstellt. Nun stehen Sie damit an der Kasse und möchten bezahlen. Plötzlich stürzt das Dach über Ihnen ein. Entsetzt werfen Sie die Kamera weg und rennen zusammen mit den anderen Kunden aus dem Haus, um Leib und Leben zu retten.

Am nächsten Tag erwerben Sie die gewünschte Digitalkamera in einem anderen Elektronikmarkt, der nicht in sich zusammenfällt.

Kurze Zeit später erhalten Sie plötzlich eine Rechnung per Post, in der Sie der erste (eingestürzte) Elektronikmark zur Bezahlung der Kamera auffordert.

Kann das rechtens sein? Natürlich nicht. Der Markt ist selbstverschuldet eingestürzt, vermutlich weil das gesamte Gebäude bereits zu alt war. Sie kamen überhaupt nicht bis zur Kasse um der Kassiererin die Kamera entgegenzustrecken, stattdessen mussten sie fluchtartig das Haus verlassen. Der finale Kaufvertrag wurde damit nie geschlossen, der Elektronikmarkt besitzt kein Recht, um Ihnen eine Rechnung ausstellen zu dürfen.

Die hier beschriebenen Online-Reiseportale denken aber so. Sie ignorieren, dass die Homepage nicht funktioniert hat und dass das auf ihrem eigenen Verschulden beruht. Stattdessen fordern sie vom Kunden die Zahlung des angeblich geschlossenen Reisevertrags, nur weil dieser die Homepage einmal besucht und seine Daten dort eingegeben hat.

Das wäre so, als ob der Elektronikmarkt an alle Kunden, die vor dem Zeitpunkt des Einsturzes zwar an der Kasse standen, aber noch nicht bezahlt hatten, die Rechnung schicken könnte. Das ist rechtlich falsch, denn der eigentliche Kaufvertrag entsteht erst an der Kasse. Gleiches gilt für Reiseportale, der Vertrag beginnt erst mit dem abschließenden Buchungsbutton.

Müssen Sie eine ähnliche Situation erleiden, so legen Sie schriftlich Widerspruch gegen die Rechnung ein und schildern den Vorfall. Das Reiseportal müsste nachweisen, dass Sie bis zum Buchungsbutton vorgedrungen sind. Da dies nie passiert ist, wird es den Beweis nicht erbringen können, und die Angelegenheit ist für Sie abgeschlossen.

Nehmen Sie im Internet eine Buchung vor, und stürzt währenddessen die Homepage ab, so buchen Sie nicht sofort noch einmal. Warten Sie etwas ab, ob Sie möglicherweise trotz des Absturzes eine Buchungsbestätigung erhalten. Kommt selbst nach einem Tag keine E-Mail, so können Sie davon ausgehen, dass die Buchung tatsächlich nicht geklappt hat. Erst dann sollten Sie sich an die erneute Buchung machen.

Die verschwundene Buchungsbestätigung

Welche Geldfalle droht hier? Sie buchen eine Reise im Internet, erhalten aber keine E-Mail-Bestätigung. Nachdem Sie etwas gewartet haben, buchen Sie erneut. Plötzlich erhalten Sie doch noch die Bestätigung für die erste Reise. Nun sehen Sie sich mit zwei gebuchten Reisen konfrontiert, die Sie beide bezahlen sollen.

Nicht immer muss es sich um den Absturz einer Homepage handeln, wenn die Buchungsbestätigung ausbleibt. Manchmal führt ein Kunde die Buchung regulär und fehlerfrei zu Ende, doch die Bestätigung bleibt trotzdem aus.

Nun kommt Ratlosigkeit ins Spiel. Was ist zu tun? Man muss doch eine Bestätigung über den gebuchten Urlaub erhalten? Oder nicht? Die Zeit rennt und die günstigen Angebote schwinden dahin. Wie lange sollte gewartet werden, bis die Bestätigung eintrifft? Kommt sie überhaupt, oder etwa nicht?

Hat Ihnen das Onlineportal eine umgehende Bestätigung per E-Mail versprochen, dann haben Sie ein Recht auf diese. Bleibt die Buchungsbestätigung aus, so müssen Sie annehmen, dass die Buchung nicht zustande gekommen ist.

So manch ein unseriös agierendes Reiseunternehmen möchte diesen Umstand aber nicht akzeptieren und verlangt die Zahlung des Reisepreises sogar dann, wenn es dem Kunden nie eine Bestätigung zugeschickt hat.

Einer meiner Mandanten wollte über ein Internet-Reiseportal einen Hin- und Rückflug von Frankfurt nach Kreta für zwei Erwachsene und ein Kind buchen. Nach Eingabe der erforderlichen persönlichen Angaben über alle Mitreisende betätigte er den Buchungsbutton und ging davon aus, dass nun alles seinen korrekten Weg gehen würde.

Weit gefehlt. Unerwartet bekam er keinerlei Rückmeldung von dem Portal, stattdessen landete er nach Klicken des Buttons wieder auf der vorherigen Seite zur Eingabe der Passagierdaten. Keine Meldung teilte ihm mit, dass der Vorgang erfolgreich abgeschlossen wurde. Keine Bestätigungs-E-Mail ging in seinem Postfach ein.

Auch nach einer gewissen Weile geschah nichts. Mein Mandant wusste aus früheren Online-Buchungsvorgängen, dass eine solche Bestätigungsnachricht bei erfolgreich durchgeführter Buchung innerhalb weniger Sekunden automatisch vom Computersystem des Portals verschickt wird. Doch hier kam einfach gar nichts.

Der Kunde ging folgerichtig davon aus, dass seine Buchung fehlgeschlagen war. Da die Anzahl der verfügbaren Tickets knapp wurde, gab er die Passagier- und Rechnungsdaten erneut ein. Es funktionierte wieder nicht, nochmals sprang die Homepage zurück zur Seite mit den Passagierdaten.

Schließlich gab mein Mandant auf und suchte sich ein anderes Reiseportal, über das er den Flug erfolgreich buchen konnte, und auch sofort eine Bestätigungsnachricht erhielt.

Nun kam es, wie es kommen musste. Nach ungefähr einer Stunde erhielt der Kunde plötzlich zwei Bestätigungs-E-Mails von dem ursprünglich aufgesuchten Reiseportal. Beide Mails beglückwünschten meinen Mandanten zur Buchung des Fluges und stellten einmal eine Rechnung über 1.039 Euro und einmal über 1.060 Euro aus. Somit hatte der Kunde zusätzlich zum korrekt gebuchten Flug über das zweite Portal auch noch die beiden Flüge des ersten Portals bestätigt bekommen. Insgesamt hatte er für seine Familie nun drei Flüge, alle vom selben Abflugort an denselben Zielort und für denselben Zeitraum.

Das war des Guten ein wenig zu viel, und mein Mandant setzte sich umgehend mit der Buchungs-Hotline des ersten Reiseportals in Verbindung. Ein Durchkommen war aber unmöglich, insgesamt verbrachte der Kunde drei Stunden und 15 Minuten in der Warteschleife der Hotline.

Parallel zu diesem telefonischen Kontaktversuch las mein Mandant auf der Homepage nach, dass eine Stornierung im persönlichen Login-Bereich möglich wäre. Um dies zu nutzen, registrierte sich mein Mandant und loggte sich im Kundenbereich ein. Überraschenderweise fand er dort den Hinweis, dass bislang keine Reise gebucht worden sei.

Er schilderte das gesamte Geschehen schließlich per E-Mail an das Reiseportal und bat um kostenfreie Stornierung der beiden angeblich gebuchten Flüge.

Erst am nächsten Tag erhielt er eine Reaktion auf dieses Schreiben, leider keine erfreuliche. Das Online-Reiseunternehmen teilte meinem Mandanten mit, dass die beiden Flüge verbindlich gebucht wurden und von ihm bezahlt werden müssen. Eine kostenfreie Stornierung sei nicht möglich, lediglich eine Stornierung zu den üblichen Strafgebühren. Selbst als der Kunde erwiderte, dass es in diesem Fall doch nachvollziehbar sein müsse, dass die beiden Flüge für dieselben Personen zur exakt gleichen Zeit mit dem gleichen Zielort ein Versehen sein müssen, zeigte das Portal keine Kulanz. Das Argument, dass es unmöglich sei, sich zu teilen und den gleichen Flug mit denselben Personen doppelt anzutreten, ignorierte die Onlinefirma einfach.

Trotz dieser kundenfeindlichen Reaktion hatte mein Mandant sich richtig verhalten, denn er wartete zunächst auf die Bestätigung per E-Mail, die aber nicht eintraf. Dies, obwohl das Portal auf seiner Homepage zugesagt hatte, dass bei erfolgreicher Buchung eine umgehende Buchungsbestätigung erfolgen würde.

Zudem sah mein Mandant, dass die Homepage einen Fehler aufwies und den Kunden immer wieder auf die Seite mit den Passagierdaten zurückwarf. Allein dieser Umstand hätte schon dazu führen können, dass mein Mandant die Buchung rechtmäßig abbrach. Schließlich stand sogar im persönlichen Online-Account der Hinweis, dass keine Buchung erfolgt sei.

Alle diese Umstände durften den Kunden zu der Annahme verleiten, dass die Buchung erfolglos blieb und er nun über ein weiteres Portal den Flug suchen könne.

In rechtlicher Hinsicht stellt die Anfrage meines Mandanten an das Buchungsportal ein Angebot zum Abschluss eines Reisevertrags dar. Ein solches Angebot bedarf der Annahme durch das Portal, erst dann kommt ein wirksamer Reisevertrag zustande.

Ein Vertragsschluss ist immer nur dann möglich, wenn beide Vertragsparteien übereinstimmende Willenserklärungen in Bezug auf den Vertragsinhalt und den Vertragspreis abgegeben haben, und diese Willenserklärungen wechselseitig bestätigt werden.

Fehlt es an einer Bestätigung durch das Reiseportal, so bleibt der Vorgang des Vertragsabschlusses in der Phase des Angebots stehen, eine Annahme liegt dann nicht vor, so dass kein wirksamer Vertrag zustande kommt.

Das hier tätige Online-Reiseunternehmen bestätigte die beiden Reisen erst nach einer Stunde, was als zu spät angesehen werden kann, da das Unternehmen über seine Homepage eine sofortige Rückmeldung zusagte. Der Kunde darf sich in so einem Fall darauf verlassen, dass bei erfolgreicher Buchung eine umgehende Bestätigung innerhalb weniger Sekunden oder Minuten bei ihm eintrifft.

Nur das Reiseportal kann aufgrund seines internen Datenbestands wissen, ob die vom Kunden gewünschte Reise überhaupt noch verfügbar ist. Es besteht immer die Möglichkeit, dass die Plätze einer Reise bereits vergeben sind, so dass eine Buchung überhaupt nicht mehr möglich ist. Insofern kann der Kunde alleine durch das Aufgeben eines Angebots zum Abschluss eines Reisevertrags nicht erkennen, dass die gewünschte Reise erfolgreich gebucht wurde. Es ist daher unbedingt erforderlich, dass ein Angebot des Kunden auch durch das Unternehmen bestätigt wird.

Bleibt die Bestätigung aus, hat der Kunde das Recht, den Reisevertrag als nicht zustande gekommen zu betrachten und ein anderes Online-Reiseunternehmen aufzusuchen. Er ist nicht dazu verpflichtet, eine unbestimmt lange Zeit auf eine Bestätigungs-E-Mail zu warten. Das gilt erst recht dann, wenn zuvor ein Fehler auf der Homepage des Reiseunternehmens auftrat. Denn sonst bestünde die Gefahr, dass der Kunde durch das Abwarten die noch freien Restplätze im Flugzeug verpasst oder Plätze zu erhöhten Preisen buchen muss.

Solche Umstände sind einem Online-Reiseportal bekannt, so dass es nicht von seinem Kunden verlangen kann, lange auf eine mögliche Bestätigung der Buchung warten zu müssen. Es sollte damit rechnen, dass der Kunde sich andere Wege sucht, um die Tickets zu buchen.

In dem hier vorliegenden Fall hätte das Internet-Reiseportal seinen Fehler einsehen und dem Kunden eine kostenfreie Stornierung der beiden nun zusätzlich gebuchten Flüge gewähren müssen. Das hätte zumindest ein kundenfreundliches Handeln gezeigt.

Stellen Sie sich vor, Sie sitzen an einer Bar und möchten zwei Cocktails bestellen. Der Kellner hinter der Bar ist ein bisschen in Gedanken und bemerkt Sie zunächst nicht. Als er kurz zu Ihnen herschaut rufen Sie ihm *„Zwei Long Island Ice Tea bitte!"* entgegen. Unsicher, ob der Kellner Sie verstanden hat, warten Sie ab.

Nichts passiert. Wieder schaut Ihnen der Kellner kurz in die Augen, und erneut bitten Sie ihn um die beiden Cocktails. Es passiert wieder nichts. Das Spiel wiederholt sich ein paarmal, aber der Kellner nimmt einfach keine Notiz von Ihrer Bestellung, obwohl sie ihm diese mehrfach deutlich ins Gesicht sagen. Er kümmert sich zwar um andere Gäste, aber nicht um Sie.

Entnervt geben Sie irgendwann auf und möchten die Bar verlassen, um woanders einen Drink zu genießen. Als sie vom Barhocker herunterrutschen und in Ihre Mäntel schlüpfen, stellt Ihnen der Kellner plötzlich 14 Long Island Ice Teas auf die Theke. Das verspätete Ergebnis Ihrer sieben vergeblichen Bestellversuche.

Der Kellner meint nun, Sie hätten ihn doch insgesamt sieben mal um jeweils zwei Cocktails gebeten. Hier sei die Bestellung, und er bittet um Bezahlung. Natürlich werden Sie den Kopf schütteln, denn der Kellner hat Ihre Bestellung nie abgenommen. Zudem wollten Sie keine 14

Drinks, sondern nur zwei. Eigentlich ein Vorgang, den jeder normale Kellner verstehen sollte. Ähnliches passierte meinem Mandanten auf diesem Online-Reiseportal. Auch er gab zweimalig vergeblich eine Reisebestellung auf. In beiden Fällen erhielt er keine Bestätigung seines Urlaubskaufs. Jedes verständige Reiseunternehmen sollte in einer solchen Situation die Lage erkennen und zu einem kundenfreundlichen Ende bringen. Aber stattdessen zwei gleiche Reisen in Rechnung zu stellen, das ist schon ein Kunststück und lässt vernünftig denkende Menschen mit Verwunderung zurück.

Obwohl das Portal eine Stornierung verweigerte, musste mein Mandant die Flüge letztendlich nicht bezahlen. Der Firma wurde der Einwand des fehlenden Vertragsschlusses entgegengehalten, wie hier beschrieben. Dem konnte das Portal natürlich nichts entgegensetzen, denn es wusste selbst, dass es im Unrecht war.

Dennoch versucht so manch unseriös agierendes Reiseunternehmen auf diese Weise, den Kunden doch noch zu einer (doppelten) Zahlung zu überreden.

Versteckte Gebühren

Welche Geldfalle droht hier? Sie buchen eine Reise im Internet. Erst ganz am Schluss, nach bereits erfolgter Buchung, werden Ihnen zusätzliche Kosten angezeigt. Der Reiseveranstalter meint, aufgrund Ihrer Buchung seien Sie dazu verpflichtet, auch diese Gebühren zu bezahlen.

Besonders beliebt sind versteckte Zusatzgebühren, die einige Online-Reiseportale zum Buchungspreis hinzurechnen. Der Kunde bucht dabei zunächst die Reise zu dem ihm angezeigten Gesamtpreis. Erst nach Betätigung des finalen Buchungsbuttons kommt unerwartet eine weitere Gebühr hinzu, die zuvor an keiner einzigen Stelle angezeigt wurde.

Eine meiner Mandantinnen saß Freitagnacht vor dem PC und recherchierte nach einer günstigen Pauschalreise nach Spanien. Als sie schließlich fündig wurde, und alle ihre Daten eingegeben hatte, klickte sie auf „Verbindlich buchen". Es öffnete sich eine neue Seite, auf der die Zahlungsmöglichkeiten ausgewählt werden sollten. Plötzlich hieß es dort, dass bei diesem Flug nur Handgepäck enthalten sei, für jeden Koffer würden zusätzliche 52 Euro anfallen.

Dieser Preis wurde zuvor an keiner Stelle angezeigt und hätte die Reise für zwei Personen und zwei große Koffer um weitere 104 Euro verteuert. Ein solcher zusätzlicher Betrag, nur für den Umstand, dass sie Koffer in ihren Urlaub mitnehmen durfte, war meiner Mandantin zu viel. Sie ging zuvor davon aus, dass für die Koffermitnahme keine extra Gebühren berechnet werden würden, denn das sei bei einer Urlaubsreise doch zu erwarten. Welcher Reisende fliegt ohne Koffer? Zumal es sich um eine Pauschalreise handelte, die alle Leistungen beinhalten sollte. Hätte meine Mandantin bei einem Billigfluganbieter gebucht, dann hätte sie von vorneherein mit einer zusätzlichen Koffergebühr gerechnet, nicht aber bei einem regulären Pauschalangebot. Zumal diese Kosten an keiner Stelle zuvor erwähnt wurden, sondern erst dann, nachdem man verbindlich gebucht hatte.

Folgerichtig brach die Frau den Buchungsvorgang ab und erhielt zunächst auch keine Buchungsbestätigung. Alles deutete darauf hin, dass kein abschließender Vertragsschluss erfolgt war.

Sie buchte schließlich die gleiche Reise über dasselbe Portal noch einmal, diesmal mit einem anderen Flug. Nun erlaubte das Flugunternehmen die Koffermitnahme, die Gäste sollten bei dieser Fluggesellschaft anscheinend nicht nur mit Handgepäck anreisen und 14 Tage lang in derselben Kleidung herumlaufen.

Ein zusätzlicher Preis für die Koffermitnahme erschien an keiner Stelle, der Endpreis blieb konsequent unverändert. Für diese Buchung erhielt die Kundin eine Bestätigung, alles lief wie geplant.

Doch dann gab meine Mandantin die Login-Daten für den persönlichen Kundenaccount ein. Dort eingeloggt, sah sie plötzlich, dass beide Reisen gespeichert waren, sowohl die erste, die von ihr abgebrochen wurde, als auch die zweite, welche die Kundin gewollt buchte.

Damit hatte meine Mandantin nicht gerechnet, denn für die erste Reise ging bislang noch immer keine Buchungsbestätigung ein. Um schlimmeres zu verhindern, nutzte sie spontan die Möglichkeit zum Rücktritt, der neben den beiden Reisen angezeigt wurde. Dieser wurde sofort vom Reiseportal registriert, und meine Mandantin erhielt umgehend eine E-Mail, dass der Rücktritt im System vermerkt ist.

Trotz des Rücktritts erhielt die Kundin einen Tag später für beide Reisen die Rechnung. Für die erste Reise wurden die Stornokosten verlangt, für die zweite Reise die reguläre Reisepreisrechnung aufgestellt. Die Stornokosten für die erste Reise wurden zudem außerordentlich hoch angesetzt, obwohl der Rücktritt bereits nach einer halben Stunde erfolgte.

Verständlicherweise wollte meine Mandantin das nicht akzeptieren. Sie setzte sich umgehend mit der telefonischen Kunden-Hotline in Verbindung und erreichte dort sogar jemanden. Der Mitarbeiter am anderen Ende der Leitung meinte jedoch nur, dass das Reiseportal nicht mehr zuständig sei, da sie die Reise nur vermitteln würden. Zwar habe das Portal auch Reisen im eigenen Angebot, doch bei der von meiner Mandantin stornierten Pauschalreise handelt es sich um ein Angebot eines externen Veranstalters, für den das Portal nur die Vermittlungstätigkeit übernimmt.

Ein weiteres Telefonat mit dem eigentlichen Reiseveranstalter erbrachte kein besseres Ergebnis für die Kundin, sie wurde lediglich darüber informiert dass eine ordnungsgemäße Buchung stattgefunden habe und diese von ihr bezahlt werden müsse. Weder der Umstand, dass der Preis für die Koffer überhaupt nicht angezeigt wurde spiele eine Rolle, noch dass der Rücktritt bereits 30 Minuten nach Buchung erfolgt sei, noch dass meine Mandantin am Ende die gleiche Reise erneut gebucht hatte. Der Veranstalter blieb unnachgiebig.

In rechtlicher Hinsicht ist das Unsinn, denn bei der ersten Buchung kam kein wirksamer Reisevertrag zustande. Es mangelt an einer vertraglichen Grundlage, denn beide Parteien, die Kundin und das Reiseportal, gaben nicht zusammenpassende Willenserklärungen ab: Meine Mandantin wollte die Pauschalreise zu einem ganz bestimmten Preis buchen und äußerte hierfür ihre Willenserklärung per Betätigung des Buchungsbuttons. Das Reiseportal erklärte anschließend, dass es die Reise zu diesem Preis nicht anbieten können, denn pro Koffer kommen weitere 52 Euro hinzu. Damit war der Vertragsschluss gescheitert.

Wäre ein Vertrag zustande gekommen, so würde es dem Reiseportal oder dem Veranstalter obliegen, diesen zu beweisen. Die Kundin selbst muss nicht tätig werden, für sie genügt es, den Vertragsabschluss zu bestreiten.

Stellen Sie sich vor, Sie gehen zu einem Autohändler, um einen PKW zu kaufen. Nach einer Weile entscheiden Sie sich für ein ganz bestimmtes Modell zu einem exakt definierten Preis und unterschreiben den Kaufvertrag. Der Händler beglückwünscht Sie und weist Sie im selben Atemzug darauf hin, dass das Auto natürlich ohne Reifen verkauft wurde. Aber wenn Sie es mit Reifen möchten, wäre dies für einen kleinen Zusatzbetrag von 200 Euro pro Reifen problemlos möglich.

Völlig verwundert schauen Sie den Verkäufer an und meinen, dass Sie den PKW doch mit allen vier Reifen gekauft hätten, denn wer würde schon ein Auto ohne Reifen kaufen? Der Händler bleibt stur und verweist darauf, dass die Reifen im Kaufvertrag nicht explizit erwähnt seien und nun von Ihnen bezahlt werden müssten. Ansonsten gäbe es den PKW ohne Reifen. Schließlich fällt dem Verkäufer noch ein, dass der Wagen auch ohne Sitze sei, hierfür fallen weitere 300 Euro pro Sitz an.

Sicherlich würden Sie nicht ganz glücklich über diese Aussagen des Händlers sein und den Kaufvertrag vor seinen Augen zerreißen. Natürlich geht das nicht, was der Händler macht, denn ein Auto wird mit Reifen und mit Sitzen verkauft. Ein Kaufvertrag über einen PKW-Kauf beinhaltet immer das gesamte Auto, so wie Sie es im Autohaus haben stehen sehen.

Doch genau das behauptet in diesem Fall das Reiseportal. Zwar habe die Kundin eine Pauschalreise gebucht, die Koffermitnahme müsse aber extra bezahlt werden. Und dies, obwohl bereits ein verbindlicher Reisevertrag abgeschlossen wurde.

Sollte Ihnen ähnliches geschehen, so sind Sie zu keinerlei Zahlungen verpflichtet. Der Reisevertrag kommt so zustande, wie Sie ihn abgeschlossen haben. Zusätzliche versteckte Gebühren, die sich erst nach Vertragsabschluss zeigen, werden kein Bestandteil des Vertrags.

Behauptet das Reiseportal, dass ein anderer Vertrag vorläge, der Sie zur Bezahlung der versteckten Zusatzgebühr verpflichtet, so bitten Sie um Nachweis dieses angeblichen Vertrags. Sie werden sehen, dass das dem Internet-Reiseportal nicht möglich ist.

Abgefälschte Buchungsdaten

Welche Geldfalle droht hier? Sie buchen eine Reise im Internet. Aufgrund eines Fehlers im Buchungssystem erhalten Sie die Bestätigung über eine ganz andere Reise. Dennoch fordert das Reiseunternehmen von Ihnen die Bezahlung.

Ein ähnliches Problem wie das der versteckten Gebühren ergibt sich dann, wenn die Reise nach erfolgter Buchung abgeändert wird, ohne dass der Kunde dies wollte. Er erhält plötzlich eine gänzlich andere Reise zugewiesen, die er so nie abgeschlossen hatte.

Einer meiner Mandanten buchte für sich, seine Frau und den Sohn einen Urlaub vom 24.08. bis zum 01.09. in Südfrankreich. Der Endpreis wurde vom Online-Reiseportal mit 1.768 Euro angegeben.

Im Anschluss an die Buchung erhielt der Kunde eine Bestätigungs-Mail, die komplett andere Reisedaten enthielt. So wurde nun der Reisezeitraum vom 31.08. bis zum 09.09. angegeben, und der Gesamtpreis stieg auf 1.987 Euro. Derartige Reisedaten hatte mein Mandant nie geäußert, denn diese wären aufgrund des Endes der Schulferien von der Familie überhaupt nicht durchführbar gewesen.

Ein Anruf bei der Hotline des Reiseportals ergab, dass die dortigen Mitarbeiter keine besondere Lust verspürten, meinem Mandanten zu helfen. Als Alternative schlug man der Familie eine Umbuchung auf die eigentlich gewünschten Reisedaten vor, welche aber zu einem Reisepreis von über 2.000 Euro geführt hätte und mit zusätzlichen 50 Euro Umbuchungskosten pro Person belastet gewesen wäre.

Natürlich lehnte mein Mandant das ab, denn schließlich waren die geänderten Daten ein Verschulden des Buchungsportals, nicht der Familie. Und nun sollte mein Mandant mehr als 380 Euro für die Ausbesserung dieses Fehlers bezahlen? Verständlicherweise kam das für den Kunden nicht in Frage.

Die Ablehnung des Umbuchungsvorschlags war in rechtlicher Hinsicht völlig korrekt, denn mein Mandant hatte keinen Fehler gemacht, die Reisedaten wurden von Ihm korrekt in das Online-Portal eingegeben. Das eigentliche Verschulden war im Computersystem des Reiseportals zu suchen, dieses verarbeitete die Daten der Buchung fehlerhaft und gab am Ende eine falsche Bestätigungs-E-Mail heraus. Leider kommt so etwas bei Online-Portalen immer wieder vor, es handelt sich hier beileibe um keinen Einzelfall.

Rechtlich betrachtet hatte mein Mandant eine völlig neue Reise angeboten bekommen, denn wichtige Wesensmerkmale einer Urlaubsreise wie An- und Abreisedatum sowie der Reisepreis wurden eigenmächtig vom Unternehmen geändert. Für diese Reise hatte die Familie nie den Willen gezeigt, eine solche buchen zu wollen. Das wäre aber die Voraussetzung für einen wirksamen Vertragsschluss gewesen.

Stellen Sie sich vor, Sie bestellen über ein Internet-Versandhaus eine Jeans der Größe 34/34 für 99,90 Euro. Nachdem Sie auf „Jetzt kaufen" geklickt haben, erhalten Sie die Bestätigungs-E-Mail für eine Jeans der Größe 32/32 zu einem Preis von 119,90 Euro. Mit Sicherheit wären Sie äußerst unerfreut über die eigenmächtige Abänderung Ihrer Bestellung. Zumal Sie eine Jeans in dieser Größe überhaupt nicht verwenden können, geschweige denn den erhöhten Betrag bezahlen möchten.

Nun schildern Sie den Vorgang dem Online-Kaufhaus, und dieses gibt Ihnen kundenunfreundlich zu verstehen, dass die Jeans über einen unternehmensinternen Schneider auf Ihre Größe geweitet werden könne, dafür aber weitere 20 Euro anfallen würden. Ihre geänderte Hose würde dann 139,90 Euro kosten.

Weder bei der Urlaubsreise noch bei der Jeans liegt ein wirksamer Kaufvertrag vor, da sich die Willenserklärungen des Kunden auf etwas ganz anderes bezogen haben. Daher können Forderungen für Dinge, die man in dieser Form nie bestellt hat, wirksam mit dem Einwand des fehlenden Vertragsschlusses bestritten werden.

Würde das Reiseportal nach wie vor eine Bezahlung der eigenmächtig abgeänderten Reise verlangen, so müsste dieses lediglich dazu aufgefordert werden, die angebliche vertragliche Grundlage für genau diese Reise vorzulegen. Das kann das Unternehmen nicht, insofern ist der Rechtsstreit an dieser Stelle beendet und das Portal muss die Rechnung intern stornieren.

Sollten Sie in eine derartige Geldfalle geraten sein, so wenden Sie sich schriftlich an das Reiseunternehmen und legen gegen die Rechnung Widerspruch ein. Teilen Sie mit, dass Sie diese Reise nie gebucht haben, sondern mit ganz anderen Reisedaten. Fordern Sie gleichzeitig das Unternehmen dazu auf, den angeblichen Vertrag vorzulegen. Natürlich kann es das nicht, da Sie den Urlaub in jener Form nie gebucht haben. Ohne eine konkrete Vertragsvorlage darf Ihnen das Reiseunternehmen jedoch keine Rechnung vorlegen. Eine bereits ergangene Rechnung ist hinfällig.

Die Masche mit „Flug und Hotel Gemixe"

Welche Geldfalle droht hier? Sie stellen sich selbst eine Reise aus einzelnen Komponenten zusammen. Plötzlich ist ein Teil davon nicht mehr verfügbar, Sie sollen aber trotzdem die anderen Teile bezahlen. Diese bringen Ihnen ohne die fehlende Reisekomponente wenig Nutzen. Man zwingt Sie, den fehlenden Teil teuer nachzubuchen.

Manchmal findet sich einfach nicht die richtige Pauschalreise, oder sie ist zu teuer. Einige Online-Reiseportale haben daher eine Option auf ihrer Homepage eingeführt, dass man sich die Reise selbst zusammenstellen kann. Geworben wird damit, dass es sich dabei um die günstigsten verfügbaren Angebote handelt. Am Ende kann es aber sein, dass der Kunde für eine solche selbst zusammengestellte Reise wesentlich mehr bezahlt, als wenn er gleich eine vorgefertigte Pauschalreise gewählt hätte.

Meine Mandantin, alleinerziehende Mutter von zwei Kindern, interessierte sich für eine Reise nach Teneriffa, die sie zusammen mit ihren Kindern in den Herbstferien unternehmen wollte. Da ihre finanziellen Mittel begrenzt sind, versuchte sie über ein Online-Reiseportal eine möglichst günstige Reise zu finden. Ein ihr bekanntes Portal warb damit, unter allen anderen die günstigsten Reisen anzubieten, so dass meine Mandantin die Reisebuchung dort in Angriff nehmen wollte.

Gedacht, getan, meine Mandantin startete ihre Onlinesuche. Leider stieß sie zunächst nur auf Pauschalangebote, die vom Endpreis für alle drei Personen viel zu hoch angesetzt waren. Da ihr Geldbeutelinhalt begrenzt war, musste sie einen anderen Weg finden. Dabei stieß sie auf eine bestimmte Option im Online-Portal, das sinngemäß „Reisen per Flug und Hotel mixen" hieß.

Der Anbieter versprach in seinem Internetauftritt, dass durch diese Kombination besonders günstige Preise erzielt werden könnten, indem die jeweils verfügbaren günstigsten Flugpreise mit den günstigsten im Angebot befindlichen Hotelpreisen kombiniert würden.

So konnte die Mutter zunächst einen bezahlbaren Flugpreis auswählen, und anschließend einen ansprechenden Hotelpreis. Über einen Klick auf den Weiter-Button kam sie auf die nächste Seite, die schließlich den Gesamtbetrag der Reise inklusive aller Gebühren für die drei Personen auflistete.

Und, siehe da, es kam am Ende tatsächlich eine erheblich günstigere Summe als bei den Pauschalangeboten heraus. Laut Information der Reisewebseite mussten nun nur noch 1.736,90 Euro bezahlt werden, was eine Verbesserung um immerhin einige hundert Euro darstellte. Der benannte Preis war sogar ein Endpreis inklusive aller Gebühren und Zusatzkosten. Die Freude bei meiner Mandantin war groß.

Zufrieden mit dem tollen Angebot gab sie die Daten der beteiligten Personen ein und klickte auf den Buchungsbutton. Nun kam es aber nicht so, wie sich meine Mandantin das vorgestellt hatte. Der angezeigte Flugpreis gab Rätsel auf, denn dieser war plötzlich mit „0 Euro" angegeben. Der benannte Gesamtpreis stimmte immer noch, dieser lag nach wie vor bei 1.736,90 Euro.

Nach wenigen Sekunden erhielt meine Mandantin die Buchungsbestätigung und Rechnung als PDF. Diese barg leider eine große unerfreuliche Überraschung in sich. Die Rechnung teilte mit, dass die Hotelkosten in Höhe von 1.582,76 Euro zzgl. 92,14 Euro und zzgl. 62,00 Euro abgerechnet würden. Damit kamen die Kosten für das Hotel bereits auf den zuvor angezeigten Gesamtpreis, die Kosten für den Flug fielen gänzlich unter den Tisch.

Wiederum nur kurze Zeit später erhielt meine Mandantin eine weitere E-Mail des Reiseportals, in der ihr das folgende verkündet wurde: *„Bedauerlicherweise müssen wir Ihnen mitteilen, dass die Flugleistung nicht bestätigt wurde und somit keine Flugleistung besteht. Leider ist es uns nicht möglich, eine adäquate Alternative zu denen in Ihrer Buchungsanfrage aufgeführten Bedingungen zu unterbreiten. Die anderen gebuchten Einzelleistungen bleiben hiervon unberührt und sind von Ihnen zu bezahlen."*

Der günstige Flug war nicht mehr vorhanden, oder vielleicht sogar nie vorhanden gewesen, und konnte daher vom Anbieter nicht bestätigt werden. Aus diesem Grund berechnete das Portal den Gesamtpreis ohne Flug und stellte ihn meiner Mandantin in Rechnung. Sie sollte ein Hotel bezahlen, zu dem sie ohne Flug überhaupt nicht hinkommen konnte.

Was mag sich der Anbieter dabei denken? Die Kundin hätte nun die Aufgabe gehabt, einen zum bereits gebuchten Hotel passenden Flug zu finden. Die reiseerfahrenen Leser dieses Buches wissen, dass das manchmal gar nicht so einfach sein kann. Es besteht die Möglichkeit, dass meine Mandantin einen Flug findet, der zu früh am Zielort eintrifft oder einen Tag zu spät. Dann stünde sie entweder ohne Hotelübernachtung für die Zeit der verfrühten Ankunft da, oder sie muss einen oder mehrere Tage Urlaubszeit verschenken.

Das kuriose an der Sache ist, dass der Gesamtpreis der gleiche blieb. Ohne Flug hätte dieser eigentlich sinken müssen, tatsächlich verharrte die Gesamtsumme genau auf gleichem Niveau. Offensichtlich ein erheblicher Fehler im Buchungssystem, oder eventuell geplante Absicht?

Reisende, die bereits ein fest gebuchtes Hotel haben, müssen unbedingt einen dazu passenden Flug finden und greifen vielleicht zu einem überteuerten Angebot. Ist das die Strategie des Reiseportals, auf diesem Weg zu mehr Einnahmen zu gelangen?

Meine Mandantschaft überwand ihren ersten Schock und suchte umgehend den telefonischen Kontakt über die Kundenhotline. Der dortige Mitarbeiter war untröstlich, dass er keine günstigere Lösung finden konnte. Er bot der Mutter einen passenden Flug zu den gebuchten Reisedaten an, der das gesamte Angebot um 100 Prozent verteuert hätte.

Selbstverständlich war meine Mandantschaft damit nicht einverstanden und erklärte bereits telefonisch, dass sie dieses Angebot nicht akzeptieren werde. Schriftlich schickte sie einen Widerspruch hinterher. Sie teilte dem Reiseanbieter exakt mit, welche Buchung sie eigentlich vornehmen wollte, und was dabei am Ende herauskam.

Weiterhin versuchte es meine Mandantin telefonisch, vor allem wollte sie einen speziell für die Klicken-und-Mixen-Abteilung zuständigen Mitarbeiter sprechen. Diese, so hieß es, hätten bereits ab 16 Uhr Feierabend und wären erst ab Montag wieder erreichbar.

Als meine Mandantschaft am nächsten Montag dort anrief, war leider kein Entgegenkommen möglich. Man bot ihr lediglich an, die Reise zu stornieren. Wenn sie dies umgehend täte, würden die Stornokosten „günstige" 673,10 Euro betragen.

Geschockt von diesem Angebot verfasste meine Mandantin ein weiteres Schreiben an den Reiseanbieter und erklärte die Anfechtung des Vertrags aufgrund von arglistiger Täuschung. Die Anfechtung nahm das Reiseportal zur Kenntnis, ging aber nicht weiter darauf ein. Nach wie vor verlangte man die Zahlung des Gesamtpreises oder zumindest der Stornokosten. Meine Mandantin wurde mit ermahnenden Zahlungsaufforderungen per E-Mail regelrecht bombardiert.

Nach unzähligen weiteren Telefonaten mit der Kundenhotline des Portals erreichte meine Mandantin endlich einen Mitarbeiter, der den Fehler nachvollziehen konnte und zugab, dass dies von Seiten des Portals eigentlich korrigiert werden müsse. Er sagte ihr zu, dass er das an die Technikabteilung weitergeben werde, damit nicht noch andere Kunden „darauf hereinfallen" (so der Originalton des Mitarbeiters). Viel brachte das meiner Mandantin nicht, sie erhielt weiterhin Mahnungen des Reiseanbieters.

In einem solchen Fall entsteht in rechtlicher Hinsicht für den Kunden keine Zahlungsverpflichtung, da es an einer vertraglichen Grundlage für die konkret abgerechnete Reise fehlt. Die Mutter schloss einen Vertrag über ein Komplettangebot aus Flug und Hotel ab. Für dieses Gesamtangebot zu genau dem benannten Preis gab sie Ihre Willenserklärung zur

Buchung ab und betätigte den Kaufbutton. Nach erfolgter Buchung war das Onlineportal nicht in der Lage, die vertraglich vereinbarte Reiseleistung zur Verfügung zu stellen, der Anbieter konnte seinen vertraglichen Verpflichtungen nicht nachkommen. Stattdessen bot man meiner Mandantin eine gänzlich andere Reiseleistung an: Einen Hotelaufenthalt ohne Flug zu einem veränderten Gesamtpreis, da alleine das Hotel nun so teuer war wie zuvor Hotel mit Flug zusammen. Ein solches Angebot wollte die Kundin nie wahrnehmen und hat hierfür keine vertraglich bindende Willenserklärung abgegeben. Es besteht für ein solches Angebot kein Vertrag, und ohne vertragliche Grundlage darf das Reiseportal keine Rechnungen erstellen.

Unabhängig davon wurde meine Mandantin ganz klar getäuscht, denn ihr wurde vorgespielt, dass sie für einen bestimmten günstigen Preis eine Reiseleistung erwerben könne. Dieses Angebot stellte sich im Nachhinein als Farce dar, denn der Preis beinhaltete nur den Hotelaufenthalt.

Geht man streng rechtlich vor, so stellt das Reiseangebot auf der Homepage des Portals im wahrsten Sinne des Wortes zunächst nur eine Information dar, welche Reisen zu welchem Preis überhaupt verfügbar sind. Entscheidet sich ein potentieller Kunde für eine der angezeigten Reisen, so gibt er dem Unternehmen ein Angebot ab. Juristen sprechen hier von einer Willenserklärung, die auf einen Vertragsschluss hingerichtet ist.

Das Reiseunternehmen empfängt dieses Angebot zum Vertragsschluss, und muss es mit einer eigenen Willenserklärung bestätigen. Erst dann, wenn das Unternehmen die Anfrage des Kunden erhalten und die gebuchte Reise zu den gewünschten Konditionen bestätigt hat, kommt formaljuristisch ein Reisevertrag zustande. Fehlt es an einer solchen Bestätigung des Reiseunternehmens, so scheitert der Vertragsschluss.

Gleiches gilt, wenn das Unternehmen zwar eine Bestätigung abgibt, diese jedoch einen gänzlich anderen Inhalt aufweist. Dann liegt in rechtlicher Hinsicht sogar ein neues Angebot vor, das der Kunde erneut annehmen muss.

Stellen Sie sich vor, Sie gehen in eine Bäckerei und möchten ein Brot kaufen. Am Brotregal hinter der Verkäuferin hängt ein Schild mit dem Aufdruck „Roggenbrot 2,99 Euro". Sie möchten ein Roggenbrot und sagen der Mitarbeiterin, dass Sie gerne ein solches hätten. Daraufhin dreht diese sich um und sieht, dass das Schild falsch hängt und gar kein Roggenbrot mehr vorhanden ist.

Hinter dem Schild liegt ein Dinkelbrot, welches 3,49 Euro kostet. Die Verkäuferin entschuldigt sich bei Ihnen und sagt, dass sie kein Roggenbrot mehr da habe, Ihnen aber das Dinkelbrot zum Preis von 3,49 Euro anbieten könne. Damit macht Ihnen die Bäckereifachangestellte ein neues Angebot, das Sie annehmen oder ablehnen können.

Nun stellen Sie sich weiter vor, die Verkäuferin würde Ihnen das Dinkelbrot ohne einen Kommentar in die Hand drücken und dafür 3,49 Euro verlangen. Sie wären sicherlich erstaunt und würden erwidern, dass Sie eigentlich ein Roggenbrot für 2,99 Euro kaufen wollten. Die Verkäuferin aber bleibt bei ihrer starren Haltung und besteht auf einen bereits abgeschlossenen Kaufvertrag. Da das von Ihnen gewünschte Brot nicht mehr da sei, müssen Sie eben ein anderes zu einem erhöhten Preis nehmen. Man könne da nichts mehr machen, der Vertrag wurde bereits abgeschlossen, Sie seien dazu verpflichtet, das zu nehmen, was die Fachangestellte Ihnen gibt.

Ein Beispiel, das bei jedem vernünftig denkenden Kunden Kopfschütteln hervorrufen würde. Natürlich ginge das so nicht. Bei Online-Reiseportalen aber anscheinend schon, denn genau das ist im oben erzählten Beispiel geschehen. Der Mutter wurde ein Reise aufgedrückt, die sie überhaupt nicht wollte, da ihr Interesse einer preislich ganz anderen Reise galt.

Lange Rede kurzer Sinn: Im oben benannten Beispiel kam nach deutschem Recht kein Reisevertrag zustande, da die Kundin zu keinem Zeitpunkt auf das neue Angebot des Portals einging. Es fehlt damit alleine schon an einer vertraglichen Grundlage, auf deren Basis das Reiseportal eine Rechnung erstellen dürfte.

Selbst wenn ein Vertrag zustande gekommen wäre, so könnte die Anfechtung wegen Irrtums oder sogar die Anfechtung wegen Täuschung ausgesprochen werden. In jedem Fall muss die Kundin keine Zahlungen leisten.

Sollten Sie in die Situation kommen, dass Ihnen eine Reise in Rechnung gestellt wird, die Sie zu den berechneten Konditionen niemals gebucht haben, so bestreiten Sie den Vertragsschluss. Wenden Sie sich schriftlich an das Reiseunternehmen und tragen vor, welche Reise zu welchem Preis Sie gebucht hatten, und in wieweit die nun abgerechnete Reise davon abweicht. Sagen Sie, dass Sie die vorgelegte Reise nicht gebucht haben, und dass es hierfür keinen Vertrag gibt. Bitten Sie um den Nachweis dieses angeblichen Vertrags, egal in welcher Form. Sie werden sehen, dass Ihnen das Reiseportal diesen Nachweis niemals erbringen wird.

Rechtlich verhält es sich so, dass immer die Seite, die einen Vertrag behauptet, ihn auch nachweisen muss. In dem vorliegenden Fall behauptet das Reiseportal, dass ein ganz bestimmter Vertrag abgeschlossen wurde, und stellt diesen in Rechnung. Insofern obliegt dem Unternehmen die Nachweispflicht. Kann es den Vertrag nicht beweisen, so muss es die Forderung stornieren.

Ich empfehle trotzdem, bei besonders günstig erscheinenden Angeboten immer einen Bildschirmausdruck anzufertigen, oder zumindest ein Foto vom Bildschirm zu knipsen. Wenn möglich, sollte eine andere Person als Zeuge hinzugezogen werden, die das Angebot bestätigt. Viel zu oft verschwinden günstige Reisen plötzlich im Nirwana des Internets, und sind im Nachhinein nicht mehr rekonstruierbar. Der Kunde sieht sich dann mit einer überhöhten Rechnung konfrontiert und hat keinen Beweis für das ursprünglich besonders günstige Reiseangebot.

Hat man das Angebot aber zuvor ausgedruckt oder abgelichtet, lässt sich der Streit meist schnell klären. Ich erlebe es immer wieder, dass die Gegenseite aufgibt, legt man ihr den Nachweis des günstigen Angebots vor. Weitere rechtliche Aktionen wie das Bestreiten des Vertragsschlusses etc. sind dann nicht mehr notwendig und die Angelegenheit ist friedlich beendet.

Völlig überhöhte Stornokosten

Welche Geldfalle droht hier? Sie klicken im Internet versehentlich falsche Reisedaten an. Später verlangt der Veranstalter von Ihnen die Zahlung der Reise, obwohl Sie eine berechtigte Anfechtung wegen Irrtums ausgesprochen haben.

Manchmal ist nicht das Reiseportal schuld, wenn es zu einer falsch gebuchten Reise kommt, sondern der Mensch hinter dem Bildschirm. Schnell kann es passieren, dass man sich im Internet verklickt. Wird das Versehen nicht schnell genug bemerkt, so kann es in einer ungewollten Urlaubsbuchung enden.

So geschah das einem meiner Mandanten, der für sich und seine Familie eine Reise in die Dominikanische Republik buchen wollte. Leider klickte er versehentlich nicht das gewünschte Strandhotel in Punta Cana an, sondern ein Hotel in der Innenstadt von Santo Domingo, der Hauptstadt der Dominikanischen Republik mit einer sehr hohen Kriminalitätsrate. Kein Ort, wo Familien gerne ihren Urlaub verbringen möchten.

Den Irrtum bemerkte der Kunde am nächsten Tag, als er die Buchungsbestätigung durchlas. Umgehend setzte er sich mit dem Online-Reiseportal in Verbindung und erklärte, dass er sich bei der Buchung über den Aufenthaltsort geirrt hatte.

Leider gab der Mitarbeiter des Portals zu verstehen, dass er darin keinen Irrtum erkennen könne, und eine Anfechtung der Reisebuchung nicht akzeptieren werde. Selbst als mein Mandant mit aller Deutlichkeit darauf hinwies, dass wohl kaum eine Familie ihren Jahresurlaub in der kriminalitätsbelasteten Innenstadt von Santo Domingo verbringen würde, blieb der Mitarbeiter stur. Er war der Ansicht, dass diese Buchung bestimmt so gewollt war, wie sie vorgenommen wurde, und dass sich mein Mandant nun angesichts des hohen Preises herausreden wolle. Für jegliches Argument, das den Irrtum der Buchung verdeutlichte, blieb der Mitarbeiter unzugänglich.

Schließlich gab der Kunde auf und wandte sich an meine Kanzlei. Ich teilte dem Mandanten mit, dass hier tatsächlich ein relevanter Irrtum vorlag, und er mit der bislang geäußerten Irrtumsanfechtung alles richtig gemacht hatte. Warum sich das Reiseportal so unnachgiebig zeigte, war auch für mich nicht nachvollziehbar. Ich vermutete, dass alleine aus Gewinngründen an der Reisebuchung festgehalten werden sollte. Immerhin ging es um einen Gesamtpreis in der Größenordnung von ca. 6.000 Euro. Das Reiseunternehmen war lediglich mit einer Stornierung der Reise einverstanden, verlangte hierfür aber immer noch den Betrag von ca. 4.000 Euro Stornokosten.

Die von meinem Mandanten erklärte „Anfechtung wegen Irrtums" greift immer dann ein, wenn eine Person eine erkennbar falsche Willenserklärung geäußert hat, und nachvollziehbar ist, dass sie an dieser nicht festhalten möchte, hätte sie bereits bei der Äußerung den Irrtum erkannt. Verschreibt man sich z.B. bei einer Bestellung und ordert statt 10 Packungen Kopierpapier 1000 Stück, so liegt ein Erklärungsirrtum vor, der zur Anfechtung der Bestellung wegen Irrtums berechtigt.

Rechtsfolge der Anfechtung ist, dass der irrtümlich abgeschlossene Vertrag von Anfang an als aufgelöst gilt, so, als ob er nie eingegangen worden wäre. Das Unternehmen, gegenüber dem die Anfechtung erklärt wurde, darf aus dem angefochtenen Vertrag keinen Gewinn erzielen, es hat lediglich ein Recht auf Schadensersatz in Bezug auf die durch den Vertrag entstandenen Aufwendungen. Meist handelt es sich dabei um eher geringe Beträge wie beispielsweise Kosten für Porto & Papier, Bearbeitungsaufwand etc.

Da das Reiseportal die bereits erklärte Anfechtung meines Mandanten nach wie vor nicht anerkennen wollte, schaltete ich mich ein und machte noch einmal deutlich, warum der Kunde rechtmäßig angefochten hatte und der ursprüngliche Reisevertrag nicht mehr bestünde, ergo das Unternehmen keine Rechnung über den Reisepreis oder die Stornokosten an den Kunden richten dürfe.

Leider blieb das Portal stur, es behauptete steif und fest, dass mein Mandant tatsächlich den Urlaub in Santo Domingo verbringen wollte, ein Irrtum damit nicht erkennbar sei. Ich konnte mir nicht erklären wie die Reisefirma auf diese Ansicht kam und woher sie die Überzeugung nahm, den Gedankengang meines Mandanten zu kennen. Voller Ironie und Sarkasmus meinte das Reiseunternehmen sogar, dass der Herr vor der Buchung doch die Hotelbeschreibung hätte lesen müssen, denn dann wäre ihm die Lage des Hotels mitten in Santo Domingo aufgefallen. Eine Anfechtung sei nur dann möglich, wenn seitens des Reiseveranstalters keine Hotelbeschreibung vorgelegen hätte, was hier aber ja der Fall war. Das Reiseportal beharrte auf Zahlung der Stornierungskosten.

Nachdem ich diese konsequent verweigerte, schaltete das Unternehmen selbst einen Anwalt ein, der ebenfalls davon ausging, dass mein Mandant sich nie und nimmer geirrt haben könne. Mit Sicherheit wollte dieser unbedingt den Familienurlaub in der schmutzigen gefährlichen Innenstadt Santo Domingos verbringen, und bestimmt nicht am Strand in einem schönen Familienhotel. Das waren die Worte des gegnerischen Anwalts.

Angesichts so großer Kundenfeindlichkeit beschloss ich, den gegnerischen Anwalt zunächst in seinem Glauben zu belassen und in einem nächsten Schritt auf die Unverhältnismäßigkeit der Stornokosten hinzuweisen. Denn auch diese waren in jenem Fall rechtlich angreifbar.

Auf dieses Thema angesprochen, meinte der gegnerische Rechtsanwalt, dass zumindest die Flugkosten ausgeglichen werden müssten, denn diese habe seine Mandantschaft bereits an die Fluggesellschaft bezahlt. Hierbei handelte es sich um 2.814 Euro. Von einer Erstattung dieses Betrags könne nicht abgesehen werden.

Als ich diese Zahl las, wurde ich stutzig. Mein Mandant hatte bereits einen Tag nach der Buchung die Anfechtung respektive Stornierung erklärt. Bei dem Flug handelte es sich um einen zum Zeitpunkt der Buchung bereits fast vollständig besetzten Flieger, der Kunde konnte gerade noch so Plätze für sich und seine Familie ergattern.

Diese Sitzplätze wurden durch die Stornierung wieder frei, und mit Sicherheit stürzten sich zahlreiche andere Buchungswillige auf die Plätze. Vor diesem Hintergrund wollte mir der gegnerische Anwalt erzählen, dass jene Plätze nicht erneut vergeben werden können? Ich hielt das für eine rein spekulative Annahme, die nicht auf realen Tatsachen beruhen konnte. Denn jeder, der regelmäßig Urlaubsreisen bucht, weiß, dass der Flaschenhals die Plätze im Flugzeug sind. Da können noch so viele Zimmer in den Hotels am Urlaubsort frei sein, es hängt fast immer an der Anzahl der verfügbaren Flugzeugsitzplätze.

Damit konfrontierte ich den anderen Rechtsanwalt, und gab ihm zu bedenken, dass die von ihm benannte Zahl einfach so in den Raum gestellt wurde. Ich bat ihn, mir Beweise vorzulegen. Zum einen forderte ich den Anwalt auf, eine Bestätigung der Fluggesellschaft vorzulegen, dass die Plätze nicht erneut vergeben werden können. Zum anderen bat ich ihn um eine konkrete Rechnung seitens der Fluggesellschaft, die den vom Anwalt benannten Flugpreis schwarz auf weiß bestätigen würde. Diese beiden Anforderungen können nicht so schwer zu erfüllen sein, dachte ich mir, denn das Reiseunternehmen konnte sich diese Aussagen bestimmt nicht ausgedacht haben. Sicherlich hat es von der Fluggesellschaft die Information erhalten, dass eine Neuvergabe der Plätze unmöglich sei, warum auch immer, und eine Rechnung über den mir benannten Preis für die drei Sitzplätze im Flugzeug erhalten.

Ich erklärte ihm meine Bitte mit dem Hinweis, dass mein Mandant ein tourismuswirtschaftlicher Laie ist, für den es nicht ohne weiteres verständlich sein kann, warum freigewordene Plätze in einem Flugzeug nicht erneut vergeben werden können. Die Plätze seien schließlich nicht durch die Familie belegt und können von anderen Reisenden wahrgenommen werden. Selbst wenn das Reiseunternehmen im Voraus Plätze bei der Fluggesellschaft eingekauft hat, so hätte dieses doch nach wie vor die Verfügungsmacht über die Plätze und könnte sie anderen Kunden zugute kommen lassen. Von daher wäre es wichtig zu erfahren, warum die Sitzplätze nicht nochmalig vergeben werden können.

Schließlich bestünde hier auch eine Schadensminderungspflicht seitens des Reiseunternehmens. Würde dieses freigewordene Plätze in einem Flugzeug absichtlich nicht neu vergeben, obwohl das ohne weiteres möglich wäre, so verstößt es gegen den Grundsatz der Schadensminderungspflicht. Nach dieser gesetzlichen Regelung müssen sich beide Parteien in einem Vertragsverhältnis immer so verhalten, dass sie erkennbaren Schaden von der anderen Seite abwenden. Würde das Reiseunternehmen sehenden Auges frei gewordene Plätze in einem Flugzeug nicht an andere Reisewillige vergeben, obwohl es dies könnte, so läge ein Verstoß gegen die Schadensminderungspflicht vor. Das Reiseunternehmen darf in einem solchen Fall den entstandenen Schaden nicht an den Kunden weitergeben, sprich, die Rechnung an meinen Mandanten wäre rechtswidrig gewesen.

Anscheinend hat mein letztes Schreiben den gegnerischen Anwalt überzeugt, denn auf eine Reaktion warte ich bis heute. Weder er noch das Reiseportal haben sich je wieder bei mir gemeldet, die Sache verlief einfach im Sand.

Das bedeutet natürlich auch, dass weder eine Bestätigung seitens der Fluggesellschaft über die angeblich nicht neu vergebbaren Plätze vorlag, noch eine Rechnung über die drei Plätze im Flugzeug. Das ist schon ein starkes Stück. Hätte mein Mandant vorschnell gezahlt, so wäre er mehrere tausend Euro für nichts losgeworden.

Leider erlebe ich es immer wieder, dass diese oftmals viel zu hoch angesetzt werden. Der Grundgedanke von Stornokosten ist der, dass dem Reiseunternehmen die durch die Absage der Reise entstandenen Kosten ersetzt werden sollen. Stornobeträge haben nicht das Ziel, das Unternehmen zu bereichern und zusätzlichen Gewinn zu erwirtschaften. Doch genau das geschieht viel zu oft.

Bucht man eine Reise, so entstehen dem Reiseveranstalter natürlich Bearbeitungskosten. Muss der Urlaub zu einem späteren Zeitpunkt abgesagt werden, so ist es verständlich, dass diese Kosten ersetzt werden müssen. In keinem Fall sollen die Stornierungsgebühren darauf abzielen, dem Reiseunternehmen doppelten Gewinn zu erwirtschaften. Diesen Eindruck habe ich manchmal, wenn ich die von Mandanten vorgelegten Stornorechnungen betrachte.

Liegt die Stornierung zeitlich kurz vor Reiseantritt, so ist es nachvollziehbar, dass die abgesagte Reise nicht mehr an andere Kunden vergeben werden kann. In diesem Fall ist es in rechtlicher Hinsicht akzeptabel, dass die Stornierungsgebühren nahe an den eigentlichen Reisepreis herankommen.

Handelt es sich aber um eine Stornierung Wochen oder gar Monate vor dem eigentlichen Reiseantritt, so ist davon auszugehen, dass die abgesagte Reise an andere Personen erneut vergeben werden kann. In diesem Fall sollten die Stornierungsgebühren tatsächlich nur den Bearbeitungsaufwand des Reiseunternehmens darstellen.

Liegen die Stornokosten erheblich höher, so dass sogar für den tourismuswirtschaftlichen Laien ein arges Missverhältnis erkennbar ist, so empfiehlt sich eine Nachfrage beim Reiseveranstalter, woher dieser Betrag kommt. Lassen Sie sich für diesen Fall die konkrete Berechnung vorlegen, woher die hohe Zahl stammt. Konfrontieren Sie das Reiseunternehmen damit, dass es den Urlaub nun an andere Personen neu vergeben kann und ihm dadurch kein entgangener Gewinn entsteht.

Viele Reiseunternehmen berufen sich in einem solchen Fall auf die Allgemeinen Geschäftsbedingungen (das Kleingedruckte, kurz „AGBs"), in denen die Stornierungsgebühren exakt festgelegt sind. Meist befindet sich dort eine Tabelle, die je nach Nähe zum Reisetermin einen bestimmten Prozentbetrag des Reisepreises als Stornokosten festlegt.

Ganz so einfach ist das aber nicht, wie der Reiseveranstalter sich das denkt. Ich erlebe es immer wieder, dass diese Geschäftsbedingungen nicht wirksam in den Vertrag mit einbezogen werden. Denn hierzu muss der Kunde deutlich darauf hingewiesen werden, und das Unternehmen muss diesen Hinweis und die Kenntnisnahme des Kunden nachweisen können. Das ist nicht immer der Fall, gerade bei so manch dubiosem Online-Reiseportal ist der Hinweis auf die AGBs als nicht ausreichend anzusehen.

Selbst wenn Ihnen die Allgemeinen Geschäftsbedingungen bei Vertragsschluss ordnungsgemäß bekannt gegeben wurden, heißt das nicht, dass alle darin enthaltenen Regelungen auch anwendbar sind. Das Gesetz besagt, dass in den Allgemeinen Geschäftsbedingungen keine „überraschenden Klauseln" enthalten sein dürfen. Überraschend ist eine Klausel dann, wenn der Kunde nicht mit ihr rechnen muss. Das bedeutet, in den Geschäftsbedingungen dürfen nur allgemeine Vertragsdetails geregelt werden, die relativ unwichtig sind, und keine große Rolle für den Hauptvertrag spielen.

Befindet sich nun eine überraschende Regelung in den Geschäftsbedingungen, beispielsweise ein ungewöhnlich hoher Preis für Stornierungsgebühren, so gilt diese Regelung als „nichtig". Sie wird damit kein Vertragsbestandteil. Ihr Reiseveranstalter darf die überhöhten Stornogebühren dann nicht in Rechnung stellen, da ihm die vertragliche Grundlage fehlt.

Unseriöse Partnervermittlungen

Gerade bei Partnervermittlungen läuft man Gefahr, in die Geldfalle zu geraten. Viele unseriöse Agenturen nutzen die Einsamkeit und die Hoffnung der Suchenden gezielt aus und führen sie arglistig in die Vertragsfalle. Schnell wird klar, dass keine neue Liebe vermittelt werden soll, sondern lediglich der Geldbeutel des Vermittlungsunternehmens aufzufüllen ist. Das gilt sowohl für herkömmliche Vermittlungsagenturen, als auch für Internet-Partnerbörsen. Im folgenden möchte ich Ihnen die gefährlichsten Geldfallen vorstellen, die sich im Bereich der Partnervermittlung auftun.

Freizeit wider Willen

Welche Geldfalle droht hier? Sie möchten einen Vertrag zur Partnervermittlung unterschreiben. Stattdessen legt man Ihnen heimlich den Aufnahmeantrag für einen Freizeitclub vor. Aufgrund dessen sollen Sie nun für ein oder zwei Jahre den Mitgliedsbeitrag eines Clubs bezahlen, dessen Mitglied Sie nie werden wollten.

In Deutschland gibt es Freizeitclubs, die sich darauf spezialisiert haben, vor allem für Singles Veranstaltungen anzubieten. Die Idee dahinter ist gut, denn durch die verschiedensten Aktivitäten soll den Alleinstehenden die Möglichkeit geboten werden, andere kennenzulernen und dadurch vielleicht den Mann oder die Frau fürs Leben zu finden.

Solche Clubs organisieren beispielsweise Radtouren, Tanzveranstaltungen, gemeinsame Zoo- oder Konzertbesuche, Golfschnupperkurse, Saunaabende, Sprachkurse, Partys, Brunch etc. Gerade für Personen, die in ihrem normalen Leben wenig Kontakt zu potentiellen Partnern haben, stellen solche Veranstaltungen eine gute Alternative zum Kennenlernen dar.

Nun müsste man meinen, dass diese Freizeitclubs einen enormen Zulauf haben, da sie auf einer guten Idee basierend ein abwechslungsreiches Programm anbieten. Anscheinend ist dem nicht so, denn schon seit Jahren beobachte ich, dass einige dieser Organisationen immer wieder zu rechtswidrigen Methoden greifen, um neue Mitglieder zu gewinnen. Die Strategie dieser unseriösen Agenturen liegt darin, dem Single eine reguläre Partnervermittlung vorzutäuschen, ihn dann aber einen gänzlich anderen Vertrag unterschreiben zu lassen.

Sie ahnen es sicherlich schon, der unterschriebene Vertrag ist kein Auftrag zur Vermittlung einer konkreten Person, sondern der Aufnahmeantrag in den Freizeitclub. Dieser ist so gestaltet, dass er über eine mehrmonatige Laufzeit angelegt ist und damit dem Clubbetreiber ein erhebliches Plus an Mehreinnahmen beschert.

Vor der Ableistung der Unterschrift wird durch rhetorisch geschultes Personal auf die partnersuchende Person so lange eingeredet, bis diese endlich unterschreibt. Im Extremfall wird dem Single sogar mitgeteilt, dass es nun den Vertrag zur Partnervermittlung unterschreiben werde, heimlich wird ihm aber der Aufnahmeantrag in den Freizeitclub vorgelegt.

So ähnlich geschah es einer meiner Mandantinnen, einer 50-jährigen Realschullehrerin, die seit einigen Jahren alleinstehend ist. In einer Zeitungsanzeige las sie die Annonce über einen 55-jährigen Herrn, der ihr sehr gut gefiel. Laut Anzeige war der Mann als Ingenieur in leitender Position tätig, lieb, ehrlich, schlank, treu und charmant, reiselustig und mit Humor.

Hoffnungsvoll wählte die Frau die unter der Anzeige angegebene Telefonnummer. Am anderen Ende der Leitung meldete sich jedoch nicht der Ingenieur aus der Annonce, sondern eine ihr fremde Vermittlungsagentur. Die Mitarbeiterin klärte meine Mandantin auf, dass es sich hierbei um eine Partnervermittlung handele, die diese Anzeige im Auftrag der suchenden Person geschaltet habe. Gerne könne sie den Ingenieur einmal kennenlernen, dazu müsse sie lediglich persönlich in der Agentur vorbeischauen und einen Vermittlungsauftrag unterschreiben.

Als meine Mandantin die Räume der Agentur betrat, waren diese in ein schummriges Licht getaucht, die Rollos waren größtenteils heruntergelassen, und vereinzelt brannte eine Kerze oder leuchtete eine schwache Lampe. Meine Mandantin wurde mit überschwänglicher Freundlichkeit begrüßt und gebeten, am Schreibtisch der Mitarbeiterin Platz zu nehmen.

Es begann ein sehr langes Gespräch, in dem die Dame der Kundin von den zahlreichen gutaussehenden Herrn vorschwärmte, die Mitglied in ihrer Vermittlungsagentur wären. Schon jetzt fielen ihr einige ein, die nahezu perfekt zu meiner Mandantin passen würden. Zudem sei meine Mandantin eine sehr gutaussehende und attraktive Dame, für die sich bestimmt etliche der eingetragenen Männer interessieren würden. Nebenbei wurde die Frau ausgiebig nach ihren Vorlieben und Wünschen bzgl. eines potentiellen Partners gefragt, und man legte eine Karteikarte an. Die Kundin fühlte sich sehr geschmeichelt, gab aber immer wieder deutlich zu verstehen, dass sie eigentlich nur an dem Ingenieur aus der Anzeige interessiert sei. Diesen möchte sie nun gerne kennenlernen.

Als das Gespräch auf die Details einging, eröffnete man meiner Mandantin, dass dieses Kennenlernen unproblematisch möglich sei. Sie müsse hierzu nur einen Vermittlungsauftrag unterschreiben, der einmalig 84 Euro koste. Mit diesem Auftrag würde die Agentur sofort aktiv und ein Treffen zwischen den beiden arrangieren können.

Die Kundin willigte ein und erhielt von der Agenturmitarbeiterin einen hellblauen Zettel vorgelegt, der mit hellgrauem Text bedruckt war. In der Dunkelheit des Raumes stellte es sich für meine Mandantin als nahezu unmöglich heraus, den Auftrag durchzulesen. Zudem hatte die Agenturdame ihre Hand fast über das gesamte Formular gelegt, um mit dem Finger auf die Stelle für die Unterschrift zu zeigen. Meiner Mandantin kam das seltsam vor, als die Mitarbeiterin sich so verhielt. Im guten Glauben und angesichts des zuvor erfolgten freundlichen Gesprächs schöpfte sie aber keinen weiteren Verdacht und unterschrieb. Plötzlich hatte es die Agenturdame sehr eilig. Angeblich hätte sie noch einen Auswärtstermin und müsse sofort los. Die Kundin solle sich keine Sorgen machen, nun sei ja alles geregelt, und man werde sich bei ihr hinsichtlich eines Kennenlerntreffens bald melden. Mit diesen Worten stieß sie meine Mandantin regelrecht aus den Geschäftsräumen hinaus und schloss die Tür hinter ihr.

Zuhause angekommen, setzte sich die Frau erst einmal hin und begann in Ruhe das zu lesen, was ihr zur Unterschrift vorgelegt wurde. Bereits auf dem Nachhauseweg hatte sie sich besorgte Gedanken gemacht, ob sie mit dieser Vermittlungsagentur die richtige Entscheidung getroffen hatte.

Als sie dann den von ihr unterschriebenen Vertrag las, traute sie ihren Augen nicht. Dieser stellte bei weitem keinen Vermittlungsauftrag dar. Stattdessen hatte sie einen Aufnahmeantrag für einen Freizeitclub unterschrieben. Jener hatte eine Laufzeit von 20 Monaten und kostete pro Monat 84 Euro. Fassungslos sank meine Mandantin in sich zusammen und wusste zunächst nicht, was zu tun war. Warum nur hatte sie den Vertrag nicht vor der Unterschrift durchgelesen? Wie konnte sie sich überhaupt zur Unterschrift überreden lassen? Die Frau verstand die Welt nicht mehr. Ein solch bedenkenloses und übereiltes Vorgehen war überhaupt nicht ihre Art, aber sie hatte sich von der Redegewandtheit der Dame mitreißen lassen. Diese hatte sie durch ihre rhetorisch perfekten Worte schlicht und einfach überrumpelt.

Der unterschriebene Vertrag erwähnte mit keinem einzigen Wort den Ingenieur aus der Anzeige, er sprach noch nicht einmal von einer vereinbarten Partnervermittlung. Stattdessen ging es einzig und alleine um die Aufnahme in den Freizeitclub, und die Möglichkeit, nun an den verschiedensten Veranstaltungen teilnehmen zu dürfen.

In einem Heft, das ihr von der Agenturmitarbeiterin gegeben wurde, fanden sich etliche Anzeigen von anderen Clubmitgliedern. Es waren ca. 700 Mitglieder aufgelistet, davon rund 70 Prozent Frauen. Die meisten Männer in der Liste waren weit über 60 Jahre alt und kamen für meine Mandantin als potentielle Partner nicht in Frage.

Am nächsten Tag rief sie in der Vermittlungsagentur an. Die anfängliche Freundlichkeit war nun verschwunden. Stattdessen wurde die Kundin schroff und unfreundlich behandelt. Sie habe nun mal den Vertrag unterschrieben und dessen Bedingungen wären einzuhalten. Von einer Partnervermittlung in Bezug auf einen ganz bestimmten Herrn war keine Rede mehr, nur noch, dass meine Mandantin jetzt an den vom Club angebotenen Freizeitaktivitäten teilnehmen könne und dabei früher oder später schon einen Partner finden werde.

Angesichts dieser rüden Behandlung schrieb meine Mandantin noch am selben Tag einen Kündigungsbrief, sowohl an die Vermittlungsagentur, als auch an die Zentrale des Freizeitclubs. Das brachte ihr leider nicht viel, denn als einzige Antwort erhielt sie ein standardisiertes Schreiben, in dem darauf hingewiesen wurde, dass sie nun einmal den Vertrag unterschrieben habe und dieser deshalb auch einzuhalten sei. Eine vorzeitige Kündigung sei nicht möglich, aber man bestätige ihr gerne schon jetzt den Kündigungstermin in zwanzig Monaten.

Die monatlichen Zahlungen von 84 Euro verweigerte die Frau in der folgenden Zeit. Sie erhielt daher regelmäßig Mahnungen, denen sie mit Verweis auf ihre Kündigung konsequent widersprach. Dennoch gab der Club nie auf, Mahnung auf Mahnung folgte, und die darin ausgesprochenen Drohungen wurden immer beängstigender.

Schließlich wandte sich die Kundin an meine Kanzlei. Mir sind zahlreiche dieser Fälle bekannt, und sie laufen immer gleich ab. Ich teilte ihr mit, dass dieses Vorgehen bereits seit vielen Jahren in immer wieder leicht abgeänderter Form von den verschiedensten unseriös agierenden Freizeitclubs in ganz Deutschland praktiziert werde, in rechtlicher Hinsicht aber nicht haltbar sei. Diese Clubs machen dennoch immer weiter und verdienen damit recht gut. Teilweise sind mir interne Details bekannt, denen zufolge ein solcher Club mehrere hunderttausend Euro pro Monat mit Mitgliedsbeiträgen verdient. Anscheinend ein sich lohnendes Geschäft, das aber auf einer rechtswidrigen Mitgliedergewinnung basiert.

Das Problem an solchen Fällen in rechtlicher Hinsicht ist, dass die Opfer immer einen Vertrag unterschreiben, in dem die gesamten Vertragsdetails genau geregelt sind. Da in Deutschland der Grundsatz gilt, dass unterzeichnete Verträge einzuhalten sind, verpflichtet sich der Single mit Unterzeichnung eigentlich dazu, über Monate oder Jahre hinweg Zahlungen an den Freizeitclub zu leisten.

Was dabei aber übersehen wird, sind die Umstände, unter denen die Vertragsunterzeichnung zustande kommt. Denn den partnersuchenden Personen wird vorgespiegelt, dass sie den Auftrag zu einer ganz konkreten Partnervermittlung unterschreiben. Erst später bemerken sie, dass der Vertrag einen gänzlich anderen Inhalt besitzt.

Damit liegt zum Zeitpunkt des Unterschreibens sowohl ein Irrtum in Bezug auf den Vertragsinhalt vor, als auch eine Täuschung bei Vertragsabschluss. Der Vertrag ist damit rechtlich angreifbar.

Sollten Sie in eine solche Falle geraten sein, so wenden Sie sich schriftlich an den Freizeitclub und schildern so ausführlich wie möglich, warum Sie an dem Vertrag nicht festhalten möchten, und auf welche Weise er zustande kam. Teilen Sie mit, dass Sie den Vertrag niemals unterzeichnet hätten, wenn Sie gewusst hätten, dass es sich nicht um eine konkrete Partnervermittlung, sondern lediglich um einen Freizeitclub handelt. Erklären Sie im selben Schreiben die Anfechtung und die sofortige außerordentliche Kündigung, als auch den Widerspruch gegen jegliche Forderungen.

Falls Sie einmal in den Geschäftsräumen einer Partneragentur sitzen, und man Ihnen einen Vertrag vorlegt, so unterzeichnen Sie diesen niemals sofort. Nehmen Sie alle Unterlagen mit nach Hause und lesen Sie diese dort in Ruhe durch. Verweigert man Ihnen die Mitnahme, und drängt Sie zur sofortigen Unterzeichnung in den Büroräumen, so sollten Sie misstrauisch werden. Denn dann liegt der Verdacht nahe, dass es sich um eine Falle handelt, und man Ihnen etwas ungewolltes auf unseriöse Weise unterschieben will.

In einem ähnlich gelagerten Fall wollte eine andere Mandantin, 70 Jahre alt, einen Herrn kennenlernen, den sie ebenso in einer vielversprechenden Zeitungsanzeige entdeckte. Der Mann in der Annonce suchte eine neue Liebe, eine Frau, die mit ihm gemeinsam das Leben teilte.

Als meine Mandantin unter der in der Annonce angegebenen Festnetznummer anrief, meldete sich jedoch nicht der erwartete Herr, sondern eine Frauenstimme. Diese teilte meiner Mandantin mit, dass sie ihr den gewünschten Mann gerne vermitteln könne. Dazu sei es aber unbedingt erforderlich, dass die Dame bei der Frau zuhause vorbeikommen würde, um mit ihr die Vermittlung zu besprechen. Ein Treffen in der Wohnung meiner Mandantin sei unumgänglich, da nur so die Vertraulichkeit gewahrt werden könne, die eine Partnervermittlung benötige. Zudem müsse sie die neue Kundin näher kennenlernen und erfahren, wie sie wohnt, und was für ein Mensch sie ist. Erst dann könne sie entscheiden, ob der angestrebte Herr überhaupt zu ihr passe oder nicht.

Das klang für meine Mandantin nachvollziehbar, denn sie legte großen Wert auf eine seriöse und auf Vertrauen basierende Partnervermittlung.

Als die Mitarbeiterin bei der Frau eintraf, verwickelte sie diese in ein sehr langes und persönliches Gespräch. Sie eröffnete meiner Mandantin, dass ihre Agentur nicht nur den Mann aus der Zeitungsanzeige im

Vermittlungsangebot habe, sondern dass es sehr viele Herren gäbe, die gut zu ihr passen würden. Bereits jetzt fielen ihr auf Anhieb eine große Anzahl an partnersuchenden Männern ein, die meiner Mandantin mit Sicherheit gut gefallen würden. Die Mitarbeiterin ging rhetorisch sehr geschickt vor und lobte ihre Kundin in den höchsten Tönen. Sie machte ihr zahlreiche Komplimente und ging immer wieder auf den Umstand ein, dass sie angesichts ihrer Attraktivität sehr leicht einen passenden Partner finden könne.

Zunächst lehnt es meine Mandantin ab, mit weiteren Herren konfrontiert zu werden, denn eigentlich wolle sie nur den in der Zeitungsanzeige beschriebenen Mann kennenlernen. Ein Treffen mit mehreren partnersuchenden Männern erschien ihr zu viel des guten.

Die Mitarbeiterin der Agentur lies trotz dieses Wunsches nicht locker, sie redete immer weiter auf meine Mandantin ein. Schließlich gab diese nach und erwägte eine Unterschrift zu leisten, nur damit die Agenturmitarbeiterin endlich wieder gehen würde.

Als die Dame von der Agentur bemerkte, dass die Frau endlich weich wurde, stellt sie ihr die näheren Vertragsdetails vor. Diese beinhalteten eine zwölfmonatige Mitgliedschaft in einem Freizeitclub. Alleine für die Aufnahme in diesen Club sollte die Kundin eine Gebühr von knapp 400 Euro bezahlen, hinzu kam eine Jahresgebühr von ca. 800 Euro.

Mit diesen Kosten war es aber noch nicht getan, denn wenn die Kundin konkrete Vermittlungsvorschläge wünsche, dann würde eine zusätzliche Vermittlungsgebühr in Höhe von 2.300 Euro hinzukommen. Insgesamt hätte sich meine Mandantin mit Unterzeichnung des Vertrags dazu verpflichtet, 3.500 Euro an die Vermittlungsagentur zu zahlen.

Geschockt von diesen Kosten lehnte meine Mandantin das freundliche Angebot der Mitarbeiterin ab. Diese gab aber nicht auf und redete weiter auf die Kundin in spe ein. Sie müsse diese Chance ergreifen, das Leben sei kurz, man habe enorm hohe Vermittlungserfolge und die Chance auf ein glückliches Leben zu zweit sei nun mal nicht umsonst zu haben. Und außerdem habe sie doch ein zweiwöchiges Widerrufsrecht, so dass sie es sich nach Vertragsunterzeichnung noch einmal in Ruhe überlegen könne. Würde sie den Widerruf ausüben, so entstünden ihr keinerlei Kosten.

Das überzeugte meine Mandantin schließlich, und sie unterschrieb den Vertrag. Nach der Unterzeichnung hatte es die Agenturmitarbeiterin plötzlich sehr eilig und verließ die Wohnung ihrer Kundin.

Jene dachte nun darüber nach, was soeben geschehen war, und wurde sich relativ schnell klar, dass sie an diesem Vertrag nicht festhalten wolle. Ein Telefonat mit ihrem Sohn bestätigte die Vermutung, dass es sich bei der Vermittlungsagentur um eine eher unseriös arbeitende Institution handele. Bereits am nächsten Tag nahm sie das ihr zugesicherte Widerrufsrecht in Anspruch und teilte der Agentur schriftlich per Einschreiben mit, dass sie an dem gestrigen Vertrag nicht festhalten wolle. Was dann geschah, ließ meine Mandantin staunen. Zwar bestätigte der Freizeitclub den Widerruf, stellte im selben Atemzug aber eine Schadensersatzrechnung für den Widerruf auf. Der Club berief sich dabei auf sein angebliches Recht, bei einem Widerruf Wertersatz für die bereits geleistete Arbeit verlangen zu können. Denn schließlich habe man in den vergangenen Tagen bis zum Eintreffen des Widerrufs einiges an Arbeit für die neue Kundin erbracht. So wurde die Kartei angelegt, die Kundin in das System eingetragen, passende Herren zur Vermittlung ausgesucht, und die ersten Vermittlungsvorschläge erstellt, welche meine Mandantin in Kürze mit der Post erhalten hätte. Für diese Leistung solle sie nun einen Wertersatz in Höhe von 2.000 Euro bezahlen. Die Kundin fiel beinahe in Ohnmacht, als sie diese Rechnung vor Augen sah.

Glücklicherweise konnte ich meine Mandantin wieder beruhigen, denn diese Rechnung musste sie in keinem Fall bezahlen. Sie hatte ihr Widerrufsrecht ordnungsgemäß ausgeübt, und eine Leistung seitens der Agentur lag bislang nicht vor, so dass auch keine Kosten entstehen konnten.

Ich schrieb die Vermittlungsagentur an und bat um eine Erläuterung der aufgestellten Rechnungsposten, als auch um Vorlage der entsprechenden Belege. Beispielsweise verlangte der Freizeitclub eine Gebühr von 500 Euro alleine für das Anlegen einer Kartei in der Vermittlungsakte. Ich wollte wissen, warum durch diesen simplen und sicherlich standardisierten Vorgang ein so hoher Betrag fällig wurde.

Weiterhin berechnete die Agentur einen Betrag von 300 Euro pro bereits aufgestelltem Vermittlungsvorschlag. Aus früheren Fällen wusste ich, dass diese Agentur solche Vermittlungsvorschläge relativ einfach handhabt, sie sucht lediglich wahllos ungefähr passende Personen aus ihrer Datenbank und sendet deren Kontaktdaten an den Kunden. Warum dadurch ein Betrag von 300 Euro pro Person entstehen konnte, war mir rätselhaft.

Es kam wie erwartet, der Freizeitclub konnte weder eine detaillierte Aufstellung seiner Kosten vorlegen, noch dazugehörige Zahlungs- oder Ausgabenbelege. Das Unternehmen verlangte zwar nach wie vor die Zahlung der Rechnung, konnte den zu zahlenden Betrag aber in keinster Weise belegen. Also hielt ich den Widerspruch aufrecht und verweigerte im Namen meiner Mandantin die Zahlung.

Schließlich gab die Vermittlungsagentur still und leise auf und stornierte die Forderung, meine Mandantin musste bis heute keinerlei Zahlungen leisten.

Die soeben beschriebene Methode ist keine seltene. Zunächst wird die partnersuchende Person in ein Vertragsverhältnis gelockt, welches als sehr überteuert erscheint. Gleichzeitig werden ihre Bedenken zerstreut, denn sie habe doch ein zweiwöchiges Widerrufsrecht. Angesichts dessen unterschreiben so einige Suchende den Vertrag, da sie von einer vollständigen Stornierbarkeit ausgehen. Kommt es zum Widerruf, so ist das Entsetzen groß, wenn die Rechnung für den angeblichen Aufwendungsersatz vorgelegt wird.

Grundsätzlich darf ein solcher Wertersatz für bereits geleistete Tätigkeiten in rechtlicher Hinsicht durchaus verlangt werden, wenn dieser auf den Grundsätzen unserer Rechtsordnung beruht. Diese bedingt, dass zum einen bereits Leistungen erbracht wurden, in die der Kunde eingewilligt hat und bewusst wollte, dass diese vor Ablauf der Widerrufsfrist durchgeführt werden. Der Kunde muss explizit den Auftrag für diese Tätigkeiten gegeben haben, und er muss nachweisbar gewusst haben, dass hierfür Kosten entstehen können.

Zum anderen müssen diese Leistungen korrekt abgerechnet werden, das heißt, es dürfen nur die entstandenen Kosten auf die Rechnung gesetzt werden, mit den real gegebenen Beträgen. Überhöhte Fantasiebeträge auf die Rechnung zu setzen ist nicht möglich. Das Unternehmen, das eine solche Aufwandsersatzrechnung nach erfolgtem Widerruf aufstellt, muss im Zweifel in der Lage sein, die Beträge ihrem Grunde und der Höhe nach zu belegen.

Sollten Sie einmal in diese Falle geraten sein, so widersprechen Sie schriftlich der Rechnung und verweisen darauf, dass weder eine vertragliche Vereinbarung über die Schadensersatzzahlung besteht, noch dass die angegebenen Beträge stimmen können. Verlangen Sie eine genaue Auflistung der einzelnen angeblichen Schadensposten und bitten um einen Beleg für jede Position. Sie werden sehen, die Partneragentur kann diese Nachweise nicht vorlegen. Damit ist die Forderung hinfällig und darf nicht weiter gegen Sie geltend gemacht werden.

Eine unglaubliche hohe Vermittlungsgebühr

Welche Geldfalle droht hier? Sie schließen einen Partnervermittlungsvertrag ab. Die hierfür anfallenden Kosten sind völlig überhöht und stehen in keinem Verhältnis zur Leistung.

So manch eine unseriös agierende Partneragentur stellt weder den Kunden noch die erfolgreiche Vermittlung in den Vordergrund, sondern einzig und allein ihren Verdienst. Derartige Vermittlungsunternehmen setzen von Anfang an auf Gebühren im Bereich von tausenden von Euro. Der Kunde vermutet angesichts eines solch hohen Preises eine überragend gute Vermittlungsleistung, wird jedoch schnell eines besseren belehrt. Im schlimmsten Fall stellt die Agentur nach Erhalt des Geldes ihre Leistung fast vollständig ein und teilt dem Kunden mit, dass sie für ihn leider keine vermittlungsbereiten Personen hätte. Hier ist es besser, den Vertrag von Anfang an zu Fall zu bringen, und überhaupt keine Zahlungen zu leisten.

Mein Mandant, 51 Jahre alt, stieß in einer lokalen Wochenzeitung auf eine Bekanntschaftsanzeige, die ihn sofort ansprach. Dort stellte sich eine attraktive sportliche 46-jährige Dame vor, die hinsichtlich aller von ihr gemachten Angaben genau den Vorstellungen meines Mandanten entsprach.

Umgehend rief er die unter der Anzeige angegebene Telefonnummer an. Er erreichte damit aber nicht die Dame aus der Kleinanzeige, sondern eine Partnervermittlungsagentur. Diese klärte den Herrn darüber auf, dass sie die in der Zeitung beschriebene Frau gerne an ihn vermitteln könne, er hierzu jedoch einen Vermittlungsvertrag unterzeichnen müsse. Dazu wäre es erforderlich, dass einer der Mitarbeiter bei ihm persönlich zuhause erscheine, um ihn etwas näher kennenzulernen. Denn schließlich wolle man nicht an unbekannte Personen vermitteln. Die in der Kartei gespeicherten Personen würden sehr großen Wert darauf legen, dass die Agentur sehr sorgfältig vorginge.

Am gleichen Nachmittag erhielt mein Mandant den Besuch einer Dame der Agentur, welche ihn nach einem mehrstündigen Gespräch schließlich dazu überredete, einen Partnervermittlungsvertrag abzuschließen. Die Kosten dieses Vertrags beliefen sich auf unglaubliche 8.500 Euro, zahlbar in monatlichen Raten zu jeweils 120 Euro. Damit wäre mein Mandant über einen Zeitraum von knapp 71 Monaten beschäftigt gewesen, also fast sechs Jahre lang. Insgesamt musste der neue Kunde fünf Dokumente unterschreiben, welche alle von der Dame an sich genommen wurden. Kopien oder Durchschläge bekam mein Mandant nicht.

Am nächsten Tag erhielt der neugewonnene Kunde Besuch von einem weiteren Mitarbeiter der Vermittlungsagentur. Dieser Besuch war angekündigt, der Mitarbeiter sollte meinem Mandanten Kopien des unterschriebenen Vertrags mitbringen, sowie Anschrift und Telefonnummer der aus der Anzeige gewünschten Dame.

Tatsächlich schien es dem Mann vielmehr um die Bezahlung des Betrags zu gehen. Auf einmal war keine Rede mehr von einer Abzahlung in 71 Monatsraten, der Mitarbeiter wollte den gesamten Betrag auf einmal erhalten. Aus diesem Grund bat man meinen Mandanten, zusammen zur Bank zu fahren, um den Betrag abzuheben. Der Kunde war sichtlich irritiert und wusste nicht, was er davon halten sollte. Der Mitarbeiter argumentierte aber so geschickt, dass er schließlich davon überzeugt war, dass der Betrag nun sofort entrichtet werden müsse. Glücklicherweise gelang es meinem Mandanten noch, vor der Fahrt zur Bank seinen Sohn anzurufen und ihm von der nun bevorstehenden Geldabhebung zu erzählen.

Der Sohn ahnte sofort, dass da etwas nicht stimmen könne. Zwar befand er sich gerade an seinem Arbeitsplatz, doch konnte er ihn zu diesem Zeitpunkt unproblematisch für eine Weile alleine lassen. Noch während des Anrufs lief der Sohn los und nahm einen Arbeitskollegen mit, der vielleicht als Zeuge fungieren könne. Der Sohn wusste nicht, womit er zu rechnen hatte, und sicherlich schadete es nichts, wenn noch jemand dabei war. Eventuell könnte der Mann von der Vermittlungsagentur seine Beherrschung verlieren, wenn die geplante Geldabhebung vereitelt würde.

Auf dem Weg zu seinem Vater verständigte der Sohn zusätzlich die Polizei, denn mittlerweile ahnte er bereits, dass er es mit einem Betrüger zu tun haben werde. Er hatte schlicht Angst, dass der dubiose Herr sich das Geld irgendwie aneignen werde und damit verschwindet.

Beide trafen noch vor der Polizei am Ort des Geschehens ein, der Agenturmitarbeiter und sein Kunde wollten gerade die Bank betreten. Der Sohn und sein Arbeitskollege sprangen aus dem Auto und stellten den Mann zur Rede. Dieser war geschockt, denn mit einer so unerwarteten Gegenwehr und Vereitlung seines Plans hatte er nicht gerechnet. Der Sohn nahm sofort seinen Vater zur Seite und redete auf ihn ein, dass er dem Mitarbeiter auf keinen Fall das Geld geben solle, denn da gehe etwas nicht mit rechten Dingen zu.

In diesem Moment traf die Polizei ein. Drei Polizisten stiegen aus dem Auto und fragten, was geschehen sei. Mein Mandant schilderte die gesamte Situation so ausführlich wie möglich. Sein Sohn gab den Polizisten zu verstehen, dass er sich größte Sorge um seinen Vater gemacht hatte und einen Betrug oder möglichen Diebstahl des Geldes vermutete.

Anscheinend war den Polizisten eine derartige Schilderung nicht unbekannt, sie hatten schon öfter mit den verschiedensten Partnervermittlungen zu tun und wussten daher aus Erfahrung, dass da rechtswidrige und strafbare Vorgänge im Spiel sein können. Sie drängten den verdutzten Agenturmitarbeiter ins Auto und fuhren mit diesem davon.

Mein Mandant sprach anschließend noch eine Weile mit seinem Sohn über die ganze Sache. Dabei stellte sich heraus, dass er bereits am vorangegangenen Tag nach der Höhe seiner Rente ausgefragt wurde, wie hoch sein Dispositionskredit sei, welche Ersparnisse er auf dem Konto habe, welches Auto er fahre, und andere private Dinge. Außerdem wurde ihm verbindlich zugesichert, dass die Dame, die er kennenlernen möchte, innerhalb von vier Wochen bei ihm einziehen werde. Große Versprechungen, die die Partnervermittlung da machte.

Weiterhin erzählte der Vater seinem Sohn, dass er zunächst überhaupt nicht mit dem Mann zur Bank fahren wollte. Er schlug diesem vor, eine Einzugsermächtigung zu erteilen, damit die Agentur das Geld selbst abbuchen könne. Doch aus irgendwelchen Gründen wäre das angeblich nicht gegangen, nach Aussage des Mitarbeiters hätte die Vermittlungsagentur das Geld sofort erhalten müssen. Dafür wäre ihm aber ein Nachlass von 500 Euro auf dann nur noch 8.000 Euro gewährt worden. Als der Sohn von all diesen Details hörte, war er sehr erleichtert, dass er so schnell eingegriffen hatte. Wer weiß, was passiert wäre, hätte er mit seiner sofortigen Fahrt zur Bank etwas gezögert.

So aber bekam mein Mandanten die Situation noch in den Griff, er hatte keinen Cent bezahlt. Aber die Verträge waren mit seiner Unterschrift versehen. In rechtlicher Hinsicht hatten wir daher das Problem, dass sich mein Mandant eigentlich an den Vertrag hätte halten müssen, zumindest in Form der vereinbarten 120 Monatsraten.

Ich wollte nicht, dass mein Mandant derart viel Geld an eine so unseriöse Vermittlungsagentur bezahlt. Aus langjähriger Erfahrung wusste ich, dass hinter all den unseriösen Agenturen nicht viel Substanz steckt. Mit Sicherheit wäre der Kontakt zur versprochenen Dame nie zustande gekommen, und auch nicht mit anderen Frauen. Letztendlich geht es solchen Partnervermittlungen nur darum, möglichst viel Geld vom Kunden zu erhalten.

Mit einem ausführlichen Widerspruchsschreiben wandte ich mich an die Agentur und schilderte die gesamten Vorfälle. Natürlich ließ ich nicht außen vor, was mein Mandant von den Methoden dieses Betriebs hielt.

Hier liegt die Konstellation vor, dass der Kunde zunächst einen Vertrag unterzeichnet, in dem Glauben, es mit einem seriösen Unternehmen zu tun zu haben. Anschließend muss der Kunde jedoch erfahren, dass dem nicht so ist, sondern dass er es mit einem äußerst dubios agierenden Betrieb zu tun hat. Hätte der Kunde die Vorgehensweise und Methoden dieser Agentur von Anfang an gekannt, so hätte er nie den Vertrag unterzeichnet.

In einem solchen Fall kann der Vertrag mit einer Anfechtung wegen Irrtums und wegen Täuschung aufgelöst werden, zudem ist die außerordentliche sofortige Kündigung wegen erheblichen Vertrauensverlustes möglich. Hinzu kommt die Einrede der Heiratsvermittlung. Unser

Gesetzbuch weist eine Regelung auf, nach der eine Vermittlungsagentur kein Geld aus einem Partnervermittlungsvertrag einfordern darf, wenn diese Einrede geltend gemacht wird. Der Gesetzgeber hat dieses Institut schon vor langer Zeit eingeführt, um unschöne Rechtsstreitigkeiten vor Gericht zu vermeiden.

Da nach wie vor der unterschriebene Vertrag existierte, hätte die Agentur die Möglichkeit gehabt, dessen Wirksamkeit vor Gericht überprüfen zu lassen. Um ein solches Verfahren zu vermeiden, bat mein Mandant um eine gütliche Streitbeilegung. Er habe nun mal einen Fehler gemacht und ist bereit, etwas Lehrgeld zu bezahlen, wenn er die gesamte Angelegenheit möglichst schnell hinter sich bringen könne.

In diesem Sinne machte ich der Vermittlungsagentur einen Vorschlag zur gütlichen Einigung auf sehr niedriger Basis. Konkret bot ich einen Einigungsbetrag von nur zehn Prozent an, was 850 Euro entsprach. Zur Überraschung meines Mandanten willigte die Agentur ein und akzeptierte die Einigung, so dass der Rechtsstreit auf diese Weise vermieden werden konnte. Ich ahnte schon, dass die Partnervermittlung diese Einigung akzeptieren werde, denn einer gerichtlichen Überprüfung hätte der Vertrag niemals standgehalten. Insofern war es angemessen, einen derart niedrigen Einigungsbetrag anzubieten.

Sollten Sie in eine derartige Falle geraten sein, so zahlen Sie bitte eine derart überhöhte Vermittlungsgebühr auf keinen Fall. In den meisten Fällen ist diese unberechtigt und steht nicht im Verhältnis zur erbrachten Leistung. Wenden Sie sich stattdessen schriftlich an die Agentur und annullieren den Vertrag. Erklären Sie den Widerspruch, und vorsorglich den Widerruf, die Anfechtung und die sofortige Kündigung des Vertrags. Berufen Sie sich auf Ihr im Gesetzbuch niedergeschriebenes Recht, Forderungen aus Partnervermittlungsverträgen nach erfolgtem Widerspruch nicht begleichen zu müssen.

Immer dann, wenn ein Vertragspartner ungewöhnlich hohe Gebühren in Rechnung stellt, sollten Sie besonders wachsam sein. Lassen Sie sich vorab die genauen Leistungen schriftlich bestätigen, und zahlen Sie den Betrag auf keinen Fall vorab. Vereinbaren Sie maximal eine kleine Anzahlung, und überweisen weitere Teilbeträge erst dann, wenn bereits eine Leistung seitens der Agentur erbracht wurde. Denn zahlen Sie per Vorkasse, ist das Geld meist weg, und das Vermittlungsunternehmen verspürt wenig Druck, Ihnen bei der Partnersuche zu helfen. Lässt sich die Agentur nicht auf Teilzahlungen nach erbrachter Leistung ein, so sollten Sie kritisch hinterfragen, warum sie das nicht will. Denn wenn die Partneragentur eine gute Leistung erbringen würde, wäre sie mit Sicherheit auch mit einer Teilzahlung einverstanden. Ein Verhalten, das dies ablehnt, deutet meist auf eine gewisse Unseriösität hin.

Ungewollte Mitgliedschaft im Online-Datingportal

Welche Geldfalle droht hier? Sie melden sich für eine Probemitgliedschaft bei einer Online-Vermittlungsagentur an. Daraus entwickelt sich eine reguläre Mitgliedschaft, ohne dass Sie das bemerken. Anschließend verlangt das Portal einen monatlichen Mitgliedsbeitrag von Ihnen.

Es existieren im Internet zahlreiche Anbieter, die sich auf die Vermittlung von schnellem Sex spezialisiert haben. Diese Agenturen werben damit, dass eine Anmeldung genügt, um zahlreiche Gleichgesinnte zu treffen, die kein Interesse an einer längerfristigen Beziehung haben, sondern lediglich das erotische Abenteuer suchen.

Um die Einstiegshürde möglichst niedrig anzusetzen, bieten derartige Vermittlungsagenturen gerne eine kostenlose oder sehr günstige Probemitgliedschaft für einen begrenzten Zeitraum an. Typischerweise handelt es sich dabei um Kosten von wenigen Euro für eine Zeitspanne von zwei bis vier Wochen. Der interessierte Kunde müsse lediglich seine persönlichen Daten und seine Bankverbindung in ein Online-Formular eingeben, und schon kann es mit dem Kennenlernen losgehen.

Das Problem an diesen Internetportalen ist, dass diese eher weniger das Vermitteln von Sexkontakten im Sinn haben, als vielmehr ihren Kunden das Geld aus der Tasche ziehen möchten.

So habe ich es mehrfach bei Mandanten erlebt, dass die sogenannten Vermittlungsagenturen überhaupt keine Mitglieder haben, die sie vermitteln können, da die angeblich vorhandene Datenbank mit potentiellen Sexkontakten gar nicht vorhanden oder funktionsfähig ist. Bei vielen unseriösen Agenturen musste ich von meinen Mandanten daher erfahren, dass diese nie auch nur einen einzigen Vermittlungsvorschlag erhielten. Oder aber Sie bekamen nur Profile von Personen, die nicht antworteten, somit vermutlich überhaupt nicht existierten.

Eine Vorgehensweise dabei, um möglichst schnell an viel Geld zu gelangen, ist die, dass sich die angepriesene vergünstigte Probemitgliedschaft vom Kunden ungewollt und unbemerkt in eine vollwertige Jahresmitgliedschaft umwandelt. Dem Kunden werden nach Ablauf der Probemitgliedschaft plötzlich Beträge vom Konto abgebucht, ohne dass dieser zunächst weiß, wofür.

Erst auf Nachfrage bei der Internet-Agentur wird der Kunde dann darüber informiert, dass er vergessen habe, seine Probemitgliedschaft zu kündigen. Daher hätte sich diese, wie vom Kunden angeblich bei der Anmeldung gewünscht, in eine reguläre Mitgliedschaft erweitert. Der Kunde sei für eine festgelegte Anzahl von Monaten gebunden, einen vorzeitigen Ausstieg gäbe es nicht.

Das Problem dabei ist, dass der Kunde bei der Anmeldung in keinster Weise darauf hingewiesen wurde, dass sich der Testzeitraum nach Ablauf ohne weiteres Zutun in eine vollwertige Mitgliedschaft umwandeln würde. So erging es einem meiner Mandanten, der im Internet speziell auf der Suche nach schnellen Sexkontakten war. Da erschien ihm das Angebot eines Onlineportals verlockend, denn dieses warb mit zahlreichen bereits angemeldeten Frauen, welche nur darauf warteten, von einem attraktiven Mann kontaktiert zu werden. Das Portal erweckte Seriosität und war optisch ansprechend gestaltet.

Allerdings fiel meinem Mandanten zu diesem Zeitpunkt noch nicht auf, dass auf der Internetseite der Vermittlungsagentur lediglich Frauen abgebildet waren. Die einen etwas nackter, die anderen fast ganz nackt, manche einfach nur schick angezogen, aber ein Mann war dort nicht zu sehen. Eigentlich müsste der Besucher an dieser Stelle bereits misstrauisch werden, denn eine Seitensprungagentur sollte beide Geschlechter gleichermaßen ansprechen. Schließlich müssen die Kontaktmöglichkeiten irgendwoher kommen, und woher, wenn nicht über die Anmeldung? Ist die Internetseite aber so gestaltet, dass sie ausschließlich Männer anspricht und zur Anmeldung animieren soll, wo bleiben dann die Frauen?

Jedenfalls freute sich mein Mandant über das Angebot zur Nutzung der Agenturleistungen für einen abgegrenzten Probezeitraum von drei Wochen für einen eher symbolischen Betrag von nur fünf Euro. Um diese zeitlich begrenzte Mitgliedschaft abzuschließen, musste der neue Kunde seinen Namen, Adresse, E-Mail-Adresse und Bankverbindung eingeben, die Allgemeinen Geschäftsbedingung (AGBs) akzeptieren und abschließend den Anmeldebutton drücken.

Nach der erfolgreich durchgeführten Anmeldeprozedur versuchte mein Mandant sogleich, direkt für denselben Abend ein Date auszumachen. Er schaute sich die verschiedenen Frauen an, die laut dem Portal in seiner Nähe wohnten, und schrieb ihnen eine Nachricht. Leider kam von keiner einzigen eine Rückmeldung. Der Kunde versuchte die Kontaktaufnahme in den folgenden Tagen erneut, blieb jedoch konsequent erfolglos. Nicht eine einzige der angeschriebenen Frauen schrieb auch nur eine Zeile zurück. Schließlich gab mein Mandant auf und nutzte das Portal nicht weiter, die dreiwöchige Probemitgliedschaft ließ er einfach auslaufen und betrachtete die investierten fünf Euro als Lehrgeld.

Ein paar Tage nach Ablauf der dreiwöchigen Testmitgliedschaft staunte der Mann nicht schlecht, als plötzlich und ohne jegliche Vorwarnung ca. 80 Euro von seinem Konto abgebucht wurden. Im Text der Abbuchung fand sich der Name der Online-Vermittlungsagentur wieder. Mein Mandant war verwundert, da er von einem problemlosen Ablauf der Testmitgliedschaft ausging. Ihm war nicht bewusst, dass er einen neuen Vertrag abgeschlossen hatte.

Der irritierte Kunde wandte sich per E-Mail an die Agentur und fragte nach, was da los sei. Die Antwort-E-Mail kam schnell und bestätigte seine Befürchtungen: Der Probezeitraum hatte sich ohne sein Zutun in eine vollwertige teure Festmitgliedschaft verlängert. Mein Mandant sollte nun für einen Zeitraum von zwölf Monaten vertraglich an die Vermittlungsleistungen des Portals gebunden sein und dafür knapp 80 Euro im Monat bezahlen.

Selbstverständlich schrieb mein Mandant umgehend zurück und gab der Agentur zu verstehen, dass er diese Leistung in keinster Weise gebucht hatte. Er habe schließlich nur eine Testmitgliedschaft erworben, diese auch bezahlt, aber ansonsten keinen weitergehenden Vertrag abgeschlossen.

Trocken schrieb ihm die Partnervermittlung zurück, dass er sich bei Abschluss des Probezeitraums mit der Geltung der Allgemeinen Geschäftsbedingungen einverstanden erklärt habe. Dies sei eindeutig nachverfolgbar, da er an der Stelle ein Häkchen setzte, an der er sich mit der Geltung der AGBs einverstanden erklärte. Und in den AGBs der Agentur stehe nun mal, dass sich eine Probemitgliedschaft immer automatisch in eine vollwertige Mitgliedschaft verlängern würde, wenn der Testzeitraum nicht vor Ablauf rechtzeitig gekündigt würde.

Wütend über diese Antwort entgegnete mein Mandant, dass er diesen Vertrag nicht akzeptieren und keine weiteren Zahlungen an eine solche unseriöse Vermittlungsagentur leisten werde. Anschließend ging er zu seiner Bank und lies die erste Abbuchung zurück buchen.

Das ist in einem solchen Fall unbedingt anzuraten, denn Abbuchungen vom Bankkonto können innerhalb von acht Wochen ab Abbuchungsdatum wieder vollständig zurück gebucht werden. Bei illegalen Abbuchungen wie dieser beträgt die Rückbuchungsfrist sogar 13 Monate.

Die Agentur war mit der Rückbuchung natürlich nicht einverstanden und forderte meinen Mandanten erneut per E-Mail zur Zahlung auf. Der Kunde blieb hartnäckig und widersprach allen Mahnschreiben. Zu weiteren Abbuchungen kam es nicht, aber der Mahnbetrag wurde Monat für Monat höher.

Schließlich wandte sich der Kunde an meine Kanzlei, und ich machte der Vermittlungsagentur den gesetzlichen Hintergrund deutlich, warum sie kein Recht auf Bezahlung habe.

Der Ansatzpunkt lag darin, dass das Sexportal auf seiner Seite keinen einzigen Hinweis gab, dass sich die Probemitgliedschaft nach Ablauf automatisch in eine reguläre vollwertige Mitgliedschaft umwandle. Sie setzte diese Informationen lediglich in die Allgemeinen Geschäftsbedingungen (AGBs), also in das Kleingedruckte.

Das hatte zur Folge, dass Kunden keinerlei Notiz davon nahmen, wenn sie die Anmeldung zum Probezeitraum tätigten. Sie hatten keine Möglichkeit, etwas über diese automatische Verlängerung nachzulesen, wenn sie nicht explizit in den AGBs danach gesucht hätten.

Nun ist es aber so, dass der Kunde nicht dazu verpflichtet ist, die Allgemeinen Geschäftsbedingungen zu lesen. Das mag zunächst verwundern, ist aber vom Gesetzgeber so gewollt. Grundsätzlich muss Ihr Vertragspartner alle wichtigen Details deutlich im Hauptvertrag zum Ausdruck bringen, also auf den Seiten, die Sie bei Vertragsabschluss groß vor sich sehen. Sie sollen auf einen Blick erkennen können, welche Leistungen der Vertrag beinhaltet, was diese kosten, und wie die wichtigsten Nebenbedingungen des Vertrags lauten.

Es ist Ihrem Vertragspartner nicht gestattet, wichtige Regelungen in den Allgemeinen Geschäftsbedingungen zu verstecken. Die AGBs wurden dafür geschaffen, um für den Vertragsabschluss unwichtige Nebendetails zu bestimmen. Dahinter steckt der Gedanke, dass nicht jeder einzelne Vertrag mit einer Vielzahl an Regelungen überfrachtet werden soll und damit Ausmaße von vielen Seiten einnehmen müsste.

Das Ziel des Gesetzgebers lag darin, dass im Hauptvertrag lediglich die wichtigsten Vertragsbestimmungen benannt werden. Alle eher unwichtigen Nebenbestimmungen, die aber in jeden Vertrag mit aufgenommen werden müssen, sollen ihren Einzug in die Allgemeinen Geschäftsbedingungen finden. Der Gesetzgeber ging sogar so weit, dass er dem Vertragsschließenden nicht einmal eine Pflicht zum Lesen der AGBs aufbürdete. Der Verbraucher, der einen Vertrag unterzeichnet, zu dem auch AGBs gehören, kann sich ruhigen Gewissens darauf verlassen, dass in diesen Geschäftsbedingungen keine für den Vertrag wesentlichen Details geregelt werden. Finden sich in den AGBs Regelungen, die für den Vertragsschließenden überraschend wären, so werden diese nicht Vertragsbestandteil.

Da es sich bei der automatischen Verlängerung einer Probemitgliedschaft in eine reguläre Mitgliedschaft um einen für den Vertrag sehr wichtigen Umstand handelt, darf dieser Hinweis nicht im Kleingedruckten versteckt werden. Sie müssten bei Vertragsabschluss deutlich darauf hingewiesen werden, dass eine solche Verlängerung nach Ablauf der drei Wochen ohne Ihr Zutun geschieht.

Insofern ist die hier von der Agentur genutzte Regelung in den Geschäftsbedingungen unwirksam und wird damit nicht Vertragsbestandteil. Ein Vertrag über eine reguläre Mitgliedschaft mit monatlichen Kosten von 80 Euro kam daher nie zustande, ebenso wenig ein Vertrag über den automatischen Übergang vom Probevertrag in den normalen Vertrag. Daher hat das Portal kein Recht, plötzlich die Kosten eines regulären Vertrags abzurechnen. Die Bankabbuchung bei meinem Mandanten geschah ohne vertragliche Grundlage und war damit rechtswidrig.

Stellen Sie sich vor, Sie möchten ein neues Auto kaufen und vereinbaren hierzu eine Probefahrt. Vor Antritt dieser lässt Sie der Händler noch ein paar Dokumente zwecks Versicherung etc. unterschreiben, dann geht es schon los. Während der Probefahrt bemerken Sie, dass dieses Auto doch nicht das richtige für Sie ist. Es hat viel zu wenig PS, die Sitze sind unbequem und die Sicht beim Einparken ist miserabel. Sie bringen das Auto zum Händler zurück und drücken ihm die Schlüssel in die Hand.

Doch gerade in dem Moment, als Sie über die Nachteile des Wagens sprechen und wegen eines Alternativmodells fragen wollen, drückt Ihnen der Händler freudestrahlend eine Rechnung für das soeben gefahrene Auto in die Hand und bittet um Bezahlung. Sie sind irritiert und geben dem Verkäufer zu verstehen, dass Sie sich gegen dieses Modell entschieden haben und nun ein anderes ausprobieren möchten.

Doch der Händler bleibt dabei, der soeben gefahrene Wagen sei nun an Sie verkauft, die Rechnung müsse bezahlt werden. Auf Ihre erstaunte Nachfrage hin teilt der Verkäufer mit, dass Sie die Unterlagen für die Probefahrt unterschrieben hätten. Dort stand im Kleingedruckten, dass nach Absolvierung der Probefahrt das Auto automatisch an den Interessenten verkauft wird. Das Autohaus handhabe das seit neuestem so, um mehr Autos zu verkaufen. Da könne man gar nichts mehr machen, Vertrag ist Vertrag, der Wagen gehört nun Ihnen und müsse bezahlt werden.

Kann so etwas sein? Natürlich nicht. Ein automatischer PKW-Verkauf alleine über eine versteckte Regelung in den AGBs ist rechtlich unmöglich. Doch genau das versuchen unseriöse Online-Partneragenturen ihren Kunden zu vermitteln. Alleine durch den zeitlichen Ablauf einer Probemitgliedschaft ginge nach deren Ansicht der Vertrag über in eine reguläre kostenpflichtige Mitgliedschaft.

Lassen Sie sich davon nicht verunsichern und widersprechen jeglichen Forderungen, sollte Ihnen einmal so etwas passieren. Bitten Sie um Vorlage des angeblichen Vertrags, auf dem Sie mit Ihrer Unterschrift signalisiert haben, dass Sie einen solchen automatischen Übergang wünschen. Alleine durch kleine Textzeilen in den Geschäftsbedingungen ist ein solcher Vertragsschluss nicht möglich. Auch ein Online-Vertragsabschluss müsste für den Kunden deutlich darauf hinweisen, dass ein automatischer Übergang stattfindet. Genau wie bei einem schriftlichen Vertrag muss dann das Internetportal beweisen können, dass diese Regelung im Hauptvertrag gut sichtbar stand und Sie diese gelesen haben.

Seien Sie immer dann wachsam, wenn es um Probemitgliedschaften oder Testzugänge geht. Handelt es sich um eine unseriöse Online-Agentur, dann besteht die Gefahr, dass die Mitgliedschaft in einen normalen Vertrag übergeht. Lesen Sie daher alle Informationen durch, die auf der Homepage vorhanden sind. Auch die, die sich hinter einem Link verstecken. Können Sie keinen Hinweis auf einen Übergang in eine vollwertige Mitgliedschaft entdecken, so fertigen Sie zur Sicherheit einen Bildschirmausdruck oder ein Foto an. Anhand dessen können Sie später nachweisen, dass bei Ihrem Probevertrag keinerlei Hinweise auf einen automatischen Übergang zu sehen waren. Ein eventueller Rechtsstreit mit dem Portal kann den schnell zu Ihren Gunsten aufgelöst werden.

Kündigung unmöglich

Welche Geldfalle droht hier? Sie schließen einen Vertrag mit einer Vermittlungsagentur im Internet ab. Obwohl Sie den Vertrag formgerecht gekündigt haben, verweigert Ihnen das Portal den Vertragsausstieg und berechnet weiterhin monatliche Mitgliedsbeiträge.

Eine andere Vorgehensweise derartiger Sexportale, um so viel Geld wie möglich zu verdienen, besteht darin, Kündigungen möglichst schwer zu machen. Das bedeutet, selbst Kunden die sich zuvor gut informiert haben und wussten, dass die Probemitgliedschaft in eine reguläre übergeht, wenn man nicht rechtzeitig kündigt, wird der Vertragsausstieg so schwierig wie möglich gemacht.

Die Strategie besteht darin, nur eine einzige Kündigungsmöglichkeit zu akzeptieren, beispielsweise per Post mit eigenhändiger Unterschrift. Kündigt der Kunde per Fax oder per E-Mail, wird die Kündigung nicht akzeptiert. Und sogar dann, wenn der Kunde schriftlich per Post und Unterschrift kündigt, behauptet die Agentur, dass der Kündigungsbrief nie eingegangen sei. Selbst jetzt, wo die neue Rechtslage Kündigungen per E-Mail ausdrücklich erlaubt, verweigern sich derartige unseriös agierende Portale einer solchen Kündigungsmöglichkeit. Sie ignorieren die gesetzlichen Vorschriften und verwirren ihre Kunden weiterhin mit den verschiedensten Kündigungswünschen.

So erging es einem meiner Mandanten, der sich über die Mitgliedschaft in einer Vermittlungsagentur unkomplizierten und schnellen Sex mit gleichgesinnten wechselnden Partnerinnen erhoffte. Nach der langwierigen Trennung von seiner Frau hatte er erst einmal genug von Beziehungen, er wollte nach all dem Kummer nur Spaß haben und suchte Frauen, die genauso dachten. Insgeheim hoffte er, auf diese Weise eine neue Partnerin fürs Leben kennenzulernen, die ähnlich unkompliziert und freizügig eingestellt war wie er.

Gedacht, getan, er meldete sich bei einer ihm zunächst vertrauenswürdig erscheinenden Seitensprungagentur im Internet an. Da er durch seine Scheidung in der letzten Zeit genug rechtliche Erfahrungen gesammelt hatte, achtete er bei der Anmeldung auf die genauen Kosten. So las er in den versteckten Geschäftsbedingungen, dass die von ihm zunächst genutzte Probemitgliedschaft unbedingt gekündigt werden müsse, um einen Übergang in eine normale Mitgliedschaft zu verhindern.

Nach der Anmeldung musste auch dieser Kunde die Erfahrung machen, dass das Portal nichts taugte. Große Versprechungen, aber nichts dahinter. Keine einzige der angeschriebenen Frauen antwortete, vermutlich gab es sie überhaupt nicht. Aus diesem Grund erklärte mein Mandant bereits nach wenigen Tagen die Kündigung. Er verschickte diese allerdings nur per E-Mail.

Als es zu keiner Reaktion kam und die Vermittlungsagentur trotz der Kündigung den Beitrag für die reguläre Mitgliedschaft abbuchte, fragte er bei dieser nach, was denn los sei. Die Agentur antwortete, dass eine Kündigung per E-Mail nicht möglich ist. Aus Sicherheitsgründen müsse diese eigenhändig unterschrieben per Brief erfolgen. Ansonsten könne nicht klar davon ausgegangen werden, dass tatsächlich der konkrete Kunde gekündigt habe. Die Kündigungsbestimmungen dienen damit alleine dem Kundenschutz.

Man fragt sich an dieser Stelle, wie die Seitensprungagentur die Kündigung meines Mandanten auf ihre Wirksamkeit hätte untersuchen wollen, denn die Anmeldung erfolgte online per Internetformular. Wie soll das Portal einen Unterschriftenvergleich durchführen, wenn ihr bislang überhaupt keine Unterschrift vom Kunden vorlag?

Unabhängig davon bestand der Fehler der Agentur darin, auf die per E-Mail erklärte Kündigung seitens meines Mandanten einfach zu schweigen. Stattdessen hätten die Mitarbeiter erkennen müssen, dass der Kunde ihrer Ansicht nach die falsche Kündigungsmethode angewandt hatte, und ihn darüber informieren können. Eine einfache E-Mail wäre ausreichend gewesen, und mein Mandant hätte seine Kündigung noch einmal per Post verschicken können. Spätestens dann läge der Partnervermittlung die geforderte Unterschrift vor, und sie könnte eine Verifizierung vornehmen, wie auch immer diese ohne die ursprüngliche Vertragsunterschrift aussehen mag.

Das Portal stellt sich mit seinem Argument, die Kündigung müsse aus Sicherheitsgründen in Schriftform vorgenommen werden, selbst ein Bein. Denn wäre dem so, so würde auch eine Nachreichung der schriftlichen Kündigung genügen, wenn diese zunächst nur per E-Mail vorgenommen wurde. Dass aber die Agentur überhaupt nicht reagiert hat, zeigt auf, dass es dieser nicht um eine Überprüfung zwecks Kundensicherheit geht, sondern lediglich darum, den Kunden mit rechtlich zweifelhaften Mitteln im Vertrag zu halten. Unabhängig von diesen Überlegungen war die Kündigung meines Mandanten per E-Mail in rechtlicher Hinsicht als wirksam anzusehen. Denn inzwischen gilt, dass Kunden das Recht haben, Kündigungen auf die gleiche Weise wie die Anmeldung durchzuführen. Ist demnach eine Online-Registrierung für den Vertragsabschluss erlaubt, so muss auch die Kündigung auf elektronischem Weg möglich sein. Das bedeutet, dass die Kündigung meines Mandanten wirksam war. Er muss diese nicht erneut erklären, der Vertrag wurde rechtzeitig beendet.

Extrem sind die Fälle, in denen die Vermittlungsagenturen die Kündigungsmöglichkeiten nahezu monatlich ändern. Mir ist ein Fall bekannt, in dem das Portal in seinen Geschäftsbedingungen zunächst die Kündigung per Brief vorschrieb. Das blieb nicht lange so, nach einer Weile wurde dieses Erfordernis dahingehend abgeändert, dass von nun an nur noch Kündigungen per E-Mail akzeptiert wurden. Plötzlich forderte man sogar ein Fax, nur um im nächsten Monat wieder zurück zum Brief zu kehren.

Mit dieser Methode der unablässigen Änderung der Kündigungsmöglichkeiten sollten die Kündigungen möglichst vieler Kunden für unwirksam erklärt werden, um sie im Vertrag zu halten und weiter an ihnen zu verdienen. Zunächst erscheint das als schlau, weil dadurch Kündigungen zurückgewiesen werden konnten. Einer rechtlichen Überprüfung hielt diese Vorgehensweise aber nicht stand, denn es kommt natürlich immer nur auf die Kündigungsbedingungen an, die bei Vertragsschluss vorlagen. Ist der Vertrag erste einmal abgeschlossen, so wurden die zum Zeitpunkt des Vertragsschlusses geltenden Geschäftsbedingungen fester Bestandteil des Vertrags. Nur diese festgehaltene Kündigungsbedingung gilt für den jeweiligen Kunden.

Stellt man Ihnen eine Rechnung, obwohl Sie längst die Kündigung ausgesprochen haben, so legen Sie Widerspruch gegen die Rechnung ein. Verweisen Sie auf Ihre bereits geäußerte Kündigung und legen diese noch einmal bei. Selbst wenn die Gegenseite behauptet, die Kündigung nie erhalten zu haben, oder wenn sie die Kündigungsform bemängelt, geben Sie nicht nach und halten Ihren Forderungswiderspruch aufrecht. Forderungen aus Partnervermittlungsverträgen dürfen unserem Gesetz nach nicht vor Gericht eingeklagt werden. Das weiß die Agentur auch, und gibt nach einer Weile einfach auf. Zwar ergehen noch ein paar Mahnungen, doch nach einer Weile werden die gegen Sie gerichteten Forderungen schließlich intern storniert. Die Angelegenheit hat dann für Sie ein gutes Ende gefunden.

Bitte verlassen Sie sich nie darauf, dass Sie gemäß der geänderten Rechtslage einen online abgeschlossenen Vertrag einfach per E-Mail kündigen können. Das große Problem an einer E-Mail-Kündigung ist das, dass Sie keinen Nachweis für deren Zugang bei der Gegenseite haben. Eine Kündigung wird immer nur dann wirksam, wenn sie den Vertragspartner tatsächlich erreicht hat, und Sie das auch nachweisen können. Bei einer gewöhnlichen E-Mail haben Sie diesen Nachweis nicht. Die Gegenseite kann dann nach wie vor behaupten, dass Sie Ihre Kündigungs-E-Mail nie erhalten hat. Insofern ist eine Kündigung per E-Mail zwar einfach, und vom Gesetzgeber erlaubt, sie bringt Ihnen aber keine Rechtssicherheit.

Meine Empfehlung für solche Angelegenheiten ist daher die, ein Kündigungsschreiben immer dreifach zu versenden, vorab per E-Mail als PDF und per Fax, und dann noch einmal schriftlich per Einschreiben mit Rückschein. Egal, welche Form der Kündigung das Unternehmen in seinen Geschäftsbedingungen vorgibt. Dann kann nichts passieren, denn der Kündigungszugang ist durch den dreifachen Versand eindeutig nachweisbar. Anschließend unbedingt alle Unterlagen gut aufheben. Ergeht keine Kündigungsbestätigung, so muss immer und immer wieder nachgefragt werden, bis man sie erhält.

Kommt es zu einer späteren Rechnungsstellung durch die Vermittlungsagentur, so legt man ihr die damals erfolgte Kündigung in Kopie vor, als auch deren Zugangsnachweise (Sendebericht vom Fax, Rückschein des Einschreibens), und die erhaltene Bestätigung. In diesem Moment hat die Agentur verloren, denn sie kann sich nun nicht mehr auf die Behauptung stellen, dass der Vertrag noch immer weiterlaufen würde.

Nicht nur dubiose kleine Seitensprung-Agenturen veranstalten dieses unschöne Kündigungsspiel mit ihren Kunden, sondern auch die großen Partnerportale der Branche Also die, die man aus Funk und Fernsehen kennt. Auf den ersten Blick irritiert das, denn sollte bei den bekannten Online-Vermittlungsagenturen nicht Seriosität und Kundenfreundlichkeit das Maß der Dinge sein? Anscheinend nicht, denn sonst könnten Geschehnisse wie das folgende nicht passieren.

Einer meiner Mandanten schloss bei einem sehr bekannten und ständig sich selbst bewerbenden Internet-Partnerportal eine zwölfmonatige kostenpflichtige Mitgliedschaft ab. Vor Ablauf dieser Mindestlaufzeit löschte mein Mandant sein Profil und erklärte die Kündigung fristgerecht per E-Mail. Leider vergaß der Kunde zu diesem Zeitpunkt, dass die Allgemeinen Geschäftsbedingungen lediglich Kündigungen in Schriftform vorsahen.

Auch hier gab die Agentur an, dass dies zum Schutze des Kunden gemacht wird. Erneut stellt sich die Frage, wie ein Kundenschutz verwirklicht werden kann, wenn dem Unternehmen keine Unterschrift des

Kunden zur Verifizierung vorliegt. Denn den Account hatte der Kunde über das Onlineformular eröffnet, eine Unterschrift hatte er gegenüber der Agentur nie abgegeben.

Unabhängig davon zeigte die Vermittlungsagentur keinerlei Reaktion auf die Kündigungs-E-Mail, sie hüllte sich in großes Schweigen. Anstatt den Kunden darauf aufmerksam zu machen, dass man zwar die Kündigung erhalten habe, diese aber noch einmal per Post nachgereicht werden müsse, informierte man den Kunden einfach überhaupt nicht.

Schließlich erklärte die Partnervermittlung von sich aus die Kündigung wegen Nichtzahlung und stellte ihrem Kunden den gesamten Betrag von knapp 600 Euro für das zweite Vertragsjahr in Rechnung. Da mein Mandant inzwischen gemerkt hatte, dass er per Brief hätte kündigen müssen, wollte er keinen Rechtsstreit auf sich nehmen und zahlte den Betrag. Er hoffte, dass damit die Angelegenheit erledigt sei.

Leider war dem nicht so, Ein Jahr lang hörte er überhaupt nichts mehr von der Agentur, bis diese sich mit einer weiteren Jahresrechnung urplötzlich noch einmal an meinen Mandanten wandte. Der Mann konnte sich nicht erklären, woher dieser Betrag stammte, er hatte sein Profil vor langer Zeit gelöscht und dementsprechend nicht mehr nutzen können. Er sprach seine Kündigung aus, das Portal erklärte schließlich selbst die Kündigung, und der damals offene Betrag war vollständig beglichen worden.

Eine Überprüfung ergab, dass diese neue Rechnung selbstverständlich unberechtigt war, denn es bestand seit der Kündigungserklärung durch die Agentur keine vertragliche Grundlage mehr, auf deren Basis das Unternehmen weitere Rechnungen an seinen Kunden stellen durfte.

Eigentlich hätte bereits der Schadensersatzbetrag für das zweite Jahr nicht mehr erhoben werden dürfen, denn mein Mandant hatte seine Kündigung fristgerecht erklärt, nur nicht formgerecht. Dieser Formmangel wäre aber geheilt worden, wenn die Vermittlungsagentur ihren Kunden kurz darüber informiert hätte, dass die Kündigung nochmals in Schriftform nachzureichen sei.

Leider erlebe ich es immer wieder, dass Online-Partnervermittlungen weiterhin Rechnungen stellen, obwohl der Vertrag längst beendet ist. Vermutlich hat so manches Portal keinen Überblick über seine Kunden, wer noch im Vertrag ist, und wer längst gekündigt hat. Oder, und das ist die zweite Möglichkeit, man versucht es einfach, mal schauen ob der Kunde bezahlt.

Mitgliedschaft per abgestürztem Handy

Welche Geldfalle droht hier? Ihnen wird unterstellt, einen Vertrag mit einer Online-Partneragentur abgeschlossen zu haben. Das war aber nie der Fall.

Manchmal kommt es vor, dass Personen bei einer Online-Datingagentur angemeldet werden, obwohl sie noch nicht einmal den Anmeldevorgang gestartet haben. Einen solchen besonders kuriosen Fall erlebte einer meiner Mandanten, als er eines Abends auf seinem Smartphone surfte. Von der Werbung einer Vermittlungsagentur angesprochen, klickte er interessiert auf deren Werbebanner. Zunächst funktionierte alles wie gewohnt, und er kam über das Banner auf die Homepage des Vermittlungsportals.

Plötzlich wurde sein Bildschirm komplett schwarz, in der Mitte des Displays war nur noch ein einziges rotes „x" zu sehen. Mein Mandant ging davon aus, dass er über dieses x die Seite schließen könne, wie von anderen Seiten her gewohnt. Er blieb jedoch erfolglos, selbst mehrmaliges klicken auf das x oder auf die nähere Umgebung um das x herum brachte keinen Erfolg, die schwarze Seite blieb geöffnet. Schließlich gab er auf und schloss über den Taskmanager seines Handys das gesamte Browserprogramm.

Mein Mandant ging davon aus, dass der Vorgang erledigt war, und kümmerte sich um andere Dinge. Doch dem war leider nicht so. Nach einer Weile erhielt er noch am selben Abend gleich mehrere E-Mails der Datingagentur, auf deren Homepage er sich vor kurzem noch befunden hatte. Das löste allergrößte Verwunderung aus, denn er hatte keinerlei Daten auf dem Portal eingegeben. In diesen E-Mails wurde er freundlich begrüßt und erhielt sogleich ein paar Partnervorschläge von Frauen, die angeblich gut zu ihm passen würden.

Der vermeintliche Kunde war ratlos, wie die Datingagentur an seine Daten gekommen sein konnte. Seine einzige Erklärung war die, dass sich hinter dem schwarzen Bildschirm mit dem x ein Anmeldeformular auf der Homepage befand, welches für ihn aber nicht sichtbar war. Durch das erfolglose Klicken auf das x könnte er die Eingabezeilen des Onlineformulars berührt haben, so dass die Autofill-Funktion seines Browsers aktiviert wurde. Dadurch haben sich möglicherweise seine Daten in das Formular übertragen, und anhand dieser geht die Vermittlungsagentur nun davon aus, dass sie ihrem neuen Kunden Partnervorschläge zusenden könne.

Zunächst ignorierte mein Mandant die zahlreichen E-Mails, doch es wurden immer mehr. Schließlich nahm er sich der Sache ein wenig näher an. Unter anderem klickte er auf einen der Links, die in den E-Mails angegeben waren, und landete direkt in seinem angeblichen Mitgliedschaftsaccount. Und das, ohne jemals einen Benutzernamen oder ein

Passwort eingegeben zu haben. Sein Account lag einfach offen für ihn da, irgendeine Form von Anmeldung musste nicht getätigt werden.

In diesem Account las er seine E-Mail-Adresse, ein angebliches Passwort, einen Benutzernamen aus Zahlen und Buchstaben, und weitere allgemein gehaltene Daten die ihm nicht zuordenbar und anscheinend per Zufallsgenerator erzeugt waren. Die Felder „Name und Adresse" waren leer. Als Mitgliedsstatus wurde „Basis" angegeben, weitere Informationen waren dort nicht ersichtlich.

Schließlich wurde meinem Mandanten auf dieser Seite ein Angebot für eine Schnuppermitgliedschaft gemacht. Für zwei Euro sollte er die Möglichkeit haben, die Leistungen der Internetagentur für vier Wochen testen zu können. Dieses Angebot nahm er natürlich nicht an.

In rechtlicher Hinsicht kommt in einem solchen Fall kein Vertrag zustande, da der Kunde keinen Willen zum Abschluss eines Vertrages geäußert hat. Er hat nicht einmal bemerkt, dass überhaupt einer abgeschlossen wurde. Würde die Agentur das nun behaupten, und meinem Mandanten Rechnungen stellen, so müssten diese ohne vertragliche Grundlage nicht bezahlt werden.

Wäre es so weit gekommen, so müsste die Partnervermittlung dazu aufgefordert werden, den angeblichen Vertrag nachzuweisen. Das klappt nicht, denn es gibt keinen Vertrag. Alleine durch das betätigen eines x bzw. das Herumklicken auf einem schwarzen Handybildschirm kann kein Vertrag abgeschlossen werden. Das wäre rechtlich auch vollkommen abwegig.

Stellen Sie sich vor, Sie möchten sich für einen neuen Job bewerben. Auf der Homepage des Unternehmens gehen Sie auf die Karriereseite und überlegen, dort Ihre Kontaktdaten zu hinterlassen. Plötzlich kommt es zu einem Absturz, das Browserfenster bleibt schwarz. Sie versuchen noch irgend ein Element zu bewegen, doch nichts tut sich mehr. Frustriert geben Sie auf und schließen den gesamten Browser, um es erneut zu versuchen. Währenddessen hören Sie den Signalton Ihres E-Mail-Postfaches, eine neue Nachricht ist eingetroffen. Das Unternehmen, dessen Homepage soeben noch auf Ihrem PC abgestürzt ist, gratuliert Ihnen zum neuen Job und schickt den Arbeitsvertrag als PDF mit. In der E-Mail wird Ihnen das Datum und die Uhrzeit des Arbeitsbeginns benannt, und ebenso das Gehalt, das Sie ab sofort verdienen werden.

Selbstverständlich kann so kein Arbeitsvertrag abgeschlossen werden. Noch immer ist die Einigung zwischen Arbeitgeber und Arbeitnehmer notwendig. Genauso wenig wie ein neuer Job auf diese Weise angetreten werden muss, sind anderweitige Vertragsabschlüsse möglich, auch keine Partnervermittlung.

Behauptet ein Unternehmen, es läge ein Vertragsschluss mit Ihnen vor, obwohl es nie einen gab, so widersprechen Sie dem. Fordern Sie die Firma dazu auf, den angeblichen Vertrag vorzulegen. Immer die Seite, die einen Vertrag behauptet, ist dazu verpflichtet, ihn nachzuweisen. Sie selbst sind zu keinem Nachweis verpflichtet. Ohne Vertragsabschluss kann das Unternehmen natürlich keinen Vertrag vorlegen, und die Angelegenheit ist für Sie beendet. Ohne vertragliche Grundlage dürfen Ihnen selbstverständlich auch keine Rechnungen zugehen.

Schadensersatzforderung statt Liebesglück

Welche Geldfalle droht hier? Sie widerrufen den Vertrag mit einer Online-Partnervermittlung. Aufgrund des Widerrufs stellt Ihnen die Agentur eine sehr hohe Schadensersatzrechnung auf. Auf diese Kosten wurden Sie zuvor nie hingewiesen.

Verträge, die über ein Fernmedium wie z.b. das Telefon, per Post, per Fax, per Internetformular oder E-Mail abgeschlossen werden, genießen ein besonderes Widerrufsrecht von 14 Tagen. Der Gesetzgeber wollte damit sicherstellen, dass bestellte Waren überprüft werden können, nachdem sie beim Käufer eingetroffen sind. Damit sollte derjenige Kunde, der etwas per Internet/Telefon/Brief/Fax bestellt, demjenigen im Laden gleichgestellt werden. Denn der Ladenkunde hat direkt vor Ort im Geschäft die Möglichkeit, das Produkt auf seine Tauglichkeit hin zu untersuchen.

In diesem Zusammenhang hat der Gesetzgeber nicht nur Warensendungen mit dem besonderen Widerrufsrecht ausgestattet, sondern auch Dienstleistungsverträge. Der Gedanke dahinter ist laut Gesetzgeber der, dass Kunden vor übereilten Verträgen geschützt werden sollen. Denn beispielsweise im Internet schließt man durch das simple Betätigen eines Buttons viel leichter einen Vertrag ab, als wenn man dem Mitarbeiter real gegenüber sitzt und mit ihm über die Vertragsmodalitäten redet.

Von diesem 14-tägigen Widerrufsrecht sind auch Partneragenturen betroffen, die ihr Domizil im Internet aufgeschlagen haben. Das bedeutet für den Kunden, dass er zunächst in aller Ruhe den Vertrag mit der Vermittlungsagentur abschließen kann, denn er hat ein ihm sicher zustehendes Widerrufsrecht. Das Problem dabei ist, dass die Agentur nun 14 Tage warten müsste, bis sie dem neuen Kunden ihre Leistungen erbringen darf. Fängt sie gleich nach Vertragsschluss damit an, und widerruft der Kunde nach wenigen Tagen, so hat sie keine vertragliche Grundlage mehr, um Rechnungen an den Kunden zu richten. Ein Widerruf beseitigt den Vertrag von Anfang an, so als ob er nie existiert hätte.

Für dieses Problem hat sich der Gesetzgeber die Möglichkeit des Schadensersatzes ausgedacht: Wünscht der Kunde ein unmittelbares Tätigwerden seines Vertragspartners noch vor Ablauf der 14-tägigen Widerrufsfrist, so ist das möglich, er muss im Falle eines Widerrufs aber die Leistungen zwischen Vertragsabschluss und Widerruf ersetzen. Für gewöhnlich stellt der Vertragspartner dann eine Rechnung der bereits erbrachten Leistungen auf.

Natürlich gilt das Widerrufsrecht und die Möglichkeit zum Schadensersatz auch bei Online-Partnerbörsen. Nutzt der Kunde sein Recht zum Widerruf, so muss er lediglich diejenigen Vermittlungsleistungen bezahlen, die bis zum Tag des Widerrufs erbracht wurden. So manch eine Agentur scheint darin jedoch ein neues Geschäftsmodell gefunden zu haben und stellt Beträge in Rechnung, die der Kunde unmöglich gekostet haben kann.

Einer meiner Mandanten entschloss sich eines Tages, seinem Glück in der Liebe ein wenig über eine Internet-Partnervermittlung nachzuhelfen. Hierzu entschied er sich nach einiger Recherche für eine kostenpflichtige Premium-Mitgliedschaft einer aus der Werbung bekannten Online-Partneragentur. Nach bereits einer Woche jedoch war er zu sehr enttäuscht von den Leistungen des Portals und gab die weiter Suche über diesen Anbieter auf. Er machte daher umgehend von seinem gesetzlichen Widerrufsrecht Gebrauch und erklärte dieses schriftlich gegenüber der Agentur. Der Widerruf ging bei der Partnervermittlung ein und wurde von dieser bestätigt. Gleichzeitig erhielt der Kunde zu seinem Erstaunen eine sehr hohe Rechnung für die bislang erbrachten Leistungen.

Konkret schrieb ihm die Internetagentur die folgenden Zeilen: *„Ich bedaure Ihre Entscheidung, unsere Partneragentur nicht länger nutzen zu wollen. Ihren Widerruf habe ich erhalten und wirksam eingetragen. Im Rahmen Ihrer Premium-Mitgliedschaft garantieren wir Ihnen eine bestimmte Anzahl an Kontakten. Diese Kontakte sind gemäß der von Ihnen bei der Bestellung akzeptierten Widerrufsbelehrung und den darin enthaltenen Regelungen zum Wertersatz zu erstatten. Wir berechnen Ihnen somit folgenden Wertersatz: Ihr Produktpreis: 505,13 EUR (ohne eventuelle Aufschläge für Teilzahlungen), Laufzeit Ihres Produkts: 12 Monate, Laufzeitbezogene garantierte Kontakte: 7, Davon zustande gekommene Kontakte: 19, Bereits von Ihnen gezahlt: 39,68 EUR, Wertersatz: 378,84 EUR, Verbleibende Forderung: 339,16 EUR."*

Die Partnervermittlung berechnete somit für einen Vertrag, der eigentlich für zwölf Monate ausgelegt war und lediglich eine Woche vom Kunden in Anspruch genommen wurde, einen Wertersatz von 378,84 Euro. Dies, obwohl die gesamten zwölf Monate Laufzeit lediglich 505,13

Euro gekostet hätten. Der Kunde sollte somit knapp 75% der Gesamtkosten für eine Woche Nutzung bezahlen.

Wie kommt die Agentur auf einen so hohen Betrag? Nun, sie wendet einen schlauen Trick an, denn sie bezieht sich nicht auf die Gesamtdauer und die davon verbrauchte Zeit, denn dann hätte sie für eine Woche Nutzungsdauer lediglich 9,71 Euro Schadensersatz berechnen dürfen. Stattdessen behauptet die Partnervermittlung, dass ein einzelner zustande gekommener Kontakt einen Wert von 19,94 Euro habe. Und da mein Mandant anscheinend mit 19 Frauen chattete, musst er für jeden dieser 19 Chats einen Betrag von 19,94 Euro bezahlen.

Eine Rechnung, die der Partneragentur finanziell deutlich zugute kommt, in dieser Form aber niemals mit dem Kunden vereinbart wurde. Dieser hätte vor Vertragsabschluss deutlich darauf hingewiesen werden müssen, dass im Falle eines Widerrufs Schadensersatz von knapp 20 Euro pro angeschriebener Frau zu zahlen ist. Hätte mein Mandant von dieser Regelung gewusst, so hätte er mit dieser Agentur erst gar keinen Vertrag abgeschlossen. Eine solche Berechnung ist an den Haaren herbeigezogen und entsprang der Fantasie der Agenturmitarbeiter.

Ein Schaden ist nach deutschem Recht nur dann zu ersetzen, wenn er tatsächlich entstanden ist und in konkreten Euro-Beträgen nachgewiesen werden kann. Das bedeutet, dass die Partneragentur im einzelnen auflisten müssten, für welche Leistungen konkret sie einen Aufwendungsersatz wünscht, und welche Unkosten ihr bislang hierfür entstanden sind. Diese Unkosten müssten im einzeln nachgewiesen werden, anhand der in Euro-Beträgen entzifferbaren Kostenbelege.

Alleine durch das Anschreiben von partnersuchenden Frauen im Chat ist nicht nachvollziehbar, wie ein Schaden entstehen soll, denn diese Leistung ist vom Gesamtpaket der Premium-Mitgliedschaft umfasst. Hier wäre einzig eine Schadensberechnung nach Vertragslaufzeit möglich gewesen, doch die damit erzielbaren 9,71 Euro waren der Agentur vermutlich zu wenig.

Zudem muss in Bezug auf den Schadensersatz bei ausgeübtem Widerruf eine Regelung im Vertrag stehen, die der Kunde vor Vertragsabschluss gelesen hat. Ein versteckter Hinweis im Kleingedruckten reicht dazu nicht aus. Der Kunde glaubt, dass er das ihm gesetzlich zustehende Widerrufsrecht unbedenklich und ohne Gefahr der finanziellen Überbelastung ausüben darf. So muss das dann auch sein. Andernfalls würden Kunden an der Ausübung dieses Rechts gehindert werden, weil sie sich unkalkulierbaren finanziellen Risiken ausgesetzt sehen könnten. Damit würde das Recht zum Widerruf ausgehebelt, was der Gesetzgeber in keinem Fall wollte.

Mein Mandant hat in diesem Fall einen wirksamen Widerruf ausgesprochen und muss lediglich das bezahlen, was er genutzt hat. Das ist hier eine Woche Vertragslaufzeit, so dass dem Online-Partnerportal maximal knapp zehn Euro an Schadensersatz zustehen.

Stellen Sie sich vor, Sie bestellen über einen Online-Shop einen Ring aus Gold für 1.000 Euro und tragen diesen eine Woche lang. Schließlich gefällt er ihnen doch nicht so gut, und Sie entschließen sich zu einem Widerruf. Der Internet-Schmuckhändler akzeptiert den Widerruf, verlangt für die einwöchige Nutzung aber einen Preis von 700 Euro.

Er begründet das damit, dass es sich bei dem Ring um einen besonders schönen Ring handele, bei dem der ideelle Wert des Tragens und die Freude des ihn tragenden Menschen durchaus mit 100 Euro pro Tag angesetzt werden könne. Der Händler habe sich lange mit diesem Thema auseinandergesetzt und ist zu dem Entschluss gekommen, dass das Tragen von sehr schönen und wertvollen Goldringen immer mit einem Wert von 100 Euro pro Tag angesetzt werden könne. Da Sie den Ring sieben Tage lang getragen haben, müssen Sie ihm diese 700 Euro ersetzen.

Eine unsinnige Berechnung, natürlich. So ähnlich dachten aber die Damen und Herren der Internet-Partneragentur, als sie meinem Mandanten die Rechnung über knapp 380 Euro servierten.

Sollte Ihnen nach Ausübung des Widerrufsrechts einmal eine ungewöhnlich hohe Schadensersatzrechnung präsentiert werden, so lassen Sie sich dadurch nicht verunsichern, Sie müssen das nicht bezahlen. Fordern Sie Ihren Vertragspartner dazu auf, den entstandenen Schaden konkret nachzuweisen. Sie werden sehen, er kann es nicht. Rein fiktiv erdachte Rechnungsbeträge müssen Sie nicht begleichen. In Deutschland haben Rechnungen nach wie vor auf konkreten Leistungen zu beruhen, ansonsten sind sie rechtswidrig.

Achten Sie immer auf das Kleingedruckte, bevor Sie einen Vertrag mit einer Online-Partnerbörse eingehen. Lesen Sie alle Informationen, die Sie auf der Homepage finden können, auch die langweiligen Allgemeinen Geschäftsbedingungen (AGBs). Findet sich dort ein Hinweis, dass Sie bei einem Widerruf erhebliche Schadensersatzleistungen zahlen müssen, dann suchen Sie besser eine andere Partnervermittlung im Internet. Findet sich kein Hinweis, so speichern Sie die Vertragsbedingungen ab bzw. fertigen einen Bildschirmausdruck oder ein Foto davon an. Damit haben Sie später den Beweis, dass Sie zu keinen Wertersatz- oder Schadensersatzleistungen verpflichtet sind.

Vorgetäuschte Profile und Karteileichen

Welche Geldfalle droht hier? Sie melden sich bei einer Partnerbörse im Internet an, die ungewöhnlich viele Profile anderer Mitglieder verspricht. Doch keine von den kontaktierten Personen antwortet Ihnen. Es besteht der Verdacht, dass es sich um Karteileichen handelt, und Sie einen Vertrag abgeschlossen haben, der Ihnen außer Kosten nichts bringt.

Eine Online-Partnervermittlung lebt davon, dass sie viele Mitglieder besitzt. Je höher die Anzahl der Kunden, desto mehr Chancen bestehen für den Einzelnen, sein passendes Gegenstück zu finden. Es ist daher für jede Partnervermittlung, egal ob sie über das Internet oder auf herkömmliche Weise agiert, eminent wichtig, eine ausreichend hohe Mitgliederanzahl vorzuweisen.

So werben manche Online-Vermittlungsagenturen damit, mehrere hunderttausend oder sogar Millionen von Profilen in ihren Datensätzen zu verwalten, so dass garantiert jeder Suchende einen Partner bzw. eine Partnerin finden könne.

Doch ist das überhaupt möglich? Kann es sein, dass bei einer Gesamteinwohnerzahl von ca. 80 Millionen Menschen in Deutschland sich zwei oder drei Millionen davon bei einer ganz bestimmten Online-Partneragentur in die Vermittlung begeben? Das erscheint mir als abwegig. Dennoch wird an so mancher Stelle mit einer derart hohen Profilanzahl geworben.

Aus meiner Erfahrung heraus weiß ich, dass die Anzahl der Mitglieder nicht immer ganz stimmig ist. So besteht der Verdacht, dass nicht die aktuelle Zahl der Suchenden benannt wird, sondern diejenige aller Personen, die sich jemals bei der Online-Agentur in all den Jahren ihrer Vermittlungstätigkeit registriert haben. Auf diese Weise kommt man natürlich zu einer wesentlich höheren Anzahl, als wenn nur die gerade aktuellen Mitglieder beziffert würden.

Eine solche Erfahrung musste einer meiner Mandanten machen. Er verglich zunächst die verschiedenen Angebote der Partnerbörsen im Internet, und entschied sich dann für eine, die die meisten Kunden besaß. Seine Hoffnung war die, dass seine Chancen auf eine erfolgreiche Vermittlung umso höher sind, je mehr Mitglieder die Online-Agentur aufweist.

Gedacht, getan, er meldete sich bei der Internet-Partnerbörse seiner Wahl an und ging auf die Suche. Günstig war sie nicht, er musste immerhin ca. 65 Euro pro Monat an die Agentur bezahlen, und verpflichtete sich für ein Jahr, dies regelmäßig zu tun.

Nach der erfolgreichen Anmeldung legte der neue Kunde sofort los, und schrieb die Profile an, die er sich zuvor im Rahmen seiner kostenlosen Testmitgliedschaft bereits angeschaut hatte. Der Probeaccount ermöglichte leider nur diese Sichtung der vorhandenen Profile, eine Kontaktaufnahme per privater Textnachricht war nicht möglich. Hierzu musste mein Mandant die besagte kostenpflichtige Vollmitgliedschaft abschließen.

Nachdem alle in Frage kommenden Frauen kontaktiert wurden, kam die Enttäuschung: Keine einzige der angeschriebenen Damen antwortete. Selbst nach mehrfacher Nachfrage und auch der Bitte, dass eine kurze Nachricht ausreichen würde, wenn die Frau kein Interesse an ihm habe, kam keine Rückmeldung.

Mein Mandant wunderte sich zu Recht, denn er war mit seinen 34 Jahren keineswegs unattraktiv. Durch regelmäßigen Sport hatte er eine trainierte Figur, er war 1,85 Meter groß, hatte dunkle Haare, die alle noch vollständig vorhanden waren, und war Akademiker mit einer gut bezahlten Festanstellung. Eigentlich alles Profilmerkmale, die Frauen nicht sofort abschrecken. Er versteckte diese Angaben nicht, sondern warb mit seinen Vorzügen auf eine sehr nette und sympathische Art, die keineswegs dazu führen mochte, dass man auf seine Anfragen überhaupt keine Reaktion erfolgen lassen wollte.

Mein Mandant legte mir sogar einen Auszug seiner verschickten Textnachrichten vor. Alles war in Ordnung, ich konnte mich selbst davon überzeugen dass der Kunde auf Erfolg bei der Damenwelt hätte stoßen müssen. Hinzu kam der Umstand, dass mein Mandant nur Frauen anschrieb, die zu seiner Person passten, sowohl vom Alter her, als auch von den Interessen und den Charaktereigenschaften. Das war nicht schwer, denn aufgrund der unglaublich hohen Anzahl an potentiellen Partnerinnen gab es die exakt passenden Gegenstücke zuhauf, so dass mein Mandant die für ihn interessant erscheinenden Profile kontaktieren konnte. Umso rätselhafter war es, dass keiner der Damen antwortete.

Ich teilte meinem Mandanten mit, dass der Verdacht bestünde, dass die von ihm angeschriebenen Frauen vermutlich nur vorgetäuscht seien. Es könne sich entweder um Profilleichen handeln, die schon lange nicht mehr auf Partnersuche waren, oder es sind bereits gekündigte Mitgliedschaften.

Ich hatte in den vergangenen Jahren immer wieder derartige Fälle mit genau jener Internet-Partnerbörse. Durch die ähnlichen Schilderungen über stumme Profile, die nie antworteten, hege ich bis heute den Verdacht, dass ein System dahinterstecken mag. Millionen von Mitgliedern, die auf Kontaktanfragen nie antworten, und dies bei gleich mehreren Fällen von eigentlich attraktiven partnersuchenden Herren oder Damen? Hier konnte tatsächlich etwas nicht korrekt sein.

Aus diesem Grund empfahl ich meinem Mandanten, den Vertrag wegen Irreführung und Täuschung per außerordentlicher sofortiger Kündigung zu beenden, als auch eine Anfechtung auszusprechen. Die Antwort der Online-Agentur kam zeitnah. Jedoch sah diese keinen Kündigungsgrund und verpflichtete meinen Mandanten, weiterhin im Vertrag zu verbleiben. Auf die von uns vorgetragenen Gründe ging die Partnerbörse überhaupt nicht ein. Mit keinem Wort wurde der Verdacht auf hunderttausende von Profilleichen erwähnt, und auch eine Rechtfertigung, woher denn die hohe Zahl an Mitgliedern käme, fand nicht statt. In unfreundlicher Manier befahl man dem Kunden, im Vertrag zu verbleiben, denn schließlich sei es nicht die Schuld der Vermittlungsagentur, wenn keine Antworten auf die Anfragen käme.

Das ist in rechtlicher Hinsicht falsch, denn sowohl eine Anfechtung als auch eine Kündigung entfalten ihre Wirkung, sobald sie die Gegenseite erreicht hat, eine Einverständniserklärung ist nicht notwendig. Rechtlich betrachtet war der Vertrag meines Mandanten damit vollständig aufgelöst, er musste ab diesem Zeitpunkt keine weiteren Zahlungen mehr an die Internet-Partnerbörse leisten.

Dennoch stellte diese weitere Forderungen an meinen Mandanten, denen der ehemalige Kunde natürlich nicht nachkam. Trotz mehrere Mahnungen hielten wir konsequent den Widerspruch aufrecht und teilten immer wieder mit, dass die Forderungen unberechtigt sind.

Die Partnerbörse wusste sicherlich selbst, dass diese nicht durchsetzbar sind, und gab letztendlich auf. Nach einiger Zeit stellte sie ihre Mahntätigkeit ein und stornierte die Forderungen intern. Ich vermute, dass die Vermittlungsagentur ein gerichtliches Klageverfahren um jeden Preis verhindern wollte, denn vor Gericht hätte sie alle Fakten offenlegen müssen, und die vorgetäuschten Mitgliederprofile wären ans Tageslicht gekommen.

Strafen auf dem Kundenparkplatz

Früher war es der Normalzustand, dass ein Kunde auf dem Parkplatz vor einem Supermarkt kostenlos und ohne der Gefahr eines Strafzettels parken konnte, so lange er wollte. Inzwischen ändern sich die Umstände, immer mehr Parkplätze bekommen Schilder, die auf eine maximale Parkzeit hinweisen, und deren Überschreitung einen unangemessen hohen Geldbetrag kosten kann.

Hintergrund ist der, dass ein bestimmter Wirtschaftszweig in Deutschland ein lukratives Einnahmefeld entdeckt hat: Das der Bewirtschaftung von privaten Parkplätzen vor Supermärkten, Einkaufszentren oder Restaurants.

Die Vorgehensweise ist dabei immer die gleiche. Ein Unternehmen, das sich der Parkplatzbewirtschaftung verschrieben hat, kontaktiert einen Supermarkt und bietet ihm an, dessen Parkplatz zu überwachen. Dadurch würde in Zukunft verhindert werden, dass fremde Dauerparker den Platz blockieren, und den eigenen Kunden dadurch mehr freie Parkplätze zur Verfügung stünden. Je nach Vertragsgestaltung entstehen dem jeweiligen Supermarkt dabei überhaupt keine zusätzlichen Kosten, denn seine Einnahmen erwirtschaftet der Parkplatzwächter selbst, indem er Falschparkern und Zeitüberschreitern einen Strafzettel ausstellt.

Auf den ersten Blick scheint es, als entstünde dadurch eine Win-Win-Situation für alle drei Seiten: Der Supermarkt hat nun Personal, das den Platz überwacht, ohne dass er dafür selbst Geldmittel aufwenden muss. Den Kunden stehen mehr freie Parklücken zur Verfügung, da es zukünftig keine unerwünschten Dauerparker mehr geben wird. Der Parkplatzwächter selbst hat einen neuen Auftraggeber und kann an den Strafzetteln Geld verdienen.

Doch wie sieht die Wirklichkeit aus? Nach meiner Erfahrung entsteht dadurch eher eine Situation, die nur einen Gewinner kennt: Das Unternehmen, das von nun an den Parkplatz bewirtschaftet. Denn in zahlreichen Fällen kommt es ab dem Zeitpunkt des Überwachungsbeginns zu einer sehr hohen Anzahl verärgerter Kunden, die die Parkraumbewirtschaftung auf ein kundenunfreundliches Verhalten des Marktes zurückführen und zukünftig woanders ihren Einkauf tätigen. Der Supermarkt verliert dadurch Kunden, die ihm womöglich seit vielen Jahren die Treue hielten. Dem Überwachungsunternehmen ist das egal.

Gänzlich kurios erscheint es, wenn Parkplätze kontrolliert werden, die so gut wie immer größtenteils frei sind. Denn Sinn und Zweck der privaten Parkraumüberwachung ist der, dass unberechtigte Dauerparker ferngehalten werden, so dass die Parkplätze den Kunden zur Verfügung stehen. Gerade in den Zentren von Städten kann das ansonsten ein Problem darstellen, wenn beispielsweise Berufstätige den Parkplatz nutzen, um dort den ganzen Tag zu parken, während sie im Büro nebenan arbeiten. Handelt es sich jedoch um einen Supermarkt, der eher außerhalb liegt und regelmäßig genug freie Parkplätze für seine Kunden zur Verfügung stellt, macht der Einsatz eines Kontrollunternehmens keinen Sinn. Dennoch kommt genau das immer wieder vor, und der Verdacht liegt nahe, dass es auch hierbei nur ums Geldverdienen geht. Der Supermarkt, der trotz einer Vielzahl an freien Parklücken ein Überwachungsunternehmen einsetzt, tut weder sich noch seinen Kunden einen Gefallen.

Aber warum kommt es überhaupt zu einem solchen Missverhältnis, bei dem es letztendlich nur einen Gewinner gibt? Das Hauptproblem ist, dass die Kunden nicht in ausreichendem Maße auf die neue Parkplatzbewirtschaftung hingewiesen werden. Denn Kunden, die seit vielen Jahren in einem bestimmten Supermarkt einkaufen, nehmen es nicht wahr, wenn plötzlich Schilder aufgestellt werden, die eine Parkscheibe vorschreiben und bei Missachtung Strafzettel in Höhe von 20 bis 40 Euro ankündigen.

Jeder von uns weiß: Kauft man seit langer Zeit in einem bestimmten Geschäft ein, so kennt man seine Wege, man kennt die Einfahrt und die dortigen Verkehrsverhältnisse. Man weiß welchen Parkplatz man am liebsten auswählt, man weiß wo die Einkaufswägen stehen, welches Geldstück dafür benötigt wird, wo der Eingang zum Markt ist, und in welchen Regalen die zu kaufenden Produkte stehen. Der Einkauf wird zur Routine, Veränderungen werden kaum wahrgenommen.

Nun kommt plötzlich ein privater Parkplatzbetreiber und stellt Schilder auf, die die bisherige Parkplatznutzung erheblich verändern. Wie kann der Kunde darauf aufmerksam gemacht werden?

Eigentlich müsste ein kundenfreundlicher Supermarkt im Zusammenspiel mit dem neuen Parkplatzunternehmen dafür Sorge tragen, dass die Kunden so gut wie möglich darüber informiert werden. Es müssten große und deutliche Schilder aufgestellt werden, die sowohl bei der Einfahrt als auch auf der Parkfläche auf die neuen Parkregeln hinweisen.

Dabei muss die Schrift auf den Schildern groß und deutlich, die wichtigsten Regelungen müssen auf einen Blick erkennbar sein. Beispielsweise die Benutzungspflicht der Parkscheibe, die maximale Dauer der Parkzeit und die Höhe der Geldstrafe, wenn der Kunde diese überschreitet. Das ist wichtig, denn der Parkplatzbetreiber muss bedenken, dass der Kunde nur wenig Zeit hat, und sich sicherlich nicht mit dem Lesen langer Geschäftsbedingungen in kleiner Mikroschrift aufhalten möchte. Schilder, die an der Einfahrt zum Parkplatz stehen, müssen auf Augenhöhe des Fahrers angebracht sein, und die wichtigsten Informationen dergestalt enthalten, dass der Fahrer diese in den ein bis zwei Sekunden des Vorbeifahrens gut erfassen kann.

Im Idealfall sollte der Supermarkt noch einmal direkt an seiner Eingangstür groß und deutlich auf die neuen Parkregelungen hinweisen, und bereits Wochen vor deren Neueinführung die Kunden mit kleinen Handzetteln über die bald in Kraft tretenden Regelungen informieren.

In der Anfangszeit der Parkplatzbewirtschaftung obläge es dann den Betreibern, zunächst einmal nur Verwarnungen unter Hinweis auf die nun geltenden Regeln auszusprechen, und nicht sofort eine Geldstrafe zu verhängen. Alle diese Maßnahmen würden eine kundenfreundliche Vorgehensweise darstellen, die sicherlich kaum zu Missstimmungen führen würde.

Ein Schild bestraft die Kunden

Welche Geldfalle droht hier? Sie parken vor einem Supermarkt, in dem Sie bereits seit Jahren einkaufen. Als Sie zu Ihrem Auto zurückkommen, hängt ein Strafzettel daran. Verwundert bemerken Sie nun, dass an der Einfahrt neue Schilder stehen, die aber auf den ersten Blick kaum erkennbar waren. Angeblich haben Sie gegen die Regeln auf diesen Schildern verstoßen und sollen dafür eine Strafe bezahlen.

Leider sieht die Realität anders aus: Meist werden die neuen Parkplatzbenutzungsordnungen dem Kunden überhaupt nicht im Voraus angekündigt, sondern quasi über Nacht eingeführt. Es werden nur wenige Schilder aufgestellt, die noch nicht einmal an jeder Einfahrt stehen, und mit einer viel zu kleinen, im Vorbeifahren kaum lesbaren Schrift versehen sind.

Dann stehen die Schilder lediglich an der Einfahrt, nicht aber auf dem Parkplatz oder der Supermarkteingangstür, und dass dann auch noch in viel zu kleinem Format. Es ist nahezu unmöglich, dass der Autofahrer, der auf den Supermarktparkplatz einfährt und sich dabei auf andere Autos, Radfahrer und Fußgänger auf dem Gehsteig und dem Parkplatz konzentrieren muss, dieses Schild wahrnehmen, geschweige denn in Ruhe lesen kann. Zumal dann, wenn man schon seit Jahren dort parkt und überhaupt nicht mit einem neuen Hinweisschild rechnet.

Kurioses musste einer meiner Mandanten erleben, als er am letzten Tag des Monats Juli auf dem Parkplatz einer bekannten Handelskette parkte. Der Parkplatz war übersichtlich und relativ frei, Hinweisschilder mit einer dort geltenden Parkregelung waren nicht sichtbar. Als er nach dem Einkauf zurückkam, hing dennoch der Strafzettel eines privaten Parkplatzüberwachungsunternehmens an seiner Windschutzscheibe. Er schaute sich um, doch von dem Kontrolleur fehlte jede Spur. Ebenso wenig konnte er eine Beschilderung entdecken, die auf eine Parkregelung oder gar eine Geldstrafe hinwies. Zum Glück war der Kunde nicht alleine unterwegs, so dass seine Begleitung dies als Zeugin beweisen konnte. Zu zweit liefen sie den gesamten Parkplatz ab und schauten an jeder Einfahrt nach, doch von entsprechenden Hinweisschildern war nichts zu sehen. Zur Sicherheit machte mein Mandant noch Fotos mit der Handykamera.

Als die beiden zuhause ankamen, schrieb mein Mandant das Unternehmen per E-Mail an, das aus dem Strafzettel hervorging. Dieses behauptete unerschütterlich, dass die Schilder existieren würden und er daher die Geldstrafe bezahlen müsse. Durch Zufall kam mein Mandant am nächsten Tag wieder an dem Parkplatz vorbei, und siehe da, nun standen die Schilder. Anscheinend war geplant, diese ab August aufzustellen und ebenso ab August die Strafzettel bei Regelüberschreitungen zu verteilen. Vermutlich war einer der angestellten Überwachungspersonen etwas übereifrig und fing bereits einen Tag zuvor damit an, Strafzettel an die dort parkenden PKW zu hängen.

Hier muss der Parkplatznutzer natürlich keine Zahlungen an das Kontrollunternehmen leisten, denn zum Zeitpunkt des angeblichen Parkverstoßes existierten noch gar keine Schilder, die auf denselben hinweisen könnten.

Es gilt der Grundsatz: Die Zahlung einer Vertragsstrafe darf von Ihnen immer nur dann verlangt werden, wenn hierfür eine rechtliche oder vertragliche Grundlage besteht. Die Unternehmen der privaten Parkplatzkontrolle gehen davon aus, dass ein Vertrag alleine durch das Befahren des Parkplatzes entsteht. Das ist aber nur dann der Fall, wenn Sie bereits beim Befahren des Parkplatzes darauf hingewiesen werden, dass ein solcher Parkvertrag zustande kommt. Außerdem muss der Hinweis erfolgen, dass bei Verletzung der Parkregeln eine Vertragsstrafe droht.

Dadurch, dass viele Unternehmen der privaten Parkplatzkontrolle diese Hinweise auf zu kleinen Schildern oder in zu kleiner Schrift am Rande der Parkplatzeinfahrt verstecken, kann der einfahrende Kunde diese nicht lesen. Er hat keine Möglichkeit, zu erkennen, dass er sich auf einem privaten Parkplatz befindet und einen Parkvertrag mit Vertragsstrafenregelungen abgeschlossen hat. In einem solchen Fall kommt in rechtlicher Hinsicht kein wirksamer Vertrag zustande.

Das Hauptargument, das gegen eine Zahlungspflicht spricht, ist daher der fehlende Vertrag mit dem privaten Parkraumüberwacher. Dieser besitzt aufgrund des unwirksamen Vertragsschlusses keine vertragliche Grundlage, um Ihnen Rechnungen stellen zu können.

So lag der Fall bei einem anderen meiner Mandanten. Eine Nachbarin von ihm befand sich in einem medizinischen Notfall, besaß selbst aber kein Auto. Sie musste schnellstens zu einer Apotheke, und bat daher meinen Mandanten, ob er sie nicht kurz fahren könne. Gesagt, getan, er fuhr die Nachbarin zur nächstgelegenen Apotheke und ging mit ihr hinein. Die Aufenthaltsdauer in der Apotheke betrug nur wenige Minuten, doch als die beiden zum Auto zurückkamen, hing bereits der Strafzettel einer privaten Parkplatzfirma am Wagen.

Verwundert über diesen schaute sich mein Mandant auf dem Gelände um. Nach einer Weile des Suchens entdeckte er direkt an der Einfahrt ein blaues Schild mit kleiner weißer Schrift, das auf die Parkregelungen hinwies. Bei Missachtung würde ein Parkverstoß vorliegen, der mit 25 Euro geahndet werde. Das Schild war für den einfahrenden Autofahrer kaum sichtbar, zumal es sich leicht verdeckt unter den herabhängenden Zweigen eines Baumes befand. Weitere Schilder auf dem Parkplatz selbst fanden sich nicht.

Oftmals ist das Hinweisschild tatsächlich an einem Platz angebracht, an dem es schwer einsehbar ist, beispielsweise hinter einem Busch oder Baum, um eine Ecke herum oder vom Abstand her zu weit weg von der Einfahrt. Der gerade geschilderte Sachverhalt ist damit kein Einzelfall. Ist das Hinweisschild nicht nur zu klein, sondern kaum oder sogar überhaupt nicht sichtbar, so kommt in keinem Fall ein Vertrag mit dem Parkplatzbetreiber zustande. Die Forderungen aus dem Parkverstoß müssen dann nicht bezahlt werden.

Aus meiner Kanzleipraxis heraus kenne ich zahlreiche Fälle, in denen nicht jede Einfahrt zum Parkplatz ein Hinweisschild hat. Das kommt beispielsweise dann vor, wenn der Parkplatz vor einem Supermarkt sehr groß ist und mehrere Einfahrten besitzt. Es war in dem einen Fall dann so, dass die Parkraumbewacher schlicht einzelne Einfahrten vergaßen. Manche hatten ein Schild, andere hatten kein Schild. Fahren Sie auf den Parkplatz, ohne ein Schild zu sehen, so kommt kein Parkvertrag zustande. Der Parkraumbetreiber steht in der Pflicht, an jeder Einfahrt ein deutliches Schild anbringen zu müssen.

Eine meiner Mandantinnen musste aufgrund eines fehlenden Schildes eine böse Überraschung erleben. Sie parkte am Sonntag Abend ihr Auto auf dem Parkplatz einer großen Supermarktkette. Dieser Parkplatz hatte zwei Einfahrten, wovon die eine beschildert war, die andere jedoch nicht. Ohne böse Gedanken stellte sie ihren Wagen dort ab und legte keine Parkscheibe ein. Denn zum einen konnte sie mangels Hinweisschild keine Pflicht zur Nutzung einer solchen erkennen, zum anderen war es Sonntag Abend, der Parkplatz war leer, und sie musste den PKW ohnehin bereits Montag früh vor Öffnung des Marktes wieder abholen. Als sie am Montag losfahren wollte, war ihr Auto weg. Etwas ratlos rief sie sofort bei der Polizei an, um zu erfahren, ob der Wagen abgeschleppt wurde. So war es dann auch, denn da bei der Polizei sämtliche Abschleppvorgänge registriert werden, konnte der Polizist anhand seines Computersystems umgehend Auskunft über die Abschleppmaßnahme geben.

Etwas beruhigt, dass der PKW nicht gestohlen wurde, aber doch erbost über das unverständliche Abschleppen, begab sie sich zu dem von der Polizei genannten Ort, an dem der Wagen stehen sollte. Glücklicherweise war das nicht weit, das Auto befand sich auf einem öffentlichen Parkplatz ganz in der Nähe der Supermarktfiliale. Unter dem Scheibenwischer steckte ein kleiner Zettel, der zur Bezahlung von 187,40 Euro Abschleppkosten aufforderte. Weitere Angaben enthielt der Zettel nicht, weder die Uhrzeit des Abschleppvorgangs, noch den Grund hierfür.

Wegen dieser Rechnung begab sich meine Mandantin noch einmal zurück zum Supermarktparkplatz und untersuchte diesen ein wenig genauer. Schließlich fand sie das Schild, das an der einen Einfahrt auf die Parkzeiten hinwies und auf die Gefahr des Abschleppens, wenn Kunden diese Zeiten nicht einhalten würden. An der anderen Einfahrt, welche meine Mandantin gewählt hatte, befand sich keine Beschilderung.

Ich schrieb das Abschleppunternehmen an und schilderte den Sachverhalt. Aufgrund der eindeutigen Beweislage musste die Firma anerkennen, dass ihre Forderung zu Unrecht ausgestellt war, denn die Fahrerin konnte aufgrund des fehlenden Schildes nicht wissen, dass hier ein Abschleppen drohe.

Selbst wenn dieser Parkplatz ausreichend an jeder Einfahrt und auf dem Platz selbst beschildert gewesen wäre, so müsste der Vorgang des Abschleppens unter rechtlichen Gesichtspunkten zumindest als zweifelhaft betrachtet werden: Steht Ihr Auto auf dem Parkplatz eines Supermarktes oder in einem Parkhaus, so befindet es sich zunächst auf einem regulären für Autos vorgesehenen Bereich. Das heißt, das Auto stört nicht, es behindert keine Einfahrt und kein Rettungsfahrzeug. Ein Abschleppen ist meiner rechtlichen Auffassung nach daher nicht sofort gestattet. Der Parkplatzbetreiber oder die Parkhausfirma muss es hinnehmen, dass Ihr Auto für eine Weile auf dem Parkplatz steht. Insofern darf keinesfalls nach nur wenigen Stunden abgeschleppt werden.

Erst wenn sich zeigen würde, dass Ihr Fahrzeug für mehrere Tage auf dem Parkplatz steht, wenn es eine Zufahrt versperrt oder die Feuerwehr behindern könnte, kann ein Abschleppen rechtmäßig sein. In solchen Fällen ist immer die Verhältnismäßigkeit einer Maßnahme zu beachten. Ein Abschleppen nach nur wenigen Stunden, nur weil die Parkscheibe fehlt oder weil das Auto leicht über den Markierungen geparkt wurde, wäre unverhältnismäßig.

Eine ähnliche Erfahrung mit unzureichender Beschilderung musste eine andere meiner Mandantinnen erleben. Sie parkte ihren Wagen auf einem Parkplatz, auf dem nur in einem Teilbereich die Benutzungspflicht einer Parkscheibe bestand. Die anderen Parkplätze auf dem selben Platz waren von dieser Pflicht befreit. Das hatte anscheinend den Hintergrund, dass der am Parkplatz anliegende Supermarkt die Nutzung der Parkscheibe wünscht, während ein auf der gegenüberliegenden Seite liegendes Fitnesscenter diese seinen Kunden nicht vorschrieb. Nun verhielt es sich so, dass die Beschilderung derart ungenau war, dass kein Kunde erkennen konnte, wo genau die Grenze zur Benutzungspflicht beginnt oder aufhört.

Meine Mandantin parkte vor dem Fitnessstudio, und legte dementsprechend keine Parkscheibe in ihren PKW. Dennoch fand sie, als sie nach dem Sport zu ihrem Wagen zurückkam, einen Strafzettel hinter dem Scheibenwischer festgeklemmt. Der Parkplatzkontrolleur hatte es ein wenig übertrieben und auch die Autos aufgeschrieben, die auf den freien Plätzen standen. Vermutlich handelte es sich um einen Wächter, der neu eingesetzt wurde und noch nicht wusste, dass der Platz nur teilweise mit Parkregelungen versehen ist.

Selbstverständlich legte meine Mandantin Widerspruch gegen den Strafzettel ein, doch das Unternehmen meinte, sie habe auf einem Parkplatz gestanden, auf dem die Parkscheibe Pflicht sei. Denn wenn es das Kontrollpersonal so festgestellt habe, dann würde dies schon stimmten, meinte die Parkplatzfirma.

So einen Unsinn ließen wir uns nicht gefallen und beharrten konsequent darauf, dass meine Mandantin keine Zahlungspflicht treffe. Schließlich gab die Firma auf, denn sie musste sich eingestehen, dass die Beschilderung auf dem Parkplatz zu ungenau ist, als dass die einzelnen Parkplätze eindeutig einer Parkscheibenpflicht zugeordnet werden konnten.

Selbst wenn auf den Supermarktparkplätzen Schilder vorhanden sind, die für den gesamten Parkbereich gelten, so sind diese oftmals mit einer viel zu kleinen Schrift bedruckt. Stehen zahlreiche Regelungen in Mikroschrift auf einer großen Tafel, die nicht auf den ersten Blick vollständig zu erfassen ist, so handelt es sich in rechtlicher Hinsicht um „Allgemeine Geschäftsbedingungen", kurz „AGBs" oder „das Kleingedruckte". Das Gesetz sieht vor, dass solche Geschäftsbedingungen keine überraschenden Klauseln enthalten dürfen. Das bedeutet, der Kunde muss nicht damit rechnen, dass in den AGBs etwas völlig unerwartetes steht. Parken Sie auf einem Supermarktparkplatz, so gehen Sie im Normalfall davon aus, dass dieser kostenlos ist. Sehen Sie nun auf dem Parkplatz Schilder, die z.B. auf eine Nutzungspflicht für Parkscheiben verweisen, so ist das für Sie nachvollziehbar, da manche Supermärkte dadurch die Parkzeit regulieren möchten. Sie gehen aber nicht davon aus, dass Sie selbst bei kurzer Überschreitung der Parkzeit eine Strafe von 25 Euro oder mehr erhalten. Das wäre für Sie überraschend. In dem Moment liegt eine überraschende Klausel vor, die Geschäftsbedingung ist damit unwirksam. Abhelfen kann der private Parkplatzbetreiber nur, indem er die Kosten eines Regelverstoßes bereits deutlich und in großer Schrift benennt. Es handelt sich in rechtlicher Hinsicht dann um den Hauptvertrag, also den eigentlichen Parkvertrag, und nicht mehr um die AGBs.

Ein anderer Sachverhalt, bei der die Gefahr der Parkplatzfalle groß ist, liegt dann vor, wenn sich die Nutzungsregeln quasi über Nacht ändern und der Kunde aufgrund jahrelanger Gewohnheit keine Notiz davon nimmt.

So erging es einem meiner Mandanten, der bereits seit langer Zeit Stammkunde eines großen Supermarktes in der Nähe seiner Wohnung ist. Nahezu alle Nahrungsmittel und Haushaltsprodukte kauft er dort ein, er mag den Markt, denn die Öffnungszeiten sind lang, die Angebotsvielfalt ist riesig, und der Parkplatz ist groß.

Anfang November fuhr mein Mandant auf den Kundenparkplatz, um Pfandflaschen abzugeben. Eine Parkscheibe legte er nicht ein, da das dort noch nie erforderlich war. Als er nach nur zehn Minuten zu seinem Auto zurückkam, sah er einen kleinen Zettel an der Windschutzscheibe. Zu seinem Erstaunen stellte sich heraus, dass es sich dabei um einen Strafzettel über 25 Euro handelte.

Nun begann er, sich umzusehen, und konnte schließlich nach einer Weile des Suchens Schilder vorfinden, die er dort noch nie zuvor gesehen hatte. Die blauen Schilder zeigten zunächst nur auf, dass ab jetzt eine Parkscheibenpflicht auf dem Supermarktparkplatz herrsche, und dass die maximale Parkzeit bei 1,5 Stunden läge. Warum er nun 25 Euro bezahlen müsse, ging daraus nicht hervor. Der Kunde suchte weiter, und entdeckte noch ein Schild, das etwas versteckt an der Einfahrt zum Parkplatz angebracht war. Darauf standen mindestens 50 kleine weiße Textzeilen, die in der Mitte versteckt darauf aufmerksam machten, dass bei einer Überschreitung der Parkzeit eine Strafgebühr von 25 Euro zu bezahlen wären.

Mein Mandant war durch die jahrelange Gewohnheit überhaupt nicht auf die Idee gekommen, den Parkplatz nach neuen Schildern abzusuchen. Selbst wenn er dies getan hätte, so wäre er mit Sicherheit nicht auf dieses versteckte Schild mit den Parkregeln gestoßen. Hier handelt es sich um einen klassischen Fall von neuer Beschilderung über Nacht, auf die die Kunden vorab nie hingewiesen wurden.

In einem solchen Fall hat die Parkplatzfirma es versäumt, auf die Einführung der neuen Regeln rechtzeitig hinzuweisen. Zudem ist die jetzige Beschilderung unzureichend, da sie nicht auf die Vertragsstrafe als eine der wichtigsten neuen Regelungen hinweist. Es kann keinem Kunden zugemutet werden, nach dem Parken den Platz nach dem einen Schild mit den Regelungen abzusuchen, um dann 50 Zeilen Text durchzulesen. Hier hätte der Parkplatzbetreiber ein wenig mehr nachdenken müssen, um die Kunden auf sich aufmerksam zu machen.

Ein Parkvertrag kommt in einem solchen Fall aufgrund der mangelhaften Beschilderung nicht zustande, da kaum ein Kunde diese entdecken kann. Insofern scheidet eine Zahlungspflicht aus.

Nur fünf Minuten führen in die Kostenfalle

Welche Geldfalle droht hier? Sie überschreiten die vorgegebene Parkzeit um nur wenige Minuten und sollen hierfür eine Strafe von 20 bis 40 Euro bezahlen.

Zur unzureichenden Beschilderung kommt manchmal hinzu, dass sich die Parkplatzwächter in keinster Weise kundenfreundlich verhalten, sondern vielmehr den Eindruck an den Tag legen, dass es ihnen hauptsächlich um die Verteilung von so vielen Strafzetteln wie möglich geht.

So wird beispielsweise bereits nach einer Parkzeitüberschreitung von nur wenigen Minuten eine Geldstrafe verhängt, obwohl der Kunde eigentlich mit etwas Kulanz rechnen kann. Jeder weiß, dass Politessen in der öffentlichen Parkraumüberwachung meist eine Kulanzzeit von zehn Minuten berücksichtigen. Das heißt, der Strafzettel wird nicht sofort nach Parkzeitablauf ausgestellt, sondern die Politesse gibt noch eine Chance, dass der Autobesitzer zu seinem Wagen zurückkehrt.

Auf einem Supermarkt darf der Parkende mit Recht eine ähnliche Kulanz erwarten, denn es kann immer einmal passieren, dass der Einkauf etwas länger dauert. Der Kunde darf meiner rechtlichen Auffassung nach hier sogar mit einer erhöhten Kulanzzeit von zwanzig bis dreißig Minuten rechnen, denn er ist schließlich Kunde eines privaten Supermarktes und kann davon ausgehen, dass dieser gegenüber seinen parkenden Kunden eine erhöhte Kulanz ausübt, als dass dies im öffentlichen Straßenraum üblich ist.

Stattdessen scheint es, als lauern die Wächter nur darauf, dass die Parkzeit überschritten wird, um dann wie ein wild gewordenes Huhn aus dem Gebüsch hervorzuspringen und den bereits vorbereiteten Strafzettel dem PKW anzuheften. Ein solches Verhalten kann nur Kopfschütteln auslösen.

Eine meiner Mandantinnen parkte mit ihrem PKW auf dem Parkplatz eines großen Einkaufszentrums. Sie fuhr ihren behinderten Vater und besaß für diesen einen blauen Behindertenausweis, welchen Sie vorschriftsmäßig zusammen mit der korrekt eingestellten Parkuhr hinter die Windschutzscheibe legte. Mit einem behinderten Menschen dauert alles etwas länger, aber die Parkzeit betrug maximal 1,5 Stunden, so dass die Kundin davon ausging, dass jene vorgegebene Zeitspanne ausreichend sein würde.

Dennoch schaffte sie es nicht, die beiden kamen etwa fünf Minuten über der Zeit zurück an den Wagen. Trotz dieser nur sehr geringen Überschreitung hing bereits ein Knöllchen an der Scheibe. Anscheinend hatte ein Kontrolleur den Wagen beobachtet und sofort nach Ablauf der maximalen Parkzeit das Strafticket ausgestellt, nur um gleich darauf wieder zu verschwinden.

Meine Mandantin war irritiert, denn es handelte sich um eine Überschreitung von wenigen Minuten, zudem hatte sie den Behindertenausweis ausgelegt. Aus bisherigen Erfahrungen wusste sie, dass in einem solchen Fall von den städtischen Mitarbeitern eine besonders hohe Kulanz gewährt wurde. Bereits mehrfach kam sie zusammen mit ihrem Vater zu spät an ihren Wagen zurück, und die dort schon stehende Politesse gab ihr freundlich zu verstehen, dass das kein Problem sei, sie habe den Behindertenausweis gesehen und ihr daher noch keinen Strafzettel ausgestellt.

Umso verwunderter war sie nun, dass sie jetzt bereits nach nur fünf Minuten ein Knöllchen erhalten hatte. Und derjenige, der dieses ausstellte, war bereits verschwunden. So, als wüsste er dass sein Tun rechtswidrig war und daher einer Konfrontation aus dem Weg gehen wollte.

Nach einem im Gesetzbuch klar verankerten Grundsatz sind Verträge – auch ein Parkvertrag – so zu erfüllen, wie „Treu und Glauben mit Rücksicht auf die Verkehrssitte es erfordern". Reagiert der Parkplatzbetreiber unverhältnismäßig, indem er voreilig eine Vertragsstrafe aufbürdet, verletzt er diesen Grundsatz.

Meines Erachtens ist daher auch auf einem Privatparkplatz eine Kulanzzeit von mindestens zehn Minuten einzuräumen, eher mehr. Vor allem in dem hier geschilderten Fall, bei dem sogar ein Behindertenausweis unter der Windschutzscheibe lag, sollte selbst ein privater Parkplatzbetreiber diesen sehen und entsprechende Kulanz gewähren.

Außerhalb der Markierung und schon ein Feind

Welche Geldfalle droht hier? Sie parken ein bisschen schief und sollen für dieses schlimme Vergehen gleich mehrere dutzend Euro Strafe bezahlen.

Selbst wenn der Kunde ordnungsgemäß die Parkzeit einhält, kann es ihm passieren, dass ein überaus eifriger Kontrolleur andere Mängel findet. So ist ein beliebter Grund für einen Strafzettel der, dass die Parkmarkierungen nicht korrekt eingehalten wurden. Steht auch nur ein Reifen etwas über der weißen Markierung des Parkplatzes, so wird sofort eine Geldstrafe verhängt.

Fragt der parkende Kunde den Parkplatzwächter, auf welcher Grundlage er hierfür eine Strafe ausstelle, so verweist dieser frech grinsend auf die Parkplatzordnung, die an versteckter Stelle hängt und zwischen dutzenden von kleingeschriebenen Zeilen darauf aufmerksam macht, dass bei Nichtbeachtung der Parkplatzmarkierungen eine Strafe verhängt werden darf.

Einen besonders kuriosen Fall musste einer meiner Mandanten erleben, als er seinen Wagen auf dem Parkplatz einer großen Supermarktkette abstellte. Anscheinend parkte er sein Auto dabei auf einem Platz außerhalb des markierten Bereichs, ohne dies zu bemerken. Es sah für ihn zwar so aus, als ob der Bereich zu den normalen Parkflächen gehöre, doch später stellte sich heraus, dass die Fläche bereits zum Einfahrtsbereich eines Lieferantenwegs zählte. Dieser war breit genug, so dass sein PKW in keinem Fall ein Hindernis darstellte. Aufgrund der Umgebungssituation aus Bordsteinmarkierungen, Fußgängerbereich und schmückendem Buschwerk sah es sogar so aus, als ob der Platz noch eindeutig zu den übrigen Parkflächen gehörte.

Als der Kunde eingeparkt hatte und seinen Wagen abschloss, stand direkt daneben eine Frau, die deutlich erkennbar zum Kontrollpersonal des Parkplatzes gehörte. Sie sagte nichts, und schaute zu wie der Kunde in Richtung Supermarkteingang verschwand. Als mein Mandant nach dem Einkauf zurück zum Wagen kam, hing überraschenderweise ein Strafzettel über 20 Euro an der Windschutzscheibe. Die Frau vom Überwachungspersonal war verschwunden, und es war auch sonst kein Mitarbeiter der Firma sichtbar. Die Dame hatte meinen Mandanten sehenden Auges in die Falle tappen lassen, sie wartete ab bis er eingeparkt und weggegangen war, um anschließend den Strafzettel auszustellen.

Was tut man in einem solchen Fall, der das Rechtsempfinden eines jeden gesund denkenden Bürgers sprachlos werden lässt? Grundsätzlich hatte der Kunde natürlich falsch geparkt, denn er stand in einem nicht markierten Bereich. Auf der anderen Seite wäre es die Pflicht der Überwachungsdame gewesen, den Parkenden auf die Situation hinzuweisen. Da dies nicht geschah, obwohl sie direkt neben dem Kunden stand, konnte dieser davon ausgehen, alles richtig gemacht zu haben. Insofern bestand in rechtlicher Hinsicht eine stillschweigende Einverständniserklärung von Seiten der Parkraumüberwachungsfirma. Damit ist das Strafticket unzulässig und muss nicht bezahlt werden. Streitet die Überwachungsfirma das ganze im nachhinein aber ab, so besteht ein Beweisproblem, denn dass der Wagen fehlerhaft geparkt hatte, ist Fakt.

Geraten Sie in eine solche Situation, so heben Sie den Kassenbon Ihres Einkaufs auf, und machen ein Foto von der Parkplatzsituation. Anschließend legen Sie schriftlich Widerspruch gegen den Strafzettel ein, unter Schilderung des gesamten Vorgangs und Beifügung der Beweismittel. Bleiben Sie konsequent, und leisten keine Zahlung. Mit etwas Glück wird die Kontrollfirma nach einer Weile ein Einsehen haben und die Forderung stornieren.

Ein anderer meiner Mandanten parkte seinen Wagen seit Jahren am Rande eines Supermarkt-Parkplatzes, so dass er zwar nahe am Geschäft stand, jedoch nicht auf den engen Parkplatz auffahren musste. Dieser Platz war für ihn am besten geeignet, da er von vielen Kunden nicht als Parkplatz wahrgenommen wurde und dadurch fast immer frei war. Zudem konnte mein Mandant dort, wenn er mal in Eile war, schnell parken und wieder wegfahren, da eine Lückensuche auf dem eigentlichen Parkplatz entfiel. Es handelte sich daher eher um einen Geheimstellplatz als um den offiziellen Parkbereich.

Nie hatte sich jemand darüber beschwert, weder der Supermarkt, noch die für die Parkraumüberwachung eingesetzten städtischen Mitarbeiter. Eines Tages aber führte der Supermarkt eine private Parkplatzüberwachung ein. Das dafür hinzugezogene Unternehmen stellte seine Schilder auf und verwies deutlich auf die nun geltenden Parkplatzregelungen. Davon nicht betroffen war der Geheimplatz meines Mandanten, denn dieser lag außerhalb des Parkplatzbereichs und noch vor dem ersten Schild, das die Überwachungsfirma aufgestellt hatte. Dennoch erhielt mein Mandant einen Strafzettel für angebliches Parken außerhalb der Markierungen. Vermutlich war der zuständige Kontrolleur nicht in der Lage, zu erkennen, dass der Wagen des Kunden überhaupt nicht auf dem überwachten Areal stand.

Selbst wenn eine private Firma den Parkplatz überwacht, so darf sie dies nur innerhalb der Grenzen des Platzes tun. Areale außerhalb davon unterliegen nicht der Überwachung. Ergeht dennoch ein Strafzettel, so ist dieser in rechtlicher Hinsicht unwirksam, da außerhalb des überwachten Bereichs kein Parkvertrag zustande kommen kann.

Der defekte Parkscheinautomat

Welche Geldfalle droht hier? Sie parken auf einem Parkplatz, auf dem der Ticketautomat nicht funktioniert. Obwohl das nicht Ihre Schuld ist, sollen Sie später eine Strafe bezahlen, da Sie Ihr Auto ohne Parkschein abgestellt haben.

Handelt es sich um einen Parkplatz, auf dem ein Parkscheinautomat steht und das Parken nur mit gezogenem Ticket erlaubt ist, so sollte diese Maschine zumindest funktionieren. Tut sie das nicht, so gilt im öffentlichen Straßenraum, dass statt des Parkscheins die Parkscheibe unter die Windschutzscheibe zu legen ist. Das gleiche gilt grundsätzlich auch auf privaten Supermarktplätzen, sofern diese mit einem Ticketsystem ausgestattet sind.

Eine meiner Mandantinnen parkte ihren Wagen auf dem Parkplatz eines großen Einkaufszentrums ihrer Stadt. Eine Schranke gab es nicht, aber einen Ticketautomaten. Große Schilder wiesen den Parkenden darauf hin, dass das Parken nur mit zuvor gelöstem Parkschein erlaubt sei.

Meine Mandantin stellte ihren Wagen um 12.30 Uhr auf dem Parkplatz ab, und wollte ein Ticket für eine Stunde ziehen. Leider blockierte der Automat und nahm den Euro der Kundin nicht an. Mehrere Versuche mit anderen Euromünzen scheiterten ebenso. Schließlich gab meine Mandantin entnervt auf und legte die Parkscheibe in ihr Auto. Jene war korrekt auf die nächste volle halbe Stunde eingestellt, was in diesem Fall 13 Uhr entsprach. Als sie um 14 Uhr vom Einkaufen zurückkam, befand sich bereits ein Strafzettel an ihrem Scheibenwischer. Sie sollte innerhalb von zwei Wochen ein Bußgeld über 20 Euro bezahlen, da sie ohne gültiges Ticket geparkt hätte.

Zur selben Zeit kam eine weitere Autofahrerin an ihren Wagen, die ebenfalls einen Strafzettel vorfand. Gleiches Spiel bei Ihr, auch sie konnte mangels Funktionsfähigkeit kein Ticket ziehen und legte die Parkscheibe in den Wagen. Den Kontrolleur interessierte das bei ihr genauso wenig wie bei meiner Mandantin. Doch Glück im Unglück, die Kundin notierte sich die Kontaktdaten der Leidensgenossin, und mit Hilfe dieses Zeugenbeweises konnten wir dem Parkraumunternehmen nachweisen, dass der Automat tatsächlich defekt war. Zahlungen musste meine Mandantin nicht leisten, die Überwachungsfirma stornierte die Forderungen.

Geraten Sie an einen defekten Parkscheinautomaten, so suchen Sie zunächst den Parkplatz ab, ob sich eventuell an anderer Stelle ein funktionsfähiges Exemplar findet. Ist das nicht der Fall, so dürfen Sie den Parkplatz dennoch benutzen, müssen aber eine Parkscheibe in das Auto legen. Im Idealfall haben Sie Zettel und Stift zur Hand und hinterlassen neben der Parkscheibe eine kurze Notiz, dass der Automat defekt ist. Ebenso ratsam ist es, ein kurzes Video mit dem Handy anzufertigen, das die Fehlfunktion des Ticketsystems aufzeigt. Erhalten Sie dennoch einen Strafzettel, so können Sie gegen diesen Widerspruch einlegen. Schildern Sie die Situation, und geben nach Möglichkeit Zeugen an, die den defekten Automaten ebenfalls gesehen haben. Spätestens wenn Sie auf das von Ihnen erstellte Handyvideo hinweisen, sollte jeder seriöse Parkplatzbetreiber die Forderung stornieren.

Ähnlich problematisch sind Fälle, in denen der Parkplatz den Kauf eines Tickets vorsieht, der Automat hierfür jedoch unauffindbar bleibt.

So erging es einer meiner Mandantinnen, die Anfang Oktober auf den Parkplatz einer bekannten Badestadt an der Ostsee einfuhr. Dieser war eindeutig als gebührenpflichtig ausgewiesen. Es handelte sich um einen langgestreckten, ungepflegten und sehr unübersichtlichen Parkplatz. Schräg gegenüber der Einfahrt befand sich ein Hinweisschild für den Parkscheinautomaten. Dort, wo laut Schild der Automat stehen sollte, befand sich aber lediglich ein Pfahl, ein Parkscheinautomat war weit und breit nicht in Sicht.

Der Pfahl sah für meine Mandantin und ihre sie begleitende Freundin so aus, als hätte sich dort einmal ein Parkautomat befunden, welcher aber, vielleicht saisonbedingt, demontiert wurde. Als meine Mandantin und ihre Begleitung etwas ratlos herumstanden, kam ein älteres Ehepaar, das sich ebenfalls auf der Suche nach dem Automaten befand. Auch sie beurteilten die Situation so, dass der Automat wohl einmal hier war, nun aber nicht mehr existierte. Es gab damit keine Gelegenheit, ein Ticket zu erwerben.

So entschied sich sowohl meine Mandantin und ihre Begleitung, als auch das ältere Ehepaar dazu, den Parkplatz ohne Parkschein zu benutzen. Als sie nach ein paar Stunden zum Auto zurückkamen, hing ein Knöllchen über knapp 20 Euro an der Windschutzscheibe.

Etwas ratlos suchten die beiden den Parkplatz erneut nach einem Parkautomaten ab, der dann tatsächlich entgegengesetzt der Pfeilrichtung in beträchtlicher Entfernung am Rande eines Gebüsches mit der Rückseite zu den parkenden Autos stand. Aus dieser Perspektive sah er von hinten wie ein grauer schmaler Pfosten aus, keinesfalls war das Gebilde als Parkscheinautomat erkennbar.

Auf meine Mandantin machte es sogar den Eindruck, als ob die irreführende Beschilderung zu einem nicht vorhandenen Parkscheinautomat absichtlich so aufgestellt wurde, damit keiner der Parkenden den Automat findet, und der Parkplatzbetreiber jedem eingestellten Wagen ein übertreuertes Strafticket verpassen könne. Denn so wie der eigentliche Automat aufgestellt war, wurde er mit Sicherheit von kaum einem Parkplatznutzer aufgefunden.

In einem solchen Fall kann von einem Parkplatzkunden nicht erwartet werden, dass er von sich aus den ganzen Platz nach einem Automaten absucht, wenn die Schilder auf einen festen Standort hinweisen, sich dort aber kein Parkscheinautomat befindet. Es liegt dann die Vermutung nahe, dass der Automat entfernt wurde und die Gebührenpflichtigkeit nicht mehr gegeben ist. Der Parkplatzbetreiber kann nicht erwarten, dass seine Kunden den Verdacht hegen, es könne sich an versteckter Stelle ein zweiter Automat befinden. Hier hat der Kunde das Recht, auf die am Parkplatz angebrachte Beschilderung zu vertrauen und muss keinen anderen Automatenstandort suchen. Es besteht keine Zahlungspflicht für ein ausgestelltes Strafticket.

Ein anderer meiner Mandanten parkte sein Auto auf einem Flughafenparkplatz eines kleinen regionalen Flughafens. Dieser Platz wird von einer privaten Betreiberfirma geführt, welche auch die Parkscheinautomaten aufgestellt hatte. Als der Parkkunde zum nächstgelegenen Automaten ging, um ein Parkticket zu lösen, musste er zu seinem Erstaunen feststellen, dass der Automat lediglich Scheine annahm. Die von meinem Mandanten benötigten 30 Minuten Parkzeit kosteten zwei Euro, doch die Möglichkeit zum Bezahlen per Münzgeld verweigerte der Automat. Auf dem Display hieß es, dass derzeit lediglich mit Scheinen zwischen fünf und 50 Euro bezahlt werden könne. Ausgerechnet an diesem Tag führte mein Mandant keine Geldscheine mit sich, er hatte lediglich ein paar Münzen dabei, darunter die eigentlich perfekt passende Zwei-Euro-Münze.

Um keinen Strafzettel zu riskieren, ging der Parkplatzkunde in das nahe gelegene Terminal und suchte eine Wechselmöglichkeit. Diese fand er schließlich, und er konnte seine Münzen in wenigstens einen Fünf-Euro-Schein umwechseln. Als er jedoch zu seinem PKW zurückkam, hing bereits ein Knöllchen über 20 Euro am Scheibenwischer. Mein Mandant schüttelte den Kopf, denn das erschien ihm doch arg unverschämt. Da hat der Kunde das passende Münzgeld dabei, wie es die Automaten für gewöhnlich wünschen, kann dieses aber nicht nutzen, muss in einen Schein wechseln, und während dieser Zeit wird ihm ein Strafzettel ans Auto gehängt. Laut dem Ticket wurde dieses sogar bereits fünf Minuten nach Beginn der Parkzeit ausgestellt.

Selbstverständlich muss in diesem Fall keine Zahlung an den Parkplatzbetreiber geleistet werden. Der Kunde wollte bezahlen, konnte dies aufgrund einer Sperrung im Automaten aber nicht vornehmen, die Zahlungsbereitschaft lag vor. Parkt man sein Auto auf einem kostenpflichtigen Parkplatz, so ist man dazu verpflichtet, genügend Bargeld in Münzform bei sich zu führen. Es besteht keine Verpflichtung, auch Scheine dabei zu haben, denn für gewöhnlich müssen Parkautomaten nicht mit Scheinen gefüttert werden. Die Zeit, die der Kunde dann bis zum Wechseln in einen Geldschein benötigt, darf ihm nicht als Parkzeit angerechnet werden.

Eine Inkassomahnung aus dem Nichts

Welche Geldfalle droht hier? Sie haben zwar keinen Strafzettel am Auto gehabt, bekommen aber dennoch plötzlich eine Inkassomahnung zugeschickt, die Sie unverzüglich bezahlen sollen.

Ganz kurios wird es, wenn Supermarkt-Kunden plötzlich ein Mahnschreiben für angebliches Falschparken erhalten, ohne je zuvor einen Strafzettel gesehen zu haben. Meist kommt der Mahnbrief dann nicht einmal vom Parkplatzbetreiber, sondern direkt von einem Inkassounternehmen. Verständlich, dass die Verwunderung des Kunden zunächst groß ist, denn wie soll er eine Strafe bezahlen, von der er überhaupt nichts weiß?

Schreibt man das ermahnende Inkassobüro an und bittet um Sachverhaltsaufklärung, so gibt dieses zunächst mit einem Standardbrief zu verstehen, dass der Schuldner bitte widerstandslos bezahlen solle, denn er habe schließlich einen Parkverstoß begannen und müsse hierfür die festgesetzte Strafe begleichen.

Anschließend merkt der Inkassodienstleister genau an, wann und wo der Kunde geparkt und welchen Verstoß er begannen haben soll. Dazu fügt er manchmal sogar Bilder anbei, die der Parkplatzwächter von dem angeblich rechtswidrig geparkten Wagen gemacht hatte. Die Fotos zeigen tatsächlich einen parkenden PKW, ohne dass jedoch der genaue Ort des Geschehens erkennbar ist. Am Scheibenwischer ist ein kleiner weißer Zettel sichtbar, der vermutlich den ausgestellten Strafzettel darstellt.

Anhand dieser Fotos behauptet das Inkassounternehmen nun, dass das Auto falsch geparkt bzw. dass die Parkzeit überschritten wurde, und dass der Fahrer einen Strafzettel an die Windschutzscheibe geheftet bekommen hatte. In vorwurfsvollem Ton gibt das Inkassobüro zu verstehen, dass durch diese Bilder doch eindeutig belegt sei, dass der Fahrer den Strafzettel erhalten habe, schließlich klebte er direkt am Wagen.

Darf so etwas sein? Ist es wirklich erlaubt, einen Strafzettel für angebliches Falschparken an die Scheibenwischer eines Autos zu hängen, und anschließend, wenn keine Zahlung durch den vermeintlichen Sünder erfolgt, direkt ein Inkassounternehmen einzusetzen, ohne dass vorher eine Mahnung durch die eigentliche Parkplatzfirma ergeht? Und dass das Inkassobüro die Forderung noch einmal nahezu verdoppelt, indem es eine ordentliche Portion Mahngebühren hinzuaddiert?

Auch für mich als Rechtsanwalt ist es nur schwer nachzuvollziehen, warum so viele meiner Mandanten als erste Zahlungsaufforderung die Mahnung eines Inkassobüros erhalten. Denn eine Inkassomahnung darf in rechtlicher Hinsicht erst als zweiter Schritt erfolgen. Zunächst hat ein vermeintlicher Schuldner das Recht, direkt vom Gläubiger eine

Rechnung zu erhalten. Liegt diese nicht vor, darf sich auch kein Inkassodienstleister einschalten. Erst recht darf dieser keine Verzugskosten berechnen.

Möglicherweise werden zahlreiche Strafzettel der privaten Parkraumkontrolle nur unzureichend an den parkenden PKWs befestigt, und dann durch Wind und Regen verweht. Auf vielen dieser Bilder ist deutlich zu erkennen, dass der Strafzettel eher schlecht als recht am Scheibenwischer befestigt wurde. Das würde bedeuten, dass der Zettel bereits bei geringem Wind oder etwas Regen davongeweht wird. Ist das der Fall, so hat der PKW-Fahrer natürlich keine Möglichkeit, von dem Strafzettel Kenntnis zu erlangen. Erst durch die Inkassomahnung erfährt er von dem möglicherweise bestehenden Parkverstoß.

Vielleicht kommt es auch manchmal vor, dass andere Kunden oder Kinder die Strafzettel entwenden. Oder aber der Parkraumkontrolleur vergisst in der Eile, den Strafzettel am Auto anzuheften. Schließlich kann es auch sein, dass der kleine Zettel vom Fahrer nicht bemerkt wird und er einfach losfährt. Wird dann die Autobahn benutzt oder die Scheibenwischer betätigt, fliegt der Strafzettel weg. Dem Kunden des Supermarktes ist das nicht vorwerfbar, denn er wusste nichts von einem möglichen Knöllchen an seinem Auto.

Das Anbringen eines kleinen Zettels am Wagen stellt in rechtlicher Hinsicht keinen nachweisbaren Zugang für einen Strafzettel dar, denn ein Auto bzw. ein Scheibenwischer ist nicht dafür gedacht, empfangsbedürftige Schriftstücke entgegenzunehmen. Ein Vergleich mit einem Briefkasten oder einem Postfach ist nicht möglich. Das wäre ansonsten so, als ob man Ihnen eine Rechnung in den Vorgarten legen könnte. Auch hier würde die Rechnung als nicht zugegangen gelten, denn ein Vorgarten stellt keine dafür vorgesehene Empfangssphäre dar. Ein Auto erst recht nicht.

Stellen Sie sich vor, Sie warten auf die angekündigte Rechnung Ihres Steuerberaters. Dieser verschickt die Rechnung jedoch nicht mit der Post, und wirft sie auch nicht in Ihren Briefkasten. Stattdessen heftet er sie nachts bei starkem Regen mit einer kleinen Nadel an den Zweig eines Baumes, der in Ihrem Garten steht. Nach ein paar Wochen erhalten Sie eine Mahnung vom Steuerberater, weil Sie seine Rechnung noch nicht bezahlt haben. Sie rufen ihn an und fragen nach, wo die Rechnung denn bleibe, bis heute haben Sie sie noch nicht erhalten. Völlig erstaunt erwidert Ihnen der Steuerberater, dass dies doch gar nicht sein könne, er habe die Rechnung bereits vor einiger Zeit an Ihrem eigenen Baum in Ihrem Garten angeheftet. Es sei ihm unverständlich, warum Sie diese nicht entdecken konnten. Er schickt Ihnen sogar stolz ein Foto zu, das er von der Rechnung gemacht hat. Man sieht darauf ein Blatt

Papier, das in der dunklen Nacht von Regen durchnässt an irgend einem Baum hängt. Aufgrund dieses Fotos ist Ihr Steuerberater der Ansicht, dass Ihnen die Rechnung eindeutig zugegangen ist, und Sie deshalb den Rechnungsbetrag inklusive Mahngebühr ausgleichen müssten.
Ein irrealer Vorgang? Nicht so aus der Sicht manch eines unseriösen privaten Parkplatzbetreibers. Diese meinen, dass ihre Anhefterei an Scheibenwischern ausreichend sei. Warum sie dann ein Foto vom Tatort machen, bleibt fraglich. Vielleicht sind sich die Parkplatzwächter doch nicht so sicher, ob ihre Rechnung dort bleibt, wo sie angebracht wurde?
Stellt das Unternehmen der privaten Parkplatzkontrolle nach einer Weile schließlich fest, dass von dem angemahnten Fahrer kein Zahlungseingang der Vertragsstrafe zu verzeichnen ist, so müsste dieses die Rechnung erneut versenden. Das liegt daran, dass es immer einmal passieren kann, dass der Schuldner die Rechnung nicht erhält. Im Normalfall sollte ein seriöses Unternehmen daher mindestens zweimalig mahnen, bevor es weitere rechtliche Schritte unternimmt.
In keinem Fall darf es die unbezahlte Rechnung ohne vorherige Mahnung und ohne weiteren Kommentar an ein Inkassounternehmen abgeben. Das Problem bei der Abgabe an einen Forderungseintreiber liegt darin, dass dieser zusätzliche Inkassogebühren berechnet. Inkassogebühren fallen jedoch unter die Verzugskosten, und Verzugskosten dürfen erst dann berechnet werden, wenn sich der vermeintliche Schuldner im Verzug befindet. Verzug liegt aber nicht vor, da nie eine Rechnung ergangen ist. Niemand kann ohne den Erhalt einer Rechnung in Verzug geraten, da er über diese keine Kenntnis hat.

Strafzettel mit Fehlern

Welche Geldfalle droht hier? Sie erhalten einen Strafzettel, der völlig falsche Angaben enthält. Dennoch fordert Sie das Parkplatzunternehmen zur Zahlung auf.

Aus der Bearbeitung zahlreicher Mandate im Bereich der privaten Parkplatzüberwachung weiß ich, dass die an Autos gesteckten Strafzettel oftmals fehlerhaft oder ungenau sind.
Vor allem fehlt es immer wieder an einer konkreten Benennung des Vergehens. Manchmal wird nur das Wort „Parkverstoß" auf den Strafzettel gedruckt, ohne die Tat zu bezeichnen. Sie als Kunde wissen dann nicht, was Sie falsch gemacht haben. Ohne die tatsächliche Benennung des Regelverstoßes handelt es sich um eine fehlerhafte Rechnung, da Sie den Grund für Ihre Zahlungspflicht nicht erkennen können. Im rechtlichen Sinn liegt damit eine Rechnung ohne Leistungsbeschreibung vor, eine solche ist als unvollständig anzusehen und muss nicht bezahlt werden.

So erhielt einer meiner Mandanten einen Strafzettel an sein Auto geheftet, ohne dass darauf irgend eine Angabe zum angeblich getätigten Verstoß gemacht wurde. Nachdem er den Zettel am Scheibenwischer vorfand, sah er sich sofort um und überprüfte alles, was irgendwie auf einen von ihm begangenen Regelverstoß hätte hindeuten können. Doch nichts war zu finden, er hatte seine Parkscheibe korrekt eingestellt und hinter die Windschutzscheibe gelegt, die maximale Parkdauer wurde nicht überschritten, das Auto stand innerhalb der Markierungen, und auch sonst schien alles in Ordnung.

Natürlich legten wir schriftlichen Widerspruch gegen das Knöllchen ein, denn wo kein Grund für eine Zahlungspflicht bestand, sollte die Parkplatzfirma erst einmal darlegen, wofür der Kunde zur Kasse gebeten werde. Die Antwort war erstaunlich, denn das Unternehmen gab zu, dass es selbst nicht wisse, wofür der Strafzettel verhängt wurde. Der zuständige Kontrolleur habe vergessen, Angaben in das System aufzunehmen. Da er aber einen Strafzettel ausgestellt habe, werde das sicherlich seine Richtigkeit besitzen, daher wurde um Zahlung der Strafe gebeten.

Das ist schon ein starkes Stück, wenn nicht einmal die Überwachungsfirma weiß, wofür der Parkende eigentlich zahlen soll. Natürlich gab mein Mandant der Firma kein Geld, wir hielten den Widerspruch aufrecht und verweigerten dauerhaft die Zahlung. Schließlich gab der Parkplatzbetreiber auf und stornierte die Forderung. Eine verständliche Reaktion, denn wie hätte er die Forderung vor Gericht auch begründen sollen. Selbst eine Strafe muss immer deutlich darlegen, wofür diese ist.

Stellen Sie sich vor, Sie würden von einem Gericht zur Zahlung verurteilt, ohne dass das Gericht in seinem Urteil beschreibt, wofür die Strafe erfolgt. Besser noch, das Gericht gibt in seiner Urteilsbegründung an, dass es nicht mehr wisse, wofür die Strafe ist. Kurios? Nicht so aus den Augen eines Parkplatzüberwachers.

Ein anderer meiner Mandanten erhielt einen Strafzettel für das Parken ohne eine Parkscheibe. Die Uhrzeit des angeblichen Parkverstoßes wurde mit 11.28 Uhr angegeben, tatsächlich fuhr mein Mandant erst eine Stunde später auf den Parkplatz, gegen 12.40 Uhr. Das konnte er durch den Kassenzettel nachweisen, der auf 13.05 Uhr lautete. Es erschien sogar für das Parkplatzunternehmen nachvollziehbar, dass der Kunde nicht über 1,5 Stunden für seinen Lebensmitteleinkauf benötigte, sondern dass der Kontrolleur die falsche Parkzeit eingetragen haben musste. Schließlich ließ der Parkplatzbetreiber die Forderung fallen und vermerkte, dass die Uhr des zuständigen Kontrolleurs falsch ging.

Ein weiterer Mandant mietete auf einem Privatgelände einen PKW-Stellplatz an, um der Parkplatznot in seiner Wohnungsnähe zu entgehen. Das Problem an diesen anmietbaren Privatplätzen war, dass sie regelmäßig von Fremdparkern benutzt wurden. Als einen ersten Schritt montierte der Hausmeister Bügel mit Schlössern an die einzelnen Plätze, welche jedoch aufgebrochen wurden. Schließlich entschied sich der Vermieter, die Parkplätze von einer Überwachungsfirma kontrollieren zu lassen. Hierzu wurden die entsprechenden Schilder an den Plätzen aufgestellt, und jeder Mieter bekam einen Ausweis, der hinter die Windschutzscheibe gelegt werden musste. Trotz dieses Ausweises erhielt mein Mandant einen Strafzettel wegen angeblichen Falschparkens auf einem Privatparkplatz.

Der Mieter staunte nicht schlecht, als er diesen plötzlich an seinem Wagen vorfand, und versicherte sich zugleich, dass der Ausweis gut sichtbar im PKW lag, was auch der Fall war. Offensichtlich hatte der Kontrolleur überhaupt nicht nachgeschaut und einfach an alle zu diesem Zeitpunkt parkenden Wagen ein Knöllchen ausgestellt. Natürlich musste mein Mandant nicht bezahlen. Aufgrund des eindeutigen Mietvertrags konnte das Missverständnis schnell behoben werden.

Ein anderer meiner Mandanten parkte auf einem Parkplatz, der vor verschiedenen kleinen Geschäften lag. Er kannte diesen gut und parkte bereits seit vielen Jahren dort. Nie gab es ein Schild mit Parkregelungen, der Platz war frei und ohne Einschränkungen nutzbar. Als mein Mandant erneut dort parkte, um beim Bäcker einzukaufen, sah er am Eingang des Geschäfts ein Schild, das auf die nun neu eingeführten Parkregeln hinwies. Am Parkplatz selbst hatte er kein solches Schild gesehen. Schnell ging er zu seinem Wagen zurück, um die Parkscheibe einzulegen, denn natürlich wollte er nicht wegen einer kleinen Besorgung beim Bäcker ein Knöllchen riskieren. Doch der Parkplatzkontrolleur war schneller. Als mein Mandant zu seinem Auto zurückkam, hing bereits ein Knöllchen am Scheibenwischer.

Stellen Sie sich vor, Sie parken auf einem gebührenpflichtigen Parkplatz und laufen zum Parkscheinautomaten, um ein Ticket zu ziehen. Als Sie zum Wagen zurückkommen, hängt bereits ein Strafzettel daran. Der Kontrolleur lacht laut und meint, dieser wäre berechtigt, da Sie ohne Ticket dort standen. Das Argument, dass Sie erst mal eines kaufen mussten, um es dann hinter die Windschutzscheibe legen zu können, ignoriert er lächelnd und rennt davon.

Ähnlich verhält es sich in diesem Fall. Erst an der Bäckerei erfuhr mein Mandant von der neu eingeführten Parkscheibenpflicht. Am Parkplatz selbst war ein solcher Hinweis noch nicht angebracht. Woher sollte der Kunde dann wissen, dass diese neue Regelung nun gelte?

Selbstverständlich besteht in einem solchen Fall keine Zahlungspflicht. Die Forderung kann unter Hinweis auf die noch fehlende Beschilderung erfolgreich abgewendet werden.

Geldattacken auf Handy und Festnetz

Fast alle von uns haben ein Handy und zuhause einen Festnetzanschluss. Kein Wunder, dass bei diesen Millionen von Verträgen in Deutschland einiges schief gehen kann. Völlig überhöhte Rechnungen, unbegründete Forderungen und unzureichende Leistungen sind in diesem Bereich keine Seltenheit. An so mancher Stelle könnte man aber meinen, dass kein Zufall mehr im Spiel ist, sondern dass hinter fehlerhaften Abrechnungen eine geplante Vorgehensweise der Anbieter steckt.

Im folgenden stelle ich Ihnen die wichtigsten Geldfallen im Bereich Mobilfunk & Festnetz/DSL vor, die in meinem Kanzleialltag regelmäßig bearbeitet werden. Ich bin mir sicher, dass der eine oder der andere Provider mit den hier vorgestellten Methoden versucht, seinen Gewinn ein wenig aufzubessern, selbst wenn das auf Kosten der Kundenfreundlichkeit geht.

Handyrechnung verdreifacht die Urlaubskosten

Welche Geldfalle droht hier? Sie fahren in den Urlaub und nutzen dort das mobile Internet auf Ihrem Handy. Nach der Rückkehr erhalten Sie eine Handyrechnung im Bereich von mehreren tausend Euro.

Inzwischen sollte man meinen, dass durch mobile Internetnutzung verursachte Schockrechnungen der Vergangenheit angehören. Doch weit gefehlt. Noch immer kommt es zu Handyrechnungen im Bereich von vielen tausend Euro, da es die Anbieter an mancher Stelle nicht so genau mit dem Gesetz nehmen und sich über etliche Euro Mehreinnahmen freuen.

Als Smartphones neu auf den Markt kamen, und dadurch die Internetnutzung per Handy sprunghaft zunahm, kam es häufig zu sehr hohen Handyrechnungen. Viele Nutzer wussten zu diesem Zeitpunkt noch nicht, wie teuer das mobile Internet ist, und versäumten es daher, rechtzeitig eine Internet-Flatrate zu ihrem Vertrag hinzuzubuchen.

Zu jenen Zeiten erreichten mich nahezu täglich Anfragen geschockter Handynutzer, deren monatliche Abrechnung plötzlich exorbitant in die Höhe gestiegen war. Dieses Problem nahm erst ab, als Handyverträge nahezu standardmäßig mit einer Internet-Flatrate verkauft wurden. Doch auch die Provider hatten ein Einsehen, und setzten von sich aus bestimmte Kappungsgrenzen, so dass Internetverbindungen nur noch bis zu einem bestimmten Vertrag in Rechnung gestellt wurden, der für die meisten Kunden verkraftbar war. Vor diesem Zeitpunkt musste mit Hilfe von entsprechenden Gerichtsurteilen, die zugunsten der Handybenutzer ausgefallen waren, gegen derartige Schockrechnungen vorgegangen werden. Doch bis heute geben die Anbieter nicht auf, sie versuchen nach wie vor ihre Lücke im System zu finden, um den Kunden hohe Rechnungen für die Handy-Internetnutzung ausstellen zu können.

Eine dieser Methoden ist die, den Kunden eine nachträgliche Urlaubsfreude zu bereiten. Verbringt eine Familie ihre schönsten Tage im Jahr außerhalb der Europäischen Union, so kann sie damit rechnen, nach der Rückkehr in die Heimat eine Handyrechnung zu bekommen, die es in sich hat. Der freundliche Anbieter möchte damit seinen Beitrag dazu leisten, dass die Urlaubsentspannung schnell verflogen ist.

Wie kann das sein? Nun, inzwischen hat die EU eine Verordnung erlassen, nach der die innerhalb Europas ansässigen Mobilfunkprovider ihre Kunden vor übermäßig hohen Handyrechnungen durch mobile Internetverbindungen schützen müssen. Dies soll dadurch geschehen, indem bei einer erreichten Kostengrenze von 59,50 Euro der EU-Kostenschutz eingreift. Bemerkt der Anbieter, dass sein Kunde diesen Betrag im Rahmen der Internetnutzung per Mobiltelefon erreicht hat, muss er eingreifen.

Der Provider soll zunächst die Verbindung trennen und seinen Kunden per SMS darauf hinweisen, dass nun die Kostengrenze erreicht wurde. Im selben Zug muss der Mobilfunkanbieter deutlich machen, dass der Kunde per eigener SMS bestätigen kann, dass er diesen Kostenschutz aktiv aufheben möchte. Das ganze muss in Verbindung mit einem Warnhinweis geschehen, dass bei Aufhebung des Kostenschutzes Handyrechnungen in sehr hoher Höhe entstehen können.

So schreibt die Bundesnetzagentur auf Ihrer Homepage: *„Für Roaming-Datenverbindungen innerhalb der europäischen Union müssen die Mobilfunkanbieter ihren Kunden bereits seit Juli 2010 die Möglichkeit anbieten, Roaming-Datenverbindungen ab einem bestimmten monatlichen Höchstbetrag unterbrechen zu lassen, um allzu hohe Rechnungen zu vermeiden. Dabei sind verschiedene Obergrenzen möglich. Eine Obergrenze muss mit 50 Euro (zzgl. Mehrwertsteuer) angeboten werden und gilt automatisch für alle Kunden, die sich nicht für eine andere oder generell gegen eine Obergrenze entschieden haben. Sobald der Kunde 80 Prozent der automatischen Kostengrenze von 50 Euro oder der individuell vereinbarten Obergrenze erreicht, muss er eine Nachricht auf dem Gerät, das er zum mobilen Surfen nutzt (z. B. Smartphone, Tablet oder Notebook) erhalten, die ihn entsprechend informiert. Ist die Obergrenze zu 100 Prozent erreicht, erhält der Kunde eine weitere Information, die darüber hinaus Einzelheiten enthält, wie er ggf. die Datennutzung kostenpflichtig fortsetzen kann. Die Datenverbindung wird unterbrochen, wenn der Kunde nicht aktiv auf diese Nachricht reagiert, also nicht anzeigt,* *dass er zu u. U. höheren Kosten weitersurfen möchte. Dadurch wird der monatliche Rechnungsbetrag für die Datennutzung auf die vereinbarte Obergrenze beschränkt."* In den meisten Fällen funktioniert dieser Kostenschutz recht gut, doch sobald der Kunde die EU verlässt und seinen Urlaub beispielsweise in den USA, in Kanada, in Indien oder in Australien verbringt, hat die Europäische Union eine Hintertüre für die Provider eingebaut: Verhält es sich ausnahmsweise so, dass die Nutzungsdaten zeitverzögert beim Provider eintreffen, dieser somit die von seinem Kunden aufgebauten Verbindungen nicht in Echtzeit überwachen kann, muss er keinen Kostenschutz gewähren.

Konkret bedeutet das, dass es einige Länder gibt, in denen sich das Handy des Kunden zwar ganz gut in das dortige Mobilfunknetz per Roaming einwählen kann, dieses Netz dann aber die aufgebauten Verbindungen nicht unmittelbar an den in der EU ansässigen Mobilfunkanbieter weiterleitet, sondern erst mit Zeitverzögerung.

So macht die Bundesnetzagentur in Hinsicht auf den weltweiten Kostenschutz deutlich: *„Diese Kostenbegrenzungsfunktion für mobiles Datenroaming ist seit dem 1. Juli 2012 auch weltweit gültig. Das heißt, dass jeder Anbieter mit Sitz in der EU für weltweites Datenroaming max. 50 Euro (zzgl. Mehrwertsteuer) pro Monat berechnen darf (Kostenairbag). Damit greift die Kostenobergrenze beim Datenroaming auch im außereuropäischen Ausland. Dies findet jedoch keine Anwendung, wenn der Betreiber eines besuchten Netzes in dem besuchten Land außerhalb der EU es nicht zulässt, dass der Roamingpartner das Nutzungsverhalten seines Kunden in Echtzeit überwacht. In diesem Fall wird dem Kunden bei der Einreise mitgeteilt, dass die Kostenbegrenzungsfunktion nicht zur Verfügung steht."*

Kommt es aufgrund dieser Verzögerung zu einem erhöhten Datenvolumen, so hat der Kunde dies anscheinend hinzunehmen, denn schließlich konnte der Anbieter nicht schnell genug per Kostenschutz reagieren. Insofern sei die Konsequenz, dass der Kunde jegliche Rechnung der im außereuropäischen Ausland genutzten Internetverbindungen hinnehmen muss, egal wie hoch diese ausfällt. Das klingt für die Mobilfunkprovider zunächst einmal wie ein Freifahrschein für nahezu unendlich hohe Handyrechnungen.

Einige unserer Anbieter reagieren trotz dieser Regelung kulant und berechnen derartige Internetkosten erst gar nicht, andere dagegen stürzen sich auf jede noch so kleine Internetnutzung ihres Kunden, um damit die Rechnung in die Höhe treiben zu können. Das kann im Einzelfall zu wahren Horrorrechnungen führen, die vom Kunden finanziell so gut wie gar nicht mehr zu bewältigen sind. Im Extremfall schafft es eine

Handyrechnung, die ganze Familie in die Privatinsolvenz zu treiben. Doch darf so etwas sein? Lassen es unsere Gesetze tatsächlich zu, dass alleine durch eine unbedachte mobile Internetnutzung im Ausland Rechnungsbeträge angehäuft werden, die eine Person in den Ruin treiben können? Auch wenn es zunächst tatsächlich so scheint, ganz so gefährlich ist es nicht. Wie ich Ihnen im folgenden zeigen werde, bestehen durchaus rechtliche Möglichkeiten, um sich gegen eine völlig überhöhte Handyrechnung zu wehren.

Einer meiner Mandanten machte für eine Woche Urlaub in Montenegro, einer kleinen Republik auf der Balkaninsel, Teilgebiet des früheren Jugoslawien. Dort nutzte er in gewohnter Weise sein Handy zum Surfen im Internet. Er ging davon aus, dass der EU-Kostenschutz eine zu hohe Rechnung wirksam verhindern würde.

Als er zurück nach Deutschland kam, staunte er nicht schlecht, als er eine Mobilfunkrechnung über 3.217 Euro erhielt. Mein Mandant war noch Student, eine solche Rechnung konnte er in keinster Weise begleichen. Aber selbst so mancher Berufstätiger wäre angesichts eines solchen Rechnungsbetrags vermutlich umgefallen.

Sofort kontaktierte er seinen Provider, um zu erfahren, wie es trotz EU-Kostenschutzes zu einer solch hohen Rechnung kommen konnte. Der Anbieter antwortete lapidar, dass Montenegro nicht zur EU gehöre, sondern lediglich den Status eines EU-Beitrittskandidaten besäße. Das bedeutet, dass der Kostenschutz in diesem Land nicht gilt.

Verwirrt fragte mein Mandant nach, warum man ihn darauf nicht hingewiesen habe, denn laut EU-Verordnung müsse doch zumindest bei der Einreise in ein Land der Hinweis per SMS erfolgen, dass in diesem Gebiet kein Kostenairbag gelte. Der Mitarbeiter seines Anbieters erwiderte daraufhin freundlich, dass das normalerweise schon der Fall sei, bei ihm aber wurde bereits bei Vertragsbeginn ein Hinweis erteilt, dass dieser Kostenschutz deaktiviert sei. Darüber wäre mein Mandant per SMS informiert worden.

Der Anbieter habe hierbei rechtmäßig gehandelt, denn schließlich wurde auf diese Deaktivierung im Kleingedruckten des Mobilfunkvertrags deutlich hingewiesen. In jener besagten SMS zu Vertragsbeginn hätte deswegen gestanden, dass das Roaminglimit aufgehoben wurde, und der Kunde sich melden möge, falls es wieder aktiviert werden solle. Leider habe der Kunde sich nie gemeldet, so dass das Roaming-Limit konsequent deaktiviert blieb. So jedenfalls die Aussage des bereits ironisch klingenden Mitarbeiters der telefonischen Kundenhotline.

Mein Mandant konnte nach diesem Telefonat nur noch den Kopf schütteln, denn erklärbar war das in keinster Weise. Sicherlich, zu Vertragsbeginn hatte er einige SMS, E-Mails und schriftliche Unterlagen seitens seines Anbieters erhalten, doch ob da genau diese eine SMS dabei war? Das wusste er nicht mehr. Welchen Sinn sollte es auch machen, dass der Kostenschutz von Anfang an deaktiviert wurde. Wie kann er dann seine Schutzfunktion entfalten?

Schließlich entschied sich mein Mandant dazu, den Mobilfunkprovider anzuschreiben, und um Stornierung der Rechnung aus Kulanz zu bitten. Er stellte sein geringes Einkommen als Student dar und machte deutlich, dass ihm die Bezahlung einer derart hohen Handyrechnung völlig unmöglich sei. Leider reagierte der Anbieter eher abweisend, er sagte lediglich eine Gutschrift über 700 Euro zu, so dass am Ende die Rechnung immer noch bei ca. 2.500 Euro gelegen hätte. Ein für meinen Mandanten sinnloses Entgegenkommen, da er auch 2.500 Euro nicht bezahlen konnte.

Der Kunde recherchierte weiter und stellte schließlich fest, dass sein Vertrag als Geschäftskundenvertrag geführt wurde. Bei einem solchen wird der Kostenschutz von Anfang an immer deaktiviert, weil Geschäftskunden dies angeblich so bevorzugen.

Aber warum war er Geschäftskunde? Nach einer Weile fand er heraus, dass dies damit zusammenhing, dass er den jetzigen Mobilfunkvertrag über seinen Arbeitgeber abschloss, denn er war zu diesem Zeitpunkt Werkstudent. Sein Arbeitgeber kam ihm freundlicherweise etwas entgegen und übernahm in den ersten drei Monaten die Kosten des Vertrags.

Dennoch war es ein ganz normaler Handyvertrag, der auf meinen Mandanten abgeschlossen wurde, nicht auf dessen Arbeitgeber. Wie auch immer sich dann die Konstellation ergab, dies musste zu dem Umstand führen, dass er als Geschäftskunde geführt wurde.

Unabhängig davon, warum sollten Geschäftsleute keinen Kostenschutz wünschen? Der EU-Kostenairbag sieht hierfür keine Ausnahmeregelung vor, er gilt für alle Mobilfunkkunden, und möchte für jede Bevölkerungsgruppe überhöhte Schockrechnungen verhindern, dementsprechend auch für Geschäftskunden.

Mein Mandant gab nicht auf und wandte sich erneut an seinen Provider. In einem langen Schreiben listete er alle Punkte auf, die gegen die Erstellung einer derart hohen Handyrechnung sprachen.

Unter anderem zeigte er auf, dass die Kosten der lokalen Netze in Montenegro wesentlich günstiger sind, als sein Anbieter diese abkassierte. So wurden dem Kunden für ein 50-Kilobyte-Paket 98 Cent in Rechnung gestellt, während die lokalen Anbieter in Montenegro die gleiche Leistung zu einem Bruchteil anbieten. Selbst wenn der deutsche Mobilfunkprovider meines Mandanten nun zu diesen Kosten noch zusätzliche Verbindungskosten für das Roaming in Rechnung gestellt hätte, und abschließend noch die Kosten der für Deutschland geltenden Internetverbindungen hinzuaddiert hätte, würde er niemals auf einen derart hohen Endbetrag für eine so unglaublich kleine Datenmenge gelangen.

Der Kunde rechnete in seinem Brief weiter vor, dass ein lokaler Anbieter in Montenegro beispielsweise für ein Volumen von drei Gigabyte einen Betrag von 9,95 Euro berechnet. Würde das selbe Volumen nach der Kostentabelle seines Anbieters abgerechnet, so müsste dieser eine Rechnung über 60.000 Euro aufstellen. Alleine durch dieses Beispiel wollte mein Mandant dem Provider vor Augen führen, wie überzogen die Forderung ist.

Abschließend bot mein Mandant einen Betrag von 500 Euro zur gütlichen Einigung an, um die hohe Handyrechnung aus der Welt zu schaffen. Doch sein Anbieter blieb hart, er beharrte auf der Forderung und wollte bis auf die bereits gewährte Gutschrift keine weiteren Zugeständnisse machen.

Das wurde dem Kunden dann doch zu viel, und er wandte sich an meine Kanzlei. Ich kenne diese Fälle seit vielen Jahren, und wusste daher genau, wie vorzugehen ist. Natürlich ist eine so hohe Handyrechnung unberechtigt, und muss vom Kunden nicht bezahlt werden. Dementsprechend setzte ich ein Schreiben an den Anbieter auf und wies ihn auf die rechtlichen Unzulänglichkeiten seiner Rechnungsstellung hin. Meinen Mandanten bat ich, auf keinen Fall unberechtigte Zahlungen an den Anbieter zu leisten, er solle lediglich weiterhin die berechtigten Monatsgebühren entrichten.

In dem hier gegebenen Fall deaktivierte der Anbieter rechtswidrig den Kostenschutz, denn mein Mandant hatte zu keinem Zeitpunkt sein Einverständnis dazu gegeben. Eine solche Deaktivierung müsste für den Kunden deutlich im Vertrag erkennbar sein, keinesfalls darf es im Kleingedruckten stehen. Zudem hatte der Anbieter die Beweislast für die angebliche SMS, die er meinem Mandanten zu Vertragsbeginn gesendet hatte, und in welcher er über die Deaktivierung des Kostenairbags informierte. Diese SMS konnte der Mobilfunkprovider natürlich nicht mehr nachweisen.

Unabhängig vom Kostenschutz gibt es in diesem Sachverhalt zahlreiche rechtliche Einwendungen, die den Forderungen des Anbieters entgegen gehalten werden können.

Da ist zunächst einmal die willkürliche Festsetzung von Internetkosten, die ohne Flatrate genutzt werden. Es gibt hierfür keine gesetzliche Regelung, ein Mobilfunkanbieter darf die Preise für mobile Internetnutzung nach Lust und Laune frei festsetzen. Es überrascht daher wenig, dass viele Provider die Kosten sehr hoch ansetzen, weit über dem, was sie im Rahmen einer Flatrate berechnen. In dem hier vorgestellten Fall berechnete der Anbieter einen Betrag von ungefähr einem Euro für 50 Kilobyte Datennutzung in Montenegro. Sicherlich steht dieser Betrag irgendwo in den Allgemeinen Geschäftsbedingungen oder in einer Preisliste des Anbieters. Doch hat der Kunde bei Vertragsschluss davon erfahren? In der Regel ist das nicht der Fall. Der Kunde unterschreibt ein Blatt Papier, auf dem lediglich die wichtigsten Vertragsdetails festgehalten sind, und manchmal nicht einmal diese. Von weiteren Preisen wie beispielsweise für Auslandsnutzungen erfährt er gewöhnlich nichts.

Das ist der erste Fehler, den Mobilfunkanbieter in diesem Bereich machen. Natürlich muss nicht alles im Hauptvertrag geregelt werden, das würde dessen Rahmen sprengen. Doch ein Nutzungsbetrag, der derart hoch ist, dass er zur Privatinsolvenz des Kunden führen kann, darf nicht versteckt in das Kleingedruckte gesetzt werden. Hier hat der Anbieter eine Fürsorgepflicht, denn er muss immer bedenken, dass diese Kosten tatsächlich einmal entstehen können. Er muss seinen Kunden daher vorab auf diese erhebliche Gefahr hinweisen. Geschieht das nicht, so ist die Regelung wirkungslos, die Preisliste entfaltet keine Wirkung, der Provider darf nicht nach dieser abrechnen.

Stellen Sie sich vor, Sie mieten ein Wohnmobil, um damit eine Rundreise durch Europa zu machen. Der Vermieter legt Ihnen den Vertrag vor, in dem die tägliche Benutzungsgebühr deutlich vermerkt ist, als auch der Hinweis, dass Sie das Wohnmobil frei in ganz Europa benutzen dürfen. Abgerechnet wird am Ende nach gemieteten Tagen und gefahrenen Kilometern. So weit, so gut. Sie touren drei Wochen durch Europa und kommen am Ende mit dem wohlbehaltenen Wohnmobil zurück. Der Autoverleih überprüft Ihre Reise anhand des im Wohnmobil eingebauten GPS-Empfängers und legt Ihnen schließlich die Rechnung vor. Diese ist jedoch nicht auf die 1.400 Euro ausgestellt, die Sie bereits für sich selbst ausgerechnet haben, sondern auf 141.400 Euro, also dem über einhundertfachen des erwarteten Betrags.

Sie würden vermutlich erst einmal in Ohnmacht fallen und nach anschließendem Erwachen voller Verwunderung fragen, warum die Rechnung so derart hoch sei, dass sie diesen Urlaub bis an ihr Lebensende abbezahlen müssen? Der Wagenverleiher wundert sich und verweist auf den Vertrag, denn dort stehe doch ganz deutlich im Kleingedruckten, dass die Nutzungsgebühr für Fahrten durch Nicht-EU-Länder pro Tag 35.000 Euro koste. Und laut dem GPS-Empfänger waren Sie volle vier Tage in der Schweiz. Das ergebe zusätzliche 140.000 Euro und müsse entsprechend bezahlt werden. Da könne man gar nichts machen, Vertrag sei Vertrag. Zudem hinge doch im Verkaufsraum extra noch einmal ein Schild, das auf diesen erhöhten Preis hinweise. Sie schauen sich um und entdecken nach langem Suchen ein kleines schwarzes Schild mit dunkelgrauer Schrift, das knapp über dem Boden hinter einer Pflanze hängt. Darauf steht tatsächlich die Preisliste für Fahrten durch Nicht-EU-Länder. Sie wundern sich über dieses Beispiel? Natürlich, denn es ist abstrus. Kein Wohnmobilverleiher würde derartige Verträge aufstellen. Und kein Kunde müsste solche hohen Rechnungen akzeptieren, vor Gericht hätten sie niemals Bestand. Denn der Hinweis auf die erhöhten Kosten wäre sowohl im Vertrag als auch im Geschäft viel zu klein und versteckt angebracht. Mobilfunkanbieter denken da anders. Sie meinen, ihren Kunden in Nicht-EU-Ländern Kosten in Höhe von tausenden von Euro in Rechnung stellen zu dürfen, ohne die Kunden auf diese Kostenfallen vorher entsprechend hinweisen zu müssen.

Hinzu kommt, dass derartige Kosten ohne jegliche Rechtfertigung sind, denn rein tatsächlich haben die Provider solche Kosten überhaupt nicht zu bezahlen. Von einigen seriösen Mobilfunkanbietern habe ich im Zusammenhang mit der einen oder der anderen Fallbearbeitung schon öfter erfahren, dass solche Internetverbindungen kostenfrei intern storniert werden können, da der Anbieter selbst diese nicht bezahlen muss. Konkret heißt das, dass der Roamingpartner im Ausland keine Rechnung für die individuelle Nutzung eines Kunden aufstellt. Die Beträge, die der Kunde in seiner monatlichen Abrechnung vorfindet, sind vom Provider nicht zuvor selbst an seinen Partner im Ausland beglichen worden. Hier liegen meist Rahmenverträge vor, die die Nutzung und die Kostenaufteilung regeln, individuelle Rechnungen für jeden einzelnen Kunden werden nicht zwischen den Ländern hin- und hergeschickt.

Das erscheint als nachvollziehbar, denn wie sonst könnte ein Anbieter eine Auslands-Flatrate anbieten? Solche sind meist eher günstig, und kosten beispielsweise fünf Euro für ein Volumen von 500 Megabyte Auslandsnutzung. Wie aber kann der selbe Anbieter einmal fünf Euro abrechnen, ein anderes mal mehrere tausend Euro? Und dies für die selbe Leistung? Würde sich da der ausländische Roaming-Partner nicht beschweren? Nein, natürlich nicht, denn wie gesagt, beruhen die Preismodelle zwischen den Ländern nicht auf der individuellen Nutzung des Kunden.

Das aber bedeutet wiederum, dass den Anbietern überhaupt keine besonders hohen Kosten für die mobile Internetnutzung im außereuropäischen Ausland entstehen können. Diese sollten maximal im Bereich derjenigen Beträge liegen, die für entsprechende Flatrates berechnet werden.

Denn kein Provider würde die Kosten einer Auslandsflatrate niedriger ansetzen, als sie tatsächlich sind, sonst hätte er am Ende keinen Gewinn, sondern nur Unkosten.

Diese Überlegungen machen deutlich, dass jegliche überhöhten Preise in der Handyrechnung für eine mobile Internetnutzung im Ausland nur auf den Preislisten der Anbieter beruhen, nicht jedoch auf den tatsächlich entstandenen Kosten.

Das wiederum bedeutet, dass Sie als Kunde nie mehr für eine mobile Auslandsnutzung bezahlen sollten, als eine Flatrate für das jeweilige verbrauchte Volumen kosten würde. Seien Sie also vorsichtig, wenn Ihnen Ihr Anbieter plötzlich überhöhte Rechnungen für angebliche mobile Internetnutzungen im Ausland ausstellt.

Unabhängig von diesen Überlegungen fordere ich in derartigen Angelegenheiten die beteiligten Mobilfunkanbieter regelmäßig dazu auf, die angeblich im Ausland entstandenen Kosten nachzuweisen. Konkret bitte ich um die Abrechnung mit dem beteiligten Roamingpartner, bzw. darum, dass dieser sich angesichts der hohen Abrechnung mit mir in Verbindung setzt, um die Frage der Kostenstornierung direkt klären zu können. Bis heute war kein einziger der von mir angeschriebenen deutschen Mobilfunkprovider in der Lage, mir eine solche Abrechnung vorzulegen. Das ist Anlass zum Nachdenken, verwundert angesichts der obigen Überlegungen aber nicht. Denn wo keine Rechnungen ergehen, können sie auch nicht vorgelegt werden.

Ein weiteres Problem in derartigen Angelegenheiten ist das, dass die Handyrechnung viel zu ungenau ist, um eine exakte Nachprüfung vornehmen zu können. Bei telefonischen Verbindungen zeigt der Einzelverbindungsnachweis auf, zu welchem Zeitpunkt wie lange eine bestimmte Rufnummer angerufen wurde. Ähnliches gilt für SMS, die über den Einzelverbindungsnachweis konkret nachvollzogen werden können. Was aber ist mit den Internetverbindungen?

Eigentlich müsste der Mobilfunkprovider auch hier seine Rechnung so konkret gestalten, dass der Kunde nachvollziehbar erkennen kann, wann er welche Internetverbindungen aufgebaut hat, bzw. über welche Applikationen der Internetaufbau geschah.

In Bezug auf eine vollständige Rechnung heißt es im Telekommunikationsgesetz: *„Der Teilnehmer kann von dem Anbieter von öffentlich zugänglichen Telekommunikationsdiensten jederzeit mit Wirkung für die Zukunft eine nach Einzelverbindungen aufgeschlüsselte Rechnung (Einzelverbindungsnachweis) verlangen, die zumindest die Angaben enthält, die für eine Nachprüfung der Teilbeträge der Rechnung erforderlich sind."*

Damit gibt das Gesetzbuch dem Kunden recht, denn warum sollte diese Pflicht nur für Telefonate und SMS gelten? Gerade bei der Internetnutzung, bei der sehr hohe Rechnungsbeträge entstehen können, sollte eine genaue Überprüfung möglich sein. Es existiert sogar ein Gerichtsurteil, in dem das Gericht feststellt, dass eine gewöhnliche Rechnung nicht ausreichend ist, um eine tatsächliche Internetnutzung nachzuweisen, da aus der Rechnung nicht hervorgeht, welche Seiten des Internet tatsächlich über das Handy aufgerufen wurden.

Gut, nun mag sich manch einer denken, dass dies bei Internetnutzungen ohnehin nicht möglich ist. Denn wie soll ein Mobilfunkprovider die einzelnen vom Nutzer aufgerufenen Internetseiten protokollieren? Wie soll er wissen, welche mobilen Applikationen er nutzt, und welches Datenvolumen diese generieren?

Sie werden erstaunt sein, wenn ich Ihnen jetzt sage, dass dies möglich wäre. Denn Ihr Provider hält viel mehr in seinen Protokolldateien fest, als Sie glauben. Ich habe es bereits mit eigenen Augen gesehen, mir wurden derartige Dateien vorgelegt. Darauf dokumentierte der Anbieter zeitlich genau, wann welche Internet-Homepage vom Kunden aufgerufen wurde, und welches Datenvolumen dabei entstanden ist. Ich vermute, dass dies jeder Provider in Deutschland so handhabt, kann das aber natürlich nicht beweisen. Angesichts der momentan herrschenden Datenmissbrauchsangst wird sicherlich jeder Anbieter besonders darauf achten, dass solche Umstände nicht an die Öffentlichkeit geraten. Das sind aber nur Vermutungen.

Wie dem auch sei, technisch wäre damit ein Einzelverbindungsnachweis auch bei Internetnutzungen vermutlich möglich. Und liegt dem Kunden erst einmal eine überhöhte Handyrechnung vor, so würde sich dieser sicherlich sehr freuen, wenn er anhand eines solchen Protokolls überprüfen könnte, ob die ihm in Rechnung gestellten Datenvolumen tatsächlich generiert wurden.

Unabhängig vom EU-Kostenairbag unterliegt der Mobilfunkanbieter als Vertragspartner meines Mandanten außerdem einer gewissen Schutzverpflichtung, um unnötigen Schaden von ihm abzuwenden. Das gilt in jedem zweiseitigen Vertragsverhältnis, denn die eine Vertragspartei muss immer darauf bedacht sein, dass der anderen kein unnötiger Schaden entsteht.

In einem Gerichtsurteil wurde dazu bereits eine wichtige Grundaussage getroffen: „*In einem Dauerschuldverhältnis trifft jede Vertragspartei die Fürsorgepflicht, möglichst Schaden von der anderen Seite abzuwenden und deshalb kurzfristig auf ein schadensträchtiges Verhalten der anderen Seite zu reagieren. Ein Telekommunikationsunternehmen kann deshalb verpflichtet sein, den Internetzugang eines Kunden bei einem sehr ungewöhnlichen Nutzungsverhalten, bei dem sich der Eindruck einer ungewollten Selbstschädigung geradezu aufdrängt, kurzfristig zu sperren, um so weiterem Schaden vorzubeugen."*

Auf den hier vorgestellten Fall umgesetzt würde das bedeuten, dass der Provider, spätestens nachdem die ersten überhöhten Internetkosten entstanden sind, eine Verbindungstrennung hätte herbeiführen müssen. Dass keine Echtzeitüberwachung möglich ist und die Verbindungsdaten nur zeitverzögert beim Anbieter in Deutschland ankommen, spielt dann keine Rolle. Denn irgendwann treffen die Daten ein, und spätestens dann kann das Unternehmen erkennen, dass etwas nicht stimmt. Springt der Rechnungsbetrag im Vergleich zu den Vormonaten plötzlich steil nach oben, so muss ein Schutzmechanismus eingreifen. Ist das nicht der Fall, so führt ein fehlender Schutz zu einem unberechtigten Forderungsbetrag, die Rechnung ist fehlerhaft.

Zurück zum Fall. Nachdem ich den Mobilfunkanbieter meines Mandanten angeschrieben hatte, zeigte sich dieser zunächst stur und beharrte auf seinen Forderungen. Er ging davon aus, dass die Rechnung korrekt erstellt wurde, und der Kunde die Internetverbindungen aus Montenegro zu bezahlen habe. Auf die von mir aufgeführten Argumente, warum die Handyrechnung doch nicht so ganz richtig sei, konnte er nichts erwidern.

Ich hatte den Eindruck, dass der Provider eher aus Prinzip an seinen Forderungen festhalten wollte, jedoch nichts gegen die rechtlichen Einwendungen vorzubringen hatte. Erneut behauptete der Anbieter, der Kunde habe bereits bei Vertragsabschluss dem EU-Kostenlimit widersprochen, und sei hierüber per SMS informiert worden. Nachweise für diese Behauptungen konnte der Mobilfunkprovider aber nicht vorlegen.

Was ich bei diesen Fällen immer wieder erlebe, ist, dass ein einmal deaktivierter Kostenschutz nicht von alleine wieder aktiviert wird. Auch wenn das vorgestellte Beispiel anderes vermuten lässt, so wird der Hinweis über den Kostenairbag in den meisten Fällen ordnungsgemäß per SMS an die Kunden versendet. Auch die Hinweispflicht kurz vor Erreichen des Limits von 59,50 Euro funktioniert meist. Wird der Kunde dann per SMS vor die Wahl gestellt, ob er den Kostenschutz ausstellen möchte, und der Kunde entscheidet sich für das Deaktivieren, so bleibt der Kostenschutz jedoch aus. Und zwar für immer, nicht nur für die Zeit des Aufenthalts in dem jeweiligen Land.

Das heißt, selbst nach einem Jahr, wenn bereits die nächste Urlaubsreise angetreten wird, ist der Kostenairbag noch immer deaktiviert. Das wird von fast allen Mobilfunkanbietern so gehandhabt, und lässt einen mit Verwunderung zurück.

Im Hinblick auf einen möglichst effektiven Schutz vor überhöhten Schockrechnungen wäre es seitens der Provider kundenfreundlicher, wenn diese den Kostenschutz automatisch erneut aktivieren würden, sobald der Kunde in ein anderes Land oder zurück nach Deutschland kommt. Bleibt der Kostenairbag ausgeschaltet, so sollte der Kunde über diesen Umstand zumindest hingewiesen werden. So aber erfolgt überhaupt keine Benachrichtigung, der Kunde wird in Hinsicht auf die Gefahr der deaktivierten Kostenobergrenze vollständig im Dunkeln gelassen. Hier wäre ein wenig mehr Informationen seitens der Mobilfunkanbieter sinnvoll.

Eine andere Möglichkeit läge darin, dass die Provider gesetzlich dazu verpflichtet werden, bei jedem Grenzübertritt des Kunden erneut per SMS darauf hinzuweisen, ob der Kostenschutz derzeit an oder aus ist. Am einfachsten wäre es natürlich, wenn der Schutz sich bei Einreise in ein neues Land von selbst wieder aktivieren würde und der Kunde hierzu einen kurzen Hinweis erhält.

Ein weiterer Umstand, der mich bei derartigen Fällen immer wieder irritiert, ist der, dass anscheinend bei den Nicht-EU-Ländern eine Echtzeitüberwachung unmöglich ist. Meine Kanzlei bearbeitet häufig solche Sachverhalte, und es fällt auf, dass in nahezu allen denkbaren Nicht-EU-Ländern, in die deutsche Handybesitzer einreisen, die für den EU-Kostenschutz notwendige Echtzeitüberwachung unmöglich erscheint. Wären es nur ein paar, so könnte man noch meinen, dass dies eben so ist und dort technisch nicht anders realisierbar sei. Doch meine Mandanten erleben Horrorrechnungen aus allen diesen Ländern. Dann aber wiederum nur von einigen Anbietern, nicht von allen. Von manchem Provider erhalte ich nie eine überhöhte Handyrechnung vorgelegt, stattdessen sind es immer wieder dieselben, die Kostenärger verursachen. Haben manche Mobilfunkanbieter Ihre Überwachung nicht im Griff? Oder möchten sie auf diese Weise einfach ein bisschen mehr Umsatz generieren, während andere bereits entstandene Verbindungskosten still und kundenfreundlich intern stornieren? Ein Schelm, wer böses dabei denkt.

Bitte stellen Sie, sobald Sie Deutschland verlassen, immer Ihre „mobilen Daten" auf dem Handy auf „aus", und deaktivieren zudem das Datenroaming. Dann akzeptiert Ihr Mobiltelefon Internetverbindungen nur noch per WLAN, beispielsweise von Ihrem Hotel, und Sie sind auf der sicheren Seite. Das Handy nur in den „Flugmodus" zu versetzen reicht bei manchen Handytypen nicht aus und birgt nach wie vor die Gefahr mobiler Datennutzung.

Teures Surfen auf dem Schiff

Welche Geldfalle droht hier? Sie machen im Urlaub eine Schiffsreise und erhalten nach der Rückkehr in Deutschland eine Handyrechnung über mehrere tausend Euro.

So wie es aussieht, haben die Mobilfunkanbieter nicht nur das außereuropäische Ausland für sich entdeckt, um besonders hohe Rechnungen stellen zu können, sondern auch eine Stelle innerhalb Europas: Das Schiff. Betreten Sie ein Schiff, egal ob Fährschiff oder Kreuzfahrtschiff, so müssen Sie damit rechnen, dass Ihre gesamten für die EU geltenden Flatrates plötzlich nicht mehr gelten. Stattdessen droht erneut die Gefahr abstrus hoher Handyrechnungen.

Einer meiner Mandanten bestieg Ende Juli mit seiner Freundin eine Fähre, die vom italienischen Festland auf die Insel Sardinien fuhr. Das Schiff verließ früh um 8 Uhr den Hafen und sollte gegen 13.30 Uhr auf Sardinien eintreffen.

Mein Mandant hatte vor seiner Italienreise eine spezielle Option zu seinem Mobilfunkvertrag hinzugebucht, die es ihm erlaubte, innerhalb der EU bei Bedarf das mobile Internet nutzen zu können. Die Kosten lagen pro Tag bei drei Euro für ein Volumen von 75 Megabyte, egal in welchem Land.

Dementsprechend ging mein Mandant davon aus, dass er sein Handy auch auf dem Fährschiff nutzen konnte, um im Internet zu surfen. Denn schließlich bewegte er sich innerhalb Italiens, das zur EU gehört. Er verließ auch nicht die Grenzen des Landes, sondern fuhr auf dem Seeweg vom einen Teil Italiens zu einem anderen.

Laut Rechnung war deutlich erkennbar, dass der Kunde um 8.56 Uhr erstmalig die mobilen Daten auf seinem Handy aktivierte. Das Einschalten des Handys als auch das Einschalten der mobilen Daten verlief wie immer, es erfolgte keine spezielle Hinweis-SMS, wie das bei der Einreise in ein anderes Land der Fall ist. Auf dem Schiff selbst waren keine besonderen Hinweisschilder oder sonstigen Warnungen angebracht. Alles funktionierte wie gehabt, das Handy war an, die mobilen Daten aktiv, mein Mandant konnte problemlos im Internet surfen.

Leider musste er bereits nach kurzer Zeit feststellen, dass die Verbindungsgeschwindigkeit auf dem Schiff außerordentlich langsam war. Ein Surfen war lediglich per „E" möglich, also per „Edge-Modus". Jeder, der ab und zu sein Handy für das mobile Internetsurfen nutzt, weiß, wie unglaublich langsam diese Verbindungsgeschwindigkeit ist. Normales Surfen ist nahezu unmöglich. Aus diesem Grund entschloss sich mein Mandant dazu, die mobilen Daten wieder zu deaktivieren, um sein tägliches Datenvolumen nicht zu verbrauchen. Er hatte es am selben Tag erst zu einem späteren Zeitpunkt wieder angestellt, als er und seine Freundin bereits auf Sardinien angekommen waren.

Aus der späteren Handyrechnung war ersichtlich, dass diese kurze Nutzung mobiler Daten einen Betrag von 120,67 Euro kostete. Angeblich hatte meine Mandant in dieser kurzen Minute des Einschaltens einen Verbrauch von knapp sechs Megabyte gehabt. Dabei war das Handy nur ungefähr eine Minute in Betrieb, und das auch nur mit der Verbindungsgeschwindigkeit „Edge". Es erscheint als unrealistisch, dass in diesem kurzen Zeitraum so viele Daten über die Handyantenne wanderten. Zudem stand seine Freundin neben ihm und konnte bezeugen, dass die Nutzung nur sehr kurz und kaum möglich war.

Die 120 Euro standen nun auf der Rechnung, von den Kosten des EU-Internetpakets für diesen Tag war aber weit und breit nichts zu sehen. Das bedeutete, der Provider meines Mandanten hatte das Reisevolumen für jenen Tag überhaupt nicht aktiviert, und lediglich die reinen Nutzungskosten ohne EU-Tagesflatrate abgerechnet.

Mein Mandant konnte sich in keinster Weise erklären, wie es zu diesem hohen Rechnungsposten kommen konnte. Weder für ihn noch für seine Partnerin war in irgend einer Weise erkennbar, dass auf dem Schiff höhere Kosten anfallen könnten als an Land. Wie bereits dargestellt, hatte er beim Wechsel des Handynetzes im Ausland bisher immer eine SMS von seinem Provider erhalten, welche ihn darauf hinwies, dass nun andere, gesonderte Tarifbedingungen gelten.

Natürlich wollte mein Mandant das so nicht hinnehmen und wandte sich schriftlich an den Anbieter. Dieser meinte, der Kunde hätte sein Display anschauen müssen, dort wäre eine andere Netzbezeichnung erkennbar gewesen. Ein Fährschiff würde ein eigenes Satellitensystem nutzen, um Verbindungen zum Internet herzustellen. Ein solches sei selbstverständlich mit wesentlich höheren Kosten verbunden. Der normale EU-Auslandstarif bzw. EU-Auslands-Flatrates würden aus diesem Grund nicht gelten. Daher weist der Anbieter seine Kunden immer per SMS auf die Gefahr erhöhter Kosten hin, sobald sie ein Schiff betreten und das Handy sich in das schiffsinterne Netz einwählt.

Eine derartige SMS hatte mein Mandant nie erhalten, und ein solches Symbol auf dem Display hatte er nicht gesehen. Es waren wie immer nur die üblichen Zeichen am oberen Displayrand aufgetaucht, ein davon abweichendes wäre ihm bestimmt aufgefallen. Alles hatte ganz normal funktioniert, nur sehr langsam. Dass er nun für das kurze Einschalten seines Handys über hundert Euro bezahlen soll, sah er nicht ein.

Der Anbieter blieb stur, er verwies noch einmal auf seine Warn-SMS und meinte, da könne man nichts machen, diese Kosten sind selbstverschuldet und müssten vom Kunden bezahlt werden.

In rechtlicher Hinsicht ist das natürlich nicht so, denn der Provider gab seinem Kunden falsche Informationen. Die Warn-SMS konnte der

Mobilfunkanbieter nicht nachweisen, und mein Mandant hatte seine Freundin als Zeugen, dass keine anderen neuen Symbole auf dem Handydisplay waren.

Sollten Sie ein Schiff betreten, egal wo und egal wohin, so ist mein dringender Rat, unbedingt das Handy auszulassen. Ich kenne inzwischen zu viele Fälle aus meinem Kanzleialltag, als dass ich hier eine gefahrlose Zone aussprechen könnte. Das Gegenteil ist der Fall, die Anbieter informieren nicht rechtzeitig genug oder überhaupt nicht über die erhöhten Kosten auf einem Schiff, und der Kunde hat am Ende die hohe Rechnung im Briefkasten.

Falls es schon zu spät ist und Sie eine solche Rechnung bereits erhalten haben, so legen Sie gegen diese unbedingt schriftlich Widerspruch ein. Schildern Sie die Situation so ausführlich wie möglich, und stellen Sie dar, dass Sie in keinster Weise erkennen konnten, dass auf einem Schiff erhöhte Internetkosten entstehen. So manch ein Provider erklärt sich dann glücklicherweise dazu bereit, den Rechnungsanteil zu stornieren.

Einige Provider lassen es erst gar nicht so weit kommen, sie verhindern derartige Rechnungsposten bereits im Zeitpunkt des Entstehens oder nehmen eine interne Stornierung vor, ohne dass der Kunde es bemerkt. Die Fälle, die ich in meiner Kanzlei habe, sind immer auf dieselben Anbieter zurückzuführen. Bei den anderen kann man davon ausgehen, dass sie sich in dieser Hinsicht kundenfreundlich verhalten und wissen, dass solche überhöhten Rechnungsposten auf Kreuzfahrtschiffen oder auf Fähren mit Sicherheit nicht absichtlich hervorgerufen wurden. Ich hoffe, dass bald alle anderen Anbieter ebenso umschwenken und ihren Kunden nicht mehr mit überhöhten Rechnungen die Urlaubsfreude nachträglich vereiteln.

Handydiebstahl in Barcelona

Welche Geldfalle droht hier? Ihnen wird im Urlaub das Handy gestohlen. Anschließend verursacht der Dieb eine Handyrechnung im Bereich von mehreren tausend Euro.

Es gibt sehr schlechte Menschen auf dieser Welt. Ein paar von diesen leben in Spanien und fühlen sich anscheinend dazu auserkoren, speziell Touristen das Leben schwer zu machen. Besonders in Barcelona kommt es immer wieder vor, dass Reisenden das Mobiltelefon gestohlen wird. Dabei haben die Diebe nicht den Wert des Handys im Auge, sondern das, was man damit durch Anrufe verdienen kann.

Nach erfolgtem Diebstahl findet daher regelmäßig der immer gleiche Ablauf statt: Das Handy wird unmittelbar nach der Entwendung dazu benutzt, um besonders teure Servicerufnummern anzurufen. Meist führen diese aus Spanien heraus, oft in Länder Afrikas. Eine einzelne

Minute Anrufzeit an diese Nummern kostet mehrere Euro, so dass schnell Handyrechnungen über einige tausend Euro entstehen können. Vermutlich schalten die Diebe derartige Rufnummern bereits im Vorfeld, um dann selbst über diese abkassieren zu können.

Das geht einfach: Auch in Deutschland ist es beispielsweise möglich, eine eigene kostenpflichtige Servicerufnummer zu beantragen, z.B. für eine Beratungshotline oder eine Infonummer. Der Minutenpreis kann dann 1,99 Euro betragen, 2,99 Euro, oder mehr. Anschließend muss man nur noch auf Anrufer warten, die die Nummer nutzen, um mit jeder angerufenen Minute Geld zu verdienen. Denn das Unternehmen, das die Servicerufnummern bereitstellt, behält lediglich einen vorher festgelegten Eigenanteil, der Rest des Minutenpreises wird an den Auftraggeber ausgezahlt.

So könnte ein Anwalt beispielsweise eine Beratungsnummer auf seine Homepage setzen, unter der er telefonische Rechtsberatung anbietet. Das hat für den Anrufenden den Vorteil, dass er schnell und unkompliziert Rechtsrat direkt vom Anwalt erhält, und anhand der Telefonatsdauer die Kosten genau im Blick behalten kann. Manche Anwälte bieten das sogar tatsächlich an.

Um dem Umsatz mit solchen Servicerufnummern ein wenig auf die Sprünge zu helfen, stehlen die hier angeprangerten spanischen Diebe Handys von Touristen.

So erging es einem meiner Mandanten, der Anfang August einen Kurzurlaub in Barcelona verbrachte. Gegen 18.30 Uhr wurde ihm sein Mobiltelefon gewaltsam entwendet, als er gerade auf einer Rolltreppe stand. Hinter im befand sich eine ca. 50-jährige Frau südländischer Herkunft, die ihn plötzlich festhielt. Im selben Moment langte sie in seine rechte Hosentasche und entnahm aus dieser das Smartphone meines Mandanten. Fast gleichzeitig schubste sie den Bestohlenen nach vorne von ihr weg.

Als sich mein Mandant umdrehte, sah er, wie die Frau das Handy einer zweiten männlichen Person übergab. Er hielt die Frau fest und machte lautstark auf sich und den Mann mit seinem Mobiltelefon aufmerksam. In diesem Moment eilte eine dritte männliche Person der Frau zur Hilfe und hinderte meinen Mandanten daran, die Frau weiter festzuhalten. Vollkommen eingeschüchtert und geschockt ließ mein Mandant die Frau los, und alle drei Diebe liefen davon. Es sah aus, als ob das ganze ein einstudierter Ablauf war und bereits mehrfach durchgeführt wurde.

Gleich nach dem Vorfall begab sich das Diebstahlopfer in sein Hotel und versuchte, die SIM-Karte telefonisch über den Kundenservice seines Anbieters sperren zu lassen. Leider konnte er diesen nicht sofort erreichen, er musste sehr lange Zeit in der Warteschlange verbringen. Schließlich gab er auf, die Kundenhotline war dauerhaft nicht erreichbar, und begab sich zu einem Internetterminal in seinem Hotel. Dort loggte er sich in seinen Kundenaccount ein und ließ die SIM-Karte sperren. Zu diesem Zeitpunkt war es bereits 23.10 Uhr geworden.

Sofort am nächsten Morgen begab er sich zu einer Polizeidienststelle in Barcelona, um den Diebstahl zur Anzeige zu bringen. Das gelang auf Englisch ganz gut, und der dortige Polizeibeamte gab meinem Mandanten zu verstehen, dass er kein Einzelfall sei, es würden nahezu täglich solche Vorfälle gemeldet.

Als mein Mandant wieder zurück in Deutschland war, erhielt er von seinem Anbieter eine Handyrechnung über 1.536 Euro. Die Diebe hatten das gestohlene Mobiltelefon tatsächlich dazu genutzt, um von 19.07 Uhr bis 23.04 Uhr eine Rufnummer in Chile anzurufen. Anhand des Einzelverbindungsnachweises zeigte sich, dass immer wieder dieselbe Nummer angerufen wurde, vier Stunden lang. Dabei wurde die Nummer sogar mehrfach gleichzeitig angerufen, vermutlich über parallele Verbindungsaufbauten.

Nach Erhalt der Rechnung wandte sich mein Mandant an seinen Provider und legte Widerspruch gegen die hohe Rechnung ein. In seinem Schreiben erklärte er, was in Barcelona geschah, und dass die Verbindungen nach Chile nicht von ihm selbst aufgebaut wurden. Leider reagierte der Anbieter ablehnend. Er war der Ansicht, dass mein Mandant selbst schuld sei an dem Diebstahl und daher für alle Verbindungen aufkommen müsse, die über sein Handy geführt wurden. Zudem sei die Sperrung viel zu spät erfolgt, der Kunde hätte sich hier etwas mehr bemühen müssen, um eine sofortige Sperrung zu erzielen. Unverständlich sei zudem, warum erst so spät Strafanzeige bei der Polizei erstatte wurde.

Angesichts dieser abschmetternden Antwort war mein Mandant zunächst unsicher, ob er alles richtig gemacht hatte, oder ob er sich tatsächlich vollkommen falsch verhalten hatte, wie es ihm sein Anbieter vorhielt. Aber was hätte der Kunde besser machen sollen? Immerhin war er nach dem Diebstahlereignis sofort zurück in sein Hotel gegangen, um seine Karte sperren zu lassen. Dass er bei der telefonischen Kundenhotline niemanden erreichte, war nicht seine Schuld. Wäre er sofort zur Polizei gegangen, so hätte sich die Kartensperrung noch viel mehr verzögert. Und er wusste, dass die Sperrung schnell eingeleitet werden musste, damit kein Missbrauch mit der SIM-Karte betrieben würde.

Diese Überlegungen schilderte er seinem Anbieter, doch der blieb hart und ging weiterhin von einem Verschulden des Kunden aus. Er habe sich nun mal leichtfertig bestehlen lassen und müsse nun die Konsequenzen tragen.

Ganz so einfach, wie es sich der Provider hier macht, ist es in rechtlicher Hinsicht natürlich nicht. Denn die Argumente, die mein Mandant vortrug, sind sehr wohl zu berücksichtigen. Zwar besteht immer eine gewisse Eigenverantwortung für das Handy, und wer damit telefoniert, doch bei einem gewaltsamen Eingreifen von außen gelten andere Grundsätze. Entscheidend ist in derartigen Fällen vor allem, dass man konkret nachweist, dass die bestrittenen Verbindungen auf keinen Fall von einem selbst aufgebaut werden konnten. Hierzu dient die Schilderung des Diebstahlvorgangs, als auch der Nachweis der polizeilichen Anzeige über den Diebstahl. Hat man Zeugen dabei, die alles beobachtet haben, so können diese den Vorgang beweisen und sollten gegenüber dem Provider mit Name und Adresse benannt werden.

Selbst wenn man alleine war und keine Beweise für den Diebstahl hat, kann dennoch anhand des Einzelverbindungsnachweises dargestellt werden, dass die Telefonate in keinem Fall von einem selbst geführt werden konnten. Meist verhält es sich so, dass in einem solchen Sachverhalt Verbindungen an die immer gleiche Zielrufnummer aufgebaut werden, noch dazu im Minutentakt und teilweise parallel über viele Stunden hinweg.

So war es auch in diesem Fall. Das alles muss dem Mobilfunkanbieter genau geschildert werden, so dass dieser alleine aus dem Einzelverbindungsnachweis erkennen kann, dass eine fremde dritte Person einen illegalen Eingriff auf das Handy verübt hat.

Dieser Vorgehensweise folgt auch die Rechtsprechung, denn so hat beispielsweise bereits ein deutsches Gericht festgestellt, dass derartige Rechnungen, die auf einem nicht nachvollziehbaren und evtl. fehlerhaften Einzelverbindungsnachweis beruhen, nicht gegen den Kunden eingefordert werden können. Ist der Einzelverbindungsnachweis in sich unlogisch, so bedarf es weiterer Beweise, die die aufgebauten Verbindungen nachweisen könnten.

Der Provider kann nicht einfach vor Gericht gehen und die überhöhte Handyrechnung vorlegen. Der Richter wird dann sagen, dass dies nur ein Stück Papier ist, das keinen Beweis dafür liefert, dass der Kunde die Telefonate selbst geführt hat. Das Gericht fordert in einer solchen Situation weitere Beweise des Providers, die dieser natürlich nicht erbringen kann. In dem Moment hat der Kunde vor Gericht gewonnen.

Selbst das Gesetz verweist darauf, dass der Kunde keine Verbindungen bezahlen muss, die ein Fremder gegen den Willen des Kunden ge-

führt hat. Im Telekommunikationsgesetz heißt es hierzu: *Soweit der Teilnehmer nachweist, dass ihm die Inanspruchnahme von Leistungen des Anbieters nicht zugerechnet werden kann, hat der Anbieter keinen Anspruch auf Entgelt gegen den Teilnehmer.*
Aus diesen Gründen landen derartige Fälle kaum noch vor Gericht, es sind nahezu immer außergerichtliche Lösungen möglich.

Sollte Ihnen dergleichen passieren, so gehen Sie bitte unbedingt in den schriftlichen Widerspruch gegen die Handyrechnung. Stellen Sie genau dar, was passiert ist, wie es zu dem Diebstahl kam, und welche Bemühungen Sie anschließend unternommen haben, um die Karte sperren zu lassen. Legen Sie Ihrem Widerspruch die Strafanzeige der Polizei bei, und benennen Sie Zeugen, die den Diebstahl beobachtet haben. Gibt es Zeugen, die Ihre Bemühungen zur Sperrung der SIM-Karte bestätigen können, so benennen Sie diese. Denn dann wird dem Anbieter deutlich vor Augen geführt, dass Sie die in Streit stehenden Gespräche nicht selbst geführt haben können, wenn Sie in der selben Zeit nachweislich mit der Kartensperrung beschäftigt waren.

Dass der soeben vorgestellte Sachverhalt kein Einzelfall ist, zeigt das folgende Geschehen eines weiteren Falls aus meiner Kanzlei.

Mein Mandant verbrachte Mitte September einen Urlaub mit drei Freunden in Barcelona. Während eines Discobesuchs wurde ihm zwischen zwei und drei Uhr morgens mitten auf der Tanzfläche das Handy aus der vorderen linken Hosentasche gestohlen. Natürlich konnte mein Mandant das nicht sofort bemerken, auf der Tanzfläche waren aufgrund der Menschenmenge und des damit verbundenen Platzmangels ständig irgendwelche Berührungen zu spüren. Als er schließlich die Tanzfläche verließ, um sich an der Bar etwas zu trinken zu holen, wollte mein Mandant das Handy aus der Hosentasche nehmen. Erst jetzt bemerkte er, dass das Mobiltelefon entwendet worden war. Die anschließende Rechnung seines Anbieters lag bei horrenden 3.480 Euro.

Sie sehen, ein ähnlicher Fall wie der erste. Natürlich sind beide Bestohlenen nicht ganz unschuldig, denn sie trugen ihr Handy in der Hosentasche, was man eher vermeiden sollte. Dennoch, ein Diebstahl ist immer ein illegaler Eingriff in die persönliche Integrität, entzieht sich also der eigenen Verschuldenssphäre. Das heißt, man muss sich nicht dafür verantworten lassen, dass andere Menschen einen illegalen Angriff auf einen selbst führen. Es besteht in rechtlicher Hinsicht keine Verpflichtung dazu, sein Mobiltelefon an bestimmten Körperstellen zu tragen, und an anderen nicht. Insofern sind in beiden Fällen die nach dem Diebstahl geführten Telefonate nicht dem Kunden zuzurechnen und nicht von ihm zu bezahlen.

Sollten Sie sich auf Reisen befinden, vor allem im spanischen Ausland, so bitte ich Sie, Ihr Handy so sicher wie möglich aufzubewahren. Am besten ist immer eine Tasche, die mit einem Reißverschluss verschlossen dicht am Körper geführt werden kann. Das Handy selbst empfehle ich mit einer PIN-Tastensperre zu sichern. Ist es bereits passiert, und Ihr Handy wurde gestohlen, so suchen Sie sofort ein Internetcafe auf, um dort über Ihren Kundenaccount eine Kartensperrung durchzuführen. Das geht schneller, als sich stundenlang erfolglos in der telefonischen Hotline herumzuquälen.

Ein weiterer meiner Mandanten befand sich ebenfalls in Barcelona und musste dasselbe Geschehen mitmachen, wie die beiden anderen Diebstahlsopfer oben. Er war Anfang März mit zwei Freunden in Barcelona und zog jede Nacht durch die Bars der Innenstadt. An einem Abend befanden sie sich in einem nobel wirkenden Club und gaben gegen 1.30 Uhr vertrauensvoll ihre Jacken an der Garderobe ab. Mein Mandant war ein wenig zu vertrauensvoll, er ließ auch seinen Geldbeutel und sein Handy in der Jackentasche. Als er gegen sechs Uhr früh den Club verließ, vergaß er völlig, seine Jacke an der Garderobe abzuholen. Als er das im Hotel bemerkte, war es schon zu spät, denn der Club hatte inzwischen geschlossen. Erst in der folgenden Nacht öffnete das Etablissement um 23 Uhr seine Pforten erneut, so dass es meinem Mandanten erst dann möglich war, seine Jacke an der Garderobe abzuholen. Diese war noch da, sogar der Geldbeutel, aber nicht das Handy.

Als er schließlich die Handyrechnung erhielt, wurde deutlich, dass das Mobiltelefon zeitnah nach Abgabe in der Garderobe entwendet worden sein musste, denn bereits ab zwei Uhr in der Nacht des Clubbesuchs fingen die Verbindungen an verschiedene außereuropäische Zielrufnummern an. Auch hier wurden immer und immer wieder die selben Nummern angerufen, teilweise zeitgleich parallel. Jener Prozess setzte sich über mehrere Stunden hinweg fort, bis eine automatische Sperrung durch den Anbieter erfolgte. Vermutlich hatte der Provider das ungewöhnlich hohe Verbindungsaufkommen registriert und eine Verbindungskappung vorgenommen.

Mein Mandant hatte Glück im Unglück, denn er selbst wäre nicht dazu in der Lage gewesen, eine Kartensperrung vorzunehmen. Zum einen wusste er das Passwort für seinen Kundenaccount nicht, da er diesen so gut wie nie benutzt hatte. Zum anderen hatte er das Kennwort für die telefonische Hotline nicht im Kopf. Ohne dieses würden die Mitarbeiter seines Mobilfunkanbieters aber in keinem Fall eine Sperrung setzen. Beides befand sich in Deutschland, er aber war in Spanien. Aufgrund der automatischen Sperrung ging der Kunde davon aus, dass alles in Ordnung sei, und kümmerte sich nicht weiter um die Angelegenheit.

Erst als er zurück nach Deutschland kam, kontaktierte er den Provider und erfuhr nun, dass aufgrund einer außergewöhnlich hohen Rechnung die SIM-Karte gesperrt wurde. Der Mitarbeiter nannte ihm einen Betrag von 7.413 Euro. Nachvollziehbar, dass mein Mandant geschockt war.

Da er sich nun bereits wieder in Deutschland befand, war eine Strafanzeige bei der spanischen Polizei nicht mehr möglich. Der Kunde ging daher schnellstmöglich zur Polizei seiner Heimatstadt und erstattet wenigstens dort Anzeige, so dass er diese seinem Provider vorlegen konnte. Nach einer Weile ging die Rechnung bei ihm ein, und er sah, dass von den 7.413 Euro lediglich knapp 16 Euro berechtigt waren, die restlichen Verbindungen wurden durch den Dieb hervorgerufen.

Selbst wenn Sie hier lesen, dass bei derart hohen Rechnungen keine Gefahr droht, da die rechtlich Lage zugunsten des Kunden spricht, so möchte ich Sie dennoch bitten, immer vorsichtig im Umgang mit Ihrem Handy zu sein. Es ist besser, dass solche hohen Rechnungen erst gar nicht entstehen, alleine schon um die Schockwirkung nach deren Erhalt zu ersparen. Beherzigen Sie die oben vorgeschlagenen Grundsätze und passen immer genau auf, wo sich Ihr Handy befindet. Und machen Sie einen Urlaub, so schauen Sie sich vorher noch einmal alle Ihre Kundenkennwörter und PINs an, damit Sie im Falle eines Falles schnell reagieren und eine Kartensperrung vornehmen können. Am besten ist es, Sie führen die Passwörter auf einem Zettel mit sich, und bewahren diese getrennt vom Handy auf.

3.600 SMS von Handyvirus verschickt

Welche Geldfalle droht hier? Durch einen illegalen Eingriff von außen versendet Ihr Handy massenhaft SMS ins Ausland. Ihr Provider verlangt deren Zahlung, obwohl die Forderung unberechtigt ist.

Manchmal entstehen sehr hohe Handyrechnungen, ohne dass der Besitzer etwas davon mitbekommt, und ohne dass ihn eine Schuld daran trifft. Er merkt es meist erst dann, wenn sein Mobiltelefon vom Anbieter aufgrund zu hohen Verbindungsaufkommens gesperrt wurde, oder wenn die völlig überhöhte Monatsabrechnung eintrifft. Das sind beispielsweise Fälle, in denen sich ein Virus oder ein Trojaner auf dem Smartphone festsetzt und anschließend selbstständig Verbindungen an kostenpflichtige Servicenummern aufbaut oder eigenständig SMS ins Ausland versendet.

So erging es einem meiner Mandanten, auf dessen Handy sich vermutlich eine böswillige Applikation unsichtbar installierte, und anschließend eigenständig tausende von SMS in die USA versendete. Insgesamt wurden 3.600 SMS verschickt, jeweils zu mehreren Blöcken innerhalb einer Minute.

Los ging das ganze um 4.20 Uhr früh und endete erst gegen zehn Uhr am Vormittag, als der Mobilfunkanbieter eine automatische Verbindungskappung vornahm. Die SMS wurden im Sekundentakt verschickt, teilweise sogar mehrere SMS pro Sekunde. Ziel war immer die gleiche Rufnummer in den USA, und eine SMS wurde mit 29 Cent berechnet. Am Ende betrug die Gesamtsumme 1.044 Euro nur für die SMS.

Für den Kunden war es unerklärlich, wie das passieren konnte, denn er verwendet eine Antivirensoftware auf seinem Handy und hatte weder unseriöse Internetseiten angesurft noch Applikationen außerhalb des für das Betriebssystem zugelassenen App-Stores geladen.

Glücklicherweise reagierte sein Anbieter schnell und stoppte den ungehemmten SMS-Versand nach ungefähr fünf Stunden, so dass die Rechnung nicht noch mehr in die Höhe gehen konnte. Mein Mandant erfuhr von der Verbindungskappung durch eine SMS seines Anbieters, in der auf die Sperrung hingewiesen wurde. Gleich nach Erhalt dieser Information setzte er sich mit diesem in Verbindung, um zu erfahren, was passiert war. An der telefonischen Hotline erfuhr er schließlich von dem massenhaften SMS-Versand. Eine Erklärung hierfür konnte der Mitarbeiter nicht liefern, er verwies lediglich auf einen möglichen Virus oder Trojaner, der das Handy gekapert habe. Seine Empfehlung war, das Handy auf Werkseinstellungen zu setzen, was der Kunde schließlich auch machte.

Von den Kosten wollte sein Mobilfunkprovider nicht abrücken. Dieser argumentierte, dass der Kunde selbst für sein Handy verantwortlich ist, egal was damit passiert. Die hohe Rechnung sei somit auszugleichen. Um ein wenig Trost zu spenden, wies der Mitarbeiter meinen Mandanten darauf hin, dass dies beileibe kein Einzelfall ist, sondern immer wieder einmal vorkomme. Er hatte schon zahlreiche Beschwerden dieser Art am Telefon.

Durch das Rücksetzen auf die Werkseinstellungen wurden alle Daten im Handy meines Mandanten gelöscht, so dass er unglücklicherweise keinen Nachweis mehr für die bislang genutzten Einstellungen hatte. Er konnte also nicht mehr zur Polizei gehen und anhand der Settings in seinem Smartphone nachweisen, dass er selbst nichts falsch gemacht hatte. Das erkannte er leider erst, als die Rücksetzung bereits vorgenommen wurde.

Dennoch gab er nicht auf und appellierte schriftlich an die Kulanz seines Anbieters. Er bat um Löschung der SMS-Kosten, da er diese in keinster Weise verursacht hatte. Zumindest bot er eine gütliche Einigung an, dass er bei kulanter Stornierung gerne Kunde bleiben würde, obwohl er vor kurzem die Kündigung zum vertraglichen Laufzeitende erklärt hatte. Alternativ schlug er vor, dass er nur die tatsächlichen Kosten übernimmt, also die, die sein Provider an den Anbieter in den USA bezahlen müsse. Trotz allem blieb sein Mobilfunkprovider hart, er verlangte nach wie vor konsequent die Bezahlung der vollständigen Rechnung. An meinen Mandanten schrieb er: *Wir haben keinen Einfluss auf die in Ihrem Handy zusätzlich installierten Programme. Deshalb liegt in diesem Fall die Verantwortung beim Nutzer. Bitte haben Sie Verständnis, dass wir Ihnen aus den genannten Gründen keine Guthabenbuchung anbieten. Ich hoffe, dass Sie den Inhalt der Rechnung jetzt besser verstehen.*

Angesichts dieser niederschmetternden Nachricht war mein Mandant sehr enttäuscht, denn er hatte sich nach beinahe zwölf Jahren als Kunde etwas mehr Kulanz erhofft. Zumal er bis jetzt immer noch nicht wusste, wie der SMS-Versand überhaupt zustande kommen konnte, und ihn daran mit Sicherheit kein eigenes Verschulden traf.

Derartige Rechnungsbeträge müssen Sie in rechtlicher Hinsicht nicht hinnehmen, da diese auf rechtswidrige Weise zustande gekommen sind. Immer dann, wenn ein Abrechnungsposten auf der Mobilfunkrechnung erkennbar und nachweislich nicht vom Handybesitzer hervorgerufen wurde, sondern es sich um einen illegalen Angriff von außen handelt, besteht keine Zahlungspflicht. Wie bereits weiter oben dargestellt, schützt Sie das Gesetz vor der Begleichung solcher Rechnungen. Wichtig ist nur, dass Sie nachvollziehbar schildern und beweisen, dass die Verbindungen nicht von Ihnen stammen konnten.

In Fällen wie diesem ist das einfach, denn alleine schon aus dem Einzelverbindungsnachweis geht deutlich hervor, dass die SMS nicht vom Kunden gesendet worden sind. Es würde gegen jegliche Lebenserfahrung sprechen, dass ein Mobilfunkkunde SMS im Sekundentakt über mehrere Stunden hinweg an immer die gleiche Zielrufnummer im Ausland verschickt.

Liegt eine solche Situation vor, so fordern die Gerichte meist zusätzliche Nachweise für den Verbindungsaufbau, alleine der Einzelverbindungsnachweis reicht dann nicht mehr aus. Konkret bedeutet das, dass der Mobilfunkanbieter dem Richter weitere Nachweise liefern muss, dass der Kunde diese SMS-Verbindungen selbst hervorgerufen hat und diese auch versenden wollte. Das kann der Provider natürlich nicht, denn zum einen hat er keinen Einblick in Ihr Privatleben, und zum anderen scheitert ein solcher Nachweis alleine schon daran, dass Sie solche SMS nie tatsächlich verschickt haben.

178 Stunden Telefonate nach Nigeria

Welche Geldfalle droht hier? Ihr Handy baut Verbindungen ins Ausland auf, ohne dass Sie es bemerken. Anschließend fordert Ihr Anbieter deren Bezahlung, obwohl es sich um unberechtigte Forderungen handelt.

Ähnliches wie im soeben geschilderten SMS-Fall musste ein anderer meiner Mandanten erleben, diesmal ging es um stundenlange Gespräche in das afrikanische Land Nigeria.

Völlig überraschend und ohne jegliche Vorwarnung erhielt mein Mandant die monatliche Abrechnung seines Mobilfunkanbieters. Diese war ungewöhnlich hoch, denn es wurden 1.280 Euro für telefonische Verbindungen an eine unbekannte Rufnummer im Ausland abgerechnet. Erst durch eigene Recherche fand der Kunde heraus, dass es sich dabei um eine Zielrufnummer in Nigeria handelte. Insgesamt fanden sich Gespräche von einer Gesamtdauer von ca. 178 Stunden auf der Handyrechnung.

Mein Mandant kannte niemanden in Nigeria, er war da noch nie und würde auch niemals dort seinen Urlaub verbringen. Es bestand schlicht überhaupt keine Beziehung zu dem Land. Die im Einzelverbindungsnachweis aufgeführte Zielrufnummer kannte er nicht, und bei einer testweisen Anwahl der Telefonnummer konnte keine Verbindung hergestellt werden. Ähnlich wie im oben geschilderten SMS-Fall handelte es sich um die Anwahl der immer gleichen Rufnummer in sehr kurzen Abständen. Teilweise wurden mehrere Verbindungen parallel aufgebaut, manche waren mit nur wenigen Minuten sehr kurz, andere Verbindungen wiederum wiesen eine Dauer von ein paar Stunden auf.

Da der Rechnungsbetrag bereits abgebucht wurde, ließ der Kunde umgehend eine Rückbuchung direkt über seine Bank vornehmen. Anschließend überwies er nur die berechtigten Gebühren an seinen Anbieter, ohne die Verbindungskosten nach Nigeria. Gleichzeitig setzte er einen schriftlichen Widerspruch auf und erläuterte darin seinem Provider, dass er die Nummern nicht angewählt hatte und dass ihm unerklärlich sei, woher diese stammen. Im selben Schreiben entzog er dem Provider als Vorsichtsmaßnahme die Lastschriftermächtigung, so dass dieser keine Rechnungsbeträge mehr vom Bankkonto einziehen durfte.

Leider antwortete der Provider nicht, sondern ließ den Rechnungsbetrag nochmalig vom Bankkonto des Kunden abbuchen. Natürlich war meine Mandant damit nicht einverstanden und nahm erneut eine Rückbuchung vor. Aufgrund des zuvor geäußerten Lastschriftentzugs handelte es sich hier sogar um ein strafbares Verhalten des Mobilfunkanbieters, da ohne Bankeinzugsermächtigung Geld vom Konto abgehoben wurde.

Da eine Antwort seitens des Anbieters ausblieb, erklärte mein Mandant schließlich die außerordentliche und sofortige Kündigung aufgrund fehlerhafter Rechnungserstellung und strafbaren Verhaltens seitens des Providers. Das ist in einem solchen Fall rechtlich möglich, da der Kunde das Unternehmen bereits schriftlich dazu aufgefordert hatte, eine Rechnungskorrektur vorzunehmen bzw. überhaupt Stellung dazu zu beziehen. Spätestens durch die illegale Kontoabbuchung war die Kündigung gerechtfertigt, da der Kunde selbstverständlich kein strafrechtlich relevantes Verhalten seines Vertragspartners hinnehmen muss.

Erst nachdem mein Mandant die Kündigung ausgesprochen hatte, bequemte sich der Anbieter dazu, zu antworten. Er ging aber keineswegs auf die augenscheinlich fehlerhaft abgerechneten Verbindungen ein, sondern beschwerte sich alleine über die in seinen Augen unberechtigte Kündigung. Hierzu meinte der Provider, diese sei nicht möglich, es wäre allenfalls eine ordentliche Kündigung zum Laufzeitende erlaubt, und bis dahin müsse der Kunde alles bezahlen, auch die jetzige hohe Rechnung.

Anstatt dem Kunden zu schildern, wie die überhöhte Abrechnung zustandegekommen sein könnte, gab der Anbieter sich allergrößte Mühe für noch mehr kundenfeindliches Verhalten und meinte, dass bei Nichtzahlung ein Schufa-Negativeintrag drohe, der Anschluss gesperrt werde, die Abgabe an ein Inkassounternehmen erfolge und dieses dann ein gerichtliches Klageverfahren gegen den Kunden führen würde. So viel Freundlichkeit in nur einem Brief.

Die hier vom Anbieter angekündigte Sperrung ist nicht so einfach, wie der Mobilfunkprovider sich das denkt. Denn Rechnungen, gegen die der Kunde einen nachvollziehbare begründeten Widerspruch eingelegt hat, dürfen nicht zu einer Sperrung führen. So heißt es im Telekommunikationsgesetz eindeutig: *Wegen Zahlungsverzugs darf der Anbieter eine Sperre durchführen, wenn der Teilnehmer nach Abzug etwaiger Anzahlungen mit Zahlungsverpflichtungen von mindestens 75 Euro in Verzug ist und der Anbieter die Sperre mindestens zwei Wochen zuvor schriftlich angedroht und dabei auf die Möglichkeit des Teilnehmers, Rechtsschutz vor den Gerichten zu suchen, hingewiesen hat. Bei der Berechnung der Höhe des Betrags nach Satz 1 bleiben nicht titulierte Forderungen, die der Teilnehmer form- und fristgerecht und schlüssig begründet beanstandet hat, außer Betracht.*

Dementsprechend ist eine Anschlusssperrung immer nur dann möglich, wenn der Rückstand größer als 75 Euro ist, die Sperrung mehr als zwei Wochen zuvor angekündigt wurde, und es sich dabei um Forderungen handelt, gegen die zuvor kein Widerspruch eingelegt wurde.

In einem Fall wie hier hatte der Kunde aber bereits schriftlich Widerspruch gegen die Rechnung eingelegt, die Androhung der Sperrung war damit ein klarer Verstoß gegen das Gesetz. Leider beobachte ich es immer wieder, dass Mobilfunkunternehmen gegen die geltenden Gesetze verstoßen. Möglicherweise liegt das daran, dass sie gegenüber ihrem Kunden eine Machtposition ausüben, und darauf spekulieren, dass sich der Kunde schon nicht vor Gericht zur Wehr setzen werde.

Ähnliches gilt für die Androhung des Schufa-Negativeintrags. Ein solcher ist unzulässig, denn widersprochene Forderungen dürfen nicht in die Schufa eingetragen werden. Der Mobilfunkanbieter möchte mit dieser Aussage vermutlich nur Angst machen und den Zahlungsdruck erhöhen, damit der Kunde einfach alles bezahlt, was auf der Rechnung steht. Machen Sie sich bitte keine Sorgen, wenn Ihr Anbieter Ihnen einen Schufa-Negativeintrag androht, soweit wird es nicht kommen, wenn Sie zuvor schriftlich Widerspruch gegen die Forderung eingelegt haben.

Selbst die Androhung eines Inkassounternehmens ist rechtswidrig, denn bestrittene Forderungen dürfen nicht an ein Inkassobüro abgegeben werden. Verneint der Kunde seine Zahlungspflicht, obwohl der Anbieter nach wie vor von einer rechtmäßig erstellten Abrechnung ausgeht, so müsste die Angelegenheit vor Gericht geklärt werden. Weitere Mahnungen dürfen in einem solchen Fall nicht ergehen, sie würden auch nichts bringen. Erst recht nicht darf mit einem Inkassodienstleister gedroht werden.

Sowohl die Drohung mit der Schufa als auch die mit einem Inkassounternehmen können im extremsten Fall bereits ein strafrechtlich relevantes Verhalten darstellen, da dann eine Nötigung gegeben sein kann. Denn dem Anbieter geht es nicht mehr um die Wahrung der Rechtsordnung, sondern nur noch darum, Sie mit möglichst angsteinflößenden Zukunftsszenarien zu einer Zahlung zu bewegen. Bitte lassen Sie sich davon nicht beeindrucken, solche Vortäuschungen sind rechtlich haltlos und müssen von Ihnen nicht hingenommen werden.

Call-by-call Fallen

Welche Geldfalle droht hier? Sie nutzen eine Call-by-call-Vorwahlnummer, um die Kosten für ein Auslandstelefonat zu senken. Auf der Telefonrechnung erscheint später ein viel höherer Minutenpreis, als Ihnen vor der Verbindung mitgeteilt wurde.

Früher, als es noch kaum Flatrates gab, waren Call-by-call-Verbindungen sehr gefragt und immer dann relevant, wenn man günstig telefonieren wollte. Bevor man die eigentliche Zielrufnummer wählte, gab man eine zusätzliche Vorwahlnummer ein, über die das Gespräch geführt wurde. Diese Vorwahlnummern hatten den Effekt, dass der Preis für die einzelne Gesprächsminute plötzlich erheblich niedriger war. Vor allem Telefonate in entfernte Städte konnten so wesentlich günstiger geführt werden. Auch heute noch haben Call-by-call-Vorwahlnummern ihre Daseinsberechtigung, da sie vor allem bei Telefonaten in das Ausland den Rechnungsbetrag erheblich senken können.

Doch Vorsicht! Nicht jeder Call-by-call-Anbieter ist seriös, so mancher nutzt den Wunsch des Kunden zur Kostensenkung dazu, um extra hohe Preise abzurechnen. Meist geschieht das versteckt bzw. auf eine Weise, die der Kunde zunächst nicht erkennen kann. Erst mit Erhalt der monatlichen Telefonabrechnung erfährt er plötzlich von den überzogenen Kosten.

Einer der Tricks der Anbieter von Call-by-call-Vorwahlnummern besteht darin, für einzelne Städte eines Landes höhere Preise anzubieten als für das Land selbst. Suchen Sie sich beispielsweise auf einer Internetseite den aktuell günstigsten Preis für das Land aus, in das Sie anrufen müssen, so kann es sein, dass für die tatsächlich von Ihnen angewählte Stadt innerhalb dieses Landes ein ganz anderer Preis gilt.

So erging es einem meiner Mandanten, der ein längeres Telefonat nach Bolivien führen musste. Um durch dieses Gespräch nicht bankrott zu gehen, suchte er sich zuvor eine passende Vorwahlnummer eines Call-by-call-Anbieters für Bolivien aus. Er stieß auf eine Nummer, die Minutenpreise von 4,85 Cent pro Minute versprach, somit erheblich günstiger war als der eigene Festnetzprovider. Mit Hilfe dieser Vorwahlnummer führte mein Mandant das Gespräch nach Bolivien. Er rief jedoch nicht irgend eine Nummer auf dem Land an, sondern in der Hauptstadt La Paz. Das Telefonat dauerte ungefähr 80 Minuten, so dass der Kunde mit einem Gesamtbetrag von ungefähr 4 Euro rechnete. Als er schließlich die Telefonrechnung erhielt, war er mehr als überrascht, denn für dieses eine Gespräch wurde ein Rechnungsposten von 68 Euro aufgestellt. Das bedeutet, die einzelne Gesprächsminute kostete nicht 4,85 Cent, sondern 85 Cent.

Nach ein wenig Recherche im Internet stieß mein Mandant schließlich auf Berichte anderer Kunden dieses Call-by-call-Anbieters, der tatsächlich für jede Region und jede Stadt des Landes unterschiedliche Preise ansetzte, öffentlich aber nur den Preis für das Land Bolivien an sich angab. Sicherlich, für einige Gebiete Boliviens gibt es bestimmt den günstigen Preis von 4,85 Cent pro Minute, für die weit überwiegenden Teile des Landes galt aber ein wesentlich höherer Preis.

Andere Call-by-call-Anbieter gehen so vor, dass sie den Preis für eine Vorwahlnummer nahezu täglich ändern, so dass Kunden, die zunächst über eine Vorwahlnummer günstig telefoniert haben, bereits am nächsten Tag einen völlig überhöhten Betrag pro Gesprächsminute entrichten müssen. Nun stellt sich die Frage, wie so etwas möglich ist, denn eigentlich sind die Call-by-call-Anbieter bereits seit 2012 gesetzlich dazu verpflichtet, vor jedem über ihre Vorwahlnummer geführtem Gespräch eine Tarifansage zu machen. Diese muss exakt den Betrag benennen, der für das folgende Gespräch berechnet werden würde. Das heißt, für den Kunden unkenntliche plötzliche Änderungen hinsichtlich der Kosten für eine bestimmte Zielregion oder eine Tageszeit sollten der Vergangenheit angehöre. Leider zeigt die Realität, dass diese Vorgabe nicht immer erfüllt wird. Bis heute kommt es vor, dass Call-by-call-Anbieter auf diese Ansage verzichten, oder dass jene absichtlich falsch gehalten ist. Das sind Einzelfälle, aber genau solche Beispiele führen dann zu einem überhöhten Rechnungsbetrag.

Einen ganz anderen Weg gehen wiederum Call-by-call-Anbieter, die zwar zunächst den korrekten Rechnungsbetrag abrechnen, dies aber öfter als erlaubt. Für jedes geführte Gespräch setzen jene Unternehmen ein Gespräch gleich mehrfach auf die Telefonrechnung, in der Hoffnung, der Kunde werde das schon nicht bemerken.

So erging es einem meiner Mandanten, der zwar über den auf der Festnetzrechnung benannten Anbieter telefonierte, aber nicht in der Häufigkeit, wie man ihm glauben machen wollte. Er erhielt schließlich eine Abrechnung über angebliche 394 Gesprächsminuten, obwohl er davon nachweislich maximal 30 telefonierte.

Die Beweisführung war einfach, denn die weiteren vom Call-by-call-Unternehmen angegebenen Telefonate wurden zu Zeiten aufgelistet, in denen mein Mandant nachweislich in Gesellschaft anderer Personen war und demzufolge nicht telefonierte. Diese Personen konnten als Zeugen benannt werden, so dass der Call-by-call-Anbieter schnell aufgab und die zu Unrecht abgerechneten Gesprächsminuten stornierte. Aber sicherlich, aus Sicht des Anbieters ist es einen Versuch wert, denn wenn der Kunde die Fehlabrechnungen nicht bemerkt macht das Unternehmen ein gutes, aber illegales, Geschäft.

Sollten Sie ein Problem mit einem Call-by-call-Anbieter auf Ihrer Rechnung haben, so verzweifeln Sie nicht, denn die Rettung ist einfach: Bitten Sie Ihren Festnetzanbieter, den fehlerhaften Betrag von Ihrer Telefonrechnung zu nehmen. Da es sich um externe Anbieter handelt, ist das möglich. Anschließend erhalten Sie eine Rechnung direkt vom Call-by-call-Unternehmen, gegen die Sie dann schriftlich Widerspruch einlegen können. In dem Widerspruchsschreiben weisen Sie auf die fehlerhafte zu hohe Berechnung und die nicht-vorhandene Tarifansage, oder auf die zu häufige Berechnung hin.

Soweit ich diese Fälle kenne, wird es keiner der unseriösen Call-by-call-Anbieter auf einen Rechtsstreit ankommen lassen, da diese selbst wissen, wie rechtswidrig ihr Vorgehen ist. Meist wird nach einer Weile der Rechnungsbetrag storniert oder auf den niedrigeren korrekten Betrag korrigiert, so dass die Angelegenheit für Sie erfolgreich abgeschlossen ist. Wichtig bleibt nur der Umstand, dass Sie bei Nutzung von Call-by-call-Diensten immer Ihre Telefonrechnung ganz genau kontrollieren.

Problemfall Provision

Welche Geldfalle droht hier? Ihnen wird ein Mobilfunkvertrag aufgedrängt, den Sie gar nicht wollten oder den Sie in dieser Form nicht gebrauchen können. Dabei geht es dem Mitarbeiter des Mobilfunkanbieters nur um den Erhalt einer möglichst hohen Provision.

Manche Mobilfunkanbieter vereinbaren mit ihren Mitarbeitern Provisionen für jeden neuen Vertragsabschluss. Das bedeutet, dass der einzelne Mitarbeiter umso mehr verdient, je mehr neue Verträge die Kunden über ihn abschließen. Verständlich, dass dann die Motivation für eine möglichst hohe Anzahl an Neuverträgen pro Monat groß ist.

Das ganze geht so weit, dass es nicht nur auf den Vertrag an sich ankommt, sondern auch auf die Höhe der monatlichen Grundgebühr, die der Vertrag den Kunden kostet. Je teurer der Mobilfunkvertrag ist, den der Kunde abschließt, desto höher ist die Provision für den Mitarbeiter. Sollten Sie sich je gewundert haben, warum der Kundenberater in der örtlichen Filiale Ihres Mobilfunkanbieters so freundlich und übereifrig berät, wenn es um einen neuen Vertrag geht, dann wissen Sie jetzt, warum.

Das ganze hat für das Mobilfunkunternehmen den Vorteil, dass die Chance auf eine hohe Anzahl an Neuverträgen steigt, denn die Mitarbeiter sind aufgrund der Provision sehr motiviert, dem Kunden möglichst gute und teure Verträge anzubieten. Für den Kunden hat es allerdings den Nachteil, dass dieser nicht immer korrekt beraten wird. Selbst wenn in der individuellen Situation ein günstigerer Vertrag ratsam wäre, würde der Filialmitarbeiter eher dazu neigen, einen teuren Vertrag zu empfehlen. Und wenn der jetzige Vertrag noch in Ordnung für die Bedürfnisse des Kunden ist, so könnte der Mitarbeiter dennoch dazu tendieren, statt einer gewöhnlichen Vertragsverlängerung lieber einen Neuvertrag zu empfehlen. Verständlich, denn dadurch verdient er mehr.

Leider hat sich dieses System inzwischen so weit entwickelt, dass einzelne Filialmitarbeiter gezielt vorgehen, um den Kunden zu neuen Verträgen zu überreden. Eine Variante besteht darin, den Kunden bewusst anzulügen. So wird diesem ein bestimmter Vertragsendpreis benannt, den der Kunde monatlich zu bezahlen hätte. In Wahrheit ist der Betrag aber viel höher, doch der Kunde erfährt das erst später mit Erhalt der ersten Monatsrechnung.

Einer meiner Mandanten verbrachte viel Zeit in Italien und Frankreich, so dass er aus diesem Grund auf der Suche nach einem speziellen Mobilfunkvertrag war, der eine europaweite Internet-Flatrate anbot. Nach langen Erkundigungen wurde er schließlich von einem ganz bestimmten Angebot im Schaufenster einer örtlichen Mobilfunkfiliale angelockt. Die Werbung versprach einen relativ günstigen Vertrag inklusive einer Internet-Flatrate, die in allen Ländern der EU uneingeschränkt funktionieren würde.

Mein Mandant war begeistert und betrat sofort das Geschäft. Dem dortigen Kundenberater schilderte er genau, welche Wünsche er an den Vertrag habe, und dass es ihm besonders auf die mobile Internetnutzung in den Ländern Italien und Frankreich ankäme. Der Angestellte fasste die Wünsche des Kunden auf einem handgeschriebenen Zettel zusammen und kalkulierte einen monatlichen Endpreis von 34,90 Euro. Beinhaltet war eine Allnet-Flat für alle Telefonate in das Festnetz und zu anderen Handys, eine SMS-Flat, eine EU-Flat und ein Internetvolumen von 4 Gigabyte. Noch einmal fragte mein Mandant ausdrücklich nach, ob sich diese EU-Flat auch tatsächlich uneingeschränkt auf die gesamte EU bezöge, und der Kundenberater antwortete mit einem uneingeschränkten „Ja". Im Vertrauen auf die Richtigkeit der Angaben unterschrieb mein Mandant schließlich auf einem elektronischen Display, das die eigentlichen Vertragsdaten nicht anzeige. Den handschriftlichen Zettel des Filialmitarbeiters bekam er ausgehändigt.

Nach ein paar Tagen wurden vom Konto meines Mandanten 98,80 Euro abgebucht. Unterlagen oder eine SIM-Karte hatte er bis zu diesem Zeitpunkt noch nicht erhalten. Auch keine Rechnung, die den Abbuchungsbetrag überprüfbar machte. Verwundert über diesen hohen Betrag rief mein Mandant bei seinem Mobilfunkanbieter an und fragte nach, wie sich der Rechnungsbetrag zusammensetze. Der Mann an der telefonischen Hotline brachte Licht in den abgebuchten Betrag und meinte, dass es sich hierbei zum einen um den Anschlusspreis von 49,90 Euro handeln würde, der einmalig bei Abschluss eines Neuvertrags anfalle. Zum anderen wurde bereits die erste Monatsgebühr in Höhe von 48,90 Euro in die Rechnung miteinbezogen. Der Kunde solle einfach abwarten, die Rechnung hierzu würde ihm bald zugeschickt, er könne dann alles in Ruhe überprüfen.

Mein Mandant war verwundert, denn von einem Einrichtungspreis war in der Filiale keine Rede. Auch dass die monatliche Grundgebühr jetzt so hoch sein sollte war für ihn rätselhaft. Er fragte weiter nach und musste sich schließlich anhören, dass neben der Einrichtungsgebühr und des erhöhten Monatsbetrags nicht einmal die ihm versprochenen Vertragsdetails stimmten. So meinte der Mitarbeiter am Telefon, dass sein Unternehmen eine europaweit gültige Internet-Flatrate überhaupt nicht anbiete. Sicherlich habe der Kunde sich da nur verhört und etwas anderes verstanden. Er solle einfach die Rechnung abwarten, dann werde sich schon alles klären. Und falls nicht, so könne er gerne noch einmal den Shop aufsuchen und dort mit dem Kundenberater sprechen.

Nach einer Weile traf tatsächlich die SIM-Karte, als auch die Rechnung, bei meinem Mandanten ein. Er wurde als neuer Kunde begrüßt und man wünschte ihm viel Spaß mit dem Vertrag. Die Rechnung offenbarte aber nur das, was der Mitarbeiter bereits am Telefon von sich gegeben hatte, es wurde ein Einrichtungspreis abgerechnet und die unerwartet überhöhte Grundgebühr von 48,90 Euro. Von einer EU-weiten Flatrate war im gesamten Vertrag nichts zu finden.

Verärgert suchte mein Mandant die Mobilfunkfiliale erneut auf und präsentierte die fehlerhafte Rechnung, mit der Bitte um Stellungnahme. Der Mitarbeiter reagierte jetzt weit weniger freundlich, als er es im Verkaufsgespräch noch war. Abweisend meinte er, dass er selbstverständlich auf die einmalige Einrichtungsgebühr hingewiesen habe, und außerdem sei das doch bei allen Neuverträgen so. Mit der EU-Flatrate sei lediglich gemeint, dass man das Handy innerhalb der EU bedenkenlos nutzen könne, so dass keine Gefahr einer Kostenexplosion entstünde. Dass die mobile Internetnutzung im Ausland aber nicht zu den Bedingungen wie in Deutschland funktionieren könne, müsse doch jedem klar sein. Den höheren Monatsbetrag könne er sich aber auch nicht erklären, da sei dem Anbieter wohl ein Fehler unterlaufen, da müsse der Kunde einfach noch mal anrufen.

Verärgert verließ mein Mandant das Geschäft und rief von zuhause aus seinen Provider erneut an. Nach nur 40 Minuten erreichte er jemanden an der Hotline, und schilderte sein Problem. Doch von Seiten des telefonischen Kundenbetreuers hieß es nur, dass die Rechnung korrekt und der Vertrag richtig abgerechnet worden sei. Solche Angebote, wie der Kunde sie nun schildert, gäbe es bei ihnen nicht. Er müsse mit dem höheren Rechnungsbetrag und den nicht vorhandenen Vertragsbestandteilen leben.

Schließlich schaltete der Kunde meine Kanzlei ein. Ich sah sofort das Problem, denn mir sind zahlreiche ähnliche Fälle bekannt. In rechtlicher Hinsicht ist eine solche Angelegenheit einfach zu lösen, denn es fehlt an einer vertraglichen Grundlage: Der Mobilfunkprovider rechnet einen bestimmten Vertrag ab, mit ganz bestimmten Preisen, ohne dass der Kunde denselben abgeschlossen hat. Insofern obliegt dem Mobilfunkanbieter die Nachweispflicht in Bezug auf den Vertrag, was konkret bedeutet, dass er einen solchen vom Kunden abgeschlossenen Vertrag mit genau diesen Bestandteilen und genau dem Preis vorlegen müsste. Das kann er aber nicht, da es einen solchen Vertrag nicht gibt. Denn mein Mandant hat nie einen Vertrag unterzeichnet, der einen monatlichen Gesamtpreis zu 48,90 Euro vorsieht.

Insofern schrieb ich den Provider an und bat um Nachweis des angeblichen Vertrags. Im selben Schreiben schilderte ich das, was man meinem Mandanten in der Filiale erzählt hatte, und in wieweit die jetzige Abrechnung davon abweicht. Um das ganze zu untermauern legte ich den handschriftlichen Zettel bei, den der Kundenbetreuer in der Filiale geschrieben hatte.

Das Problem war schnell gelöst, denn natürlich konnte der Anbieter den Vertrag nicht vorlegen. Und ohne vertragliche Grundlage darf er keine derartigen Abrechnungen vornehmen. Er bot daher an, den Preis auf die dem Kunden genannten 34,90 Euro zu senken und die Einrichtungsgebühr zu erstatten. Eine EU-weite uneingeschränkte Internetflatrate konnte er aber nicht anbieten, da das Mobilfunkunternehmen eine solche nicht habe. Aus diesem Grund entschloss sich mein Mandant, den Vertrag mit sofortiger Wirkung zu beenden, was der Anbieter dann auch möglich machte.

Sollten Sie einmal in eine solche Situation kommen, so gehen Sie wie hier geschildert vor: Fordern Sie Ihren Anbieter auf, den angeblichen Vertrag nachzuweisen, auf den er seine überhöhte Abrechnung stützt. Schildern Sie gleichzeitig, welchen Vertrag Sie eigentlich abgeschlossen haben, und zu welchem Preis. Liegen Ihnen handschriftliche Zusicherungen aus der Filiale vor, so legen Sie diese anbei. Und war eine andere Person beim Vertragsabschluss anwesend, so benennen Sie diese als Zeugen. Lassen Sie sich auf keinen Fall auf einen fehlerhaften und überteuerten Vertrag ein, Sie müssen das nicht bezahlen. Nur weil ein Mitarbeiter im Shop auf seine Provision abzielt müssen Sie nicht zwei Jahre lang einen preislich überhöhten Vertrag bezahlen.

Der hier geschilderte Sachverhalt gehört übrigens noch zu den eher harmlosen. Teilweise wenden die Filialmitarbeiter richtiggehend kriminelle Methoden an, um an neue Verträge und damit an ihre Provision zu gelangen.

So lag mir einmal der Fall eines Mandanten vor, der in einer Berliner Fußgängerzone unterwegs war und dort am Shop eines bekannten Mobilfunkanbieters vorbeikam. Dort lief gerade eine Kundenaktion, direkt vor dem Geschäft war ein kleiner Infostrand aufgebaut, und ein Mitarbeiter lauerte den Passanten auf. Als mein Mandant dort entlanglief, wurde er angesprochen und gefragt, ob er denn nicht einen neuen Handyvertrag abschließen wolle, es gäbe momentan besonders günstige Aktionen, das Zugreifen lohne sich jetzt mehr denn je. Da mein Mandant ohnehin die Absicht hatte, demnächst einen neuen Vertrag abzuschließen, hörte er sich den Monolog des Verkäufers gerne an. Nach Beendigung seiner Überredungskunst fragte der Filialmitarbeiter, ob der Kunde Interesse hätte. Und ja, das Angebot klang gut, mein Mandant überlegte tatsächlich, zuzugreifen. Sehr erfreut über die offensichtliche Abschlussbereitschaft des Passanten holte der Verkäufer ein Formular hervor, das zum Abschluss eines Neuvertrags ausgefüllt werden musste. Also gab mein Mandant bereitwillig seine persönlichen Daten an, wie Name und Adresse etc. Während des Ausfüllens dachte er jedoch noch einmal genau nach, und kam schließlich zu dem Schluss, dass er vielleicht etwas voreilig ist. Wäre es nicht klüger, nicht so übereilt auf der Straße einen Vertrag abzuschließen, sondern besser zuhause in Ruhe noch einmal die Angebote der anderen Anbieter zu vergleichen? Gedacht, getan, mein Mandant teilte dem Filialmitarbeiter mit, dass er das Formular noch nicht unterschreiben möchte, da er sich das ganze noch einmal überlegen werde. Er bedankte sich für die freundliche Beratung und verließ den Aktionsstand.

Trotz der fehlenden Unterschrift und des damit fehlenden Vertragsabschlusses erhielt mein Mandant ein paar Tage später die Unterlagen zu dem nie abgeschlossenen Vertrag. Sicherlich können Sie sich vorstellen, wie irritiert mein Mandant war. Plötzlich wurde er als Neukunde begrüßt und beglückwünscht. Der Mobilfunkanbieter schrieb so, als ob der Kunde ganz normal einen Vertrag an dem Stand in der Fußgängerzone abgeschlossen hatte. Er erhielt seine Zugangsdaten, und wurde darüber informiert, dass mit einem weiteren Brief bald die SIM-Karte einträfe. Sofort rief mein Mandant die Kundenhotline an und fragte nach, was das soll. Dort konnte man ihm leider nicht weiterhelfen, es lag auf Seiten des Mobilfunkproviders ein ganz normaler Vertragsschluss vor, denn das hierfür vorgesehene Formular wurde ordnungsgemäß von ihm unterschrieben. Das konnte sich mein Mandant beim besten Willen nicht vorstellen. Woher war diese Unterschrift gekommen?

Später stellte sich heraus, dass unter dem Formular tatsächlich eine Unterschrift zu sehen war. Diese stammt aber nicht vom Kunden selbst, sondern von einer anderen Person. Vermutlich hatte der Verkäufer, verärgert durch den unerwartet doch noch zaudernden Kunden, den Vertrag selbst unterschrieben, um an seine Provision zu gelangen.

Um das ganze aufzuklären, legten wir dem Mobilfunkprovider Kopien von persönlichen Dokumenten meines Mandanten vor, wie beispielsweise seinen Ausweis etc., um damit die Fälschung der Unterschrift nachzuweisen. Glücklicherweise erkannte der Anbieter schnell, dass die Unterschriften nicht übereinstimmten, und stornierte den Vertrag wieder, so dass mein Mandant letztendlich keinerlei Zahlungen leisten musste.

Aber man sieht, welche Wege weit abseits des Rechts die Mitarbeiter eines Mobilfunkanbieters gehen können, um an einen Neuvertrag und damit an eine Provision zu gelangen. Man fragt sich an dieser Stelle berechtigterweise, ob dieses Provisionsmodell noch Zukunft hat, und ob die Anbieter nicht besser einen anderen kundenfreundlicheren Weg finden könnten, um ihre Mitarbeiter zu belohnen.

Für Sie als potentiellen Kunden bedeutet das, dass Sie nie vorschnell Ihre persönlichen Daten preisgeben sollten. Planen Sie einen Neuvertrag, so informieren Sie sich zunächst in aller Ruhe über die derzeit verfügbaren Angebote. Sobald Sie einen Überblick haben, können Sie einschätzen, ob das besondere Angebot in einer Fußgängerzone auch wirklich ein besonderes ist. Erst dann, wenn Sie wirklich sicher sind, den Vertrag abzuschließen, sollten Sie Ihre persönlichen Daten angeben. Und nicht vergessen: Alle Vertragsdetails müssen Ihnen aufgeschrieben und mit Unterschrift und Stempel der Filiale bestätigt werden, damit Sie diese später nachweisen können.

Noch eine weitere Falle im Bereich „Wie gelange ich als Verkäufer nur an so viele Provisionen wie möglich?" in die Sie nicht geraten sollten: Auch diesmal befinden wir uns wieder in der Öffentlichkeit, nun aber im Bahnhof der Heimatstadt meiner Klientin. Dort wurde vor kurzem ein mobiler Stand eines bekannten Mobilfunkanbieters eröffnet. Um Kunden anzulocken, gab es ein Glücksrad mit Gewinnmöglichkeit. Als meine Mandantin dort mit ihrem Bruder vorbeikam, durfte auch sie einmal drehen, und, wie es der Zufall so will, hatte sie den Hauptpreis gewonnen. Vermutlich hatten das alle, die einen Drehversuch starteten. Dieser „Hauptpreis" entpuppte sich als zwei Handyverträge inklusive zweier aktueller Handys. Natürlich war die Freude bei meiner Mandantin groß, denn zwei kostenlose Mobilfunkverträge mitsamt neuer Handys stellen einen gewissen Gegenwert dar.

Nun stellte sich allerdings heraus, dass die zwei Verträge zwar von dem bekannten Mobilfunkanbieter waren, die Mitarbeiter am Stand aber eine ganz andere Firma vertraten. Hierbei handelte es sich angeblich um ein Unternehmen, welches nur für die Vermittlung von Mobilfunkverträgen zuständig sei. Der Ablauf ist daher der folgende: Die neue Kundin und ihr Bruder mussten die Verträge vor Ort unterschreiben, und damit jeweils einen regulären kostenpflichtigen Mobilfunkvertrag abschließen. Die Besonderheit sei aber die, dass jede Monatsrechnung, die die beiden in Zukunft erhalten werden, an ihre Vermittlungsfirma innerhalb von zehn Tagen eingereicht werden könne, damit diese den Rechnungsbetrag dann erstattet. Das hieße, meine Mandantin hatte eigentlich keinen kostenfreien Vertrag gewonnen, sondern musste ganz normal bezahlen, wie alle anderen Kunden auch. Nur dank der Vermittlungsfirma würde im Anschluss eine Erstattung stattfinden, so dass das ganze für die beiden neuen Kunden am Ende kostenneutral sei.

Etwas verwundert über diese Vorgehensweise ließen sich meine Mandantin und ihr Bruder dennoch zur Vertragsunterzeichnung überreden. Zunächst ging das ganze auch gut, und die Rechnung wurde vollständig erstattet. Doch plötzlich meldete sich eine weitere Firma bei meiner Mandantin und erklärte ihr, dass die Vermittlungsfirma, die bislang die Rechnungen bezahlte, insolvent gegangen sei. Eine zukünftige Erstattung sei nun leider nicht mehr möglich, die Kunden müssen die Handyrechnungen ab jetzt selbst bezahlen. Es gäbe aber die Möglichkeit, die Erstattung weiterhin zu gewährleisten, wenn sich die beiden Kunden dazu bereit erklären würden, ab jetzt ebenfalls Neukunden für den Mobilfunkanbieter anzuwerben.

Das war schon ein starkes Stück für meine Mandantin und ihren Bruder. Sie hatten jeweils einen Mobilfunkvertrag für knapp 60 Euro im Monat abgeschlossen, der von nun an nicht mehr erstattet werden würde. Darauf hatten sie sich aber verlassen, denn als Studenten verfügten die beiden über eher bescheidene finanzielle Mittel. Ein so hoher monatlicher Betrag würde sie zu stark belasten.

Um das ganze aufzuklären wandten sich die beiden direkt an den Mobilfunkprovider, mit dem sie die Verträge abgeschlossen hatten. Doch dieser tat die unzähligen E-Mails und Kontaktversuche meiner Mandantin einfach ab, sie wurde immer wieder damit vertröstet, dass man sich um die Angelegenheit kümmern würde. Eine Antwort auf ihre Fragen erhielt sie jedoch nie. Kontakt mit der insolventen Vermittlungsfirma war genauso wenig möglich, sie war im Internet überhaupt nicht existent, auch nicht die andere Firma die über die angebliche Insolvenz informierte.

Einen Nachweis über die Insolvenz hatte man der Kundin übrigens nie zukommen lassen. Erst nach einer ganzen Weile fand meine Mandantin heraus, dass die beiden Unternehmen im selben Gebäude residierten. Die Sache wurde für die Kundin immer verdächtiger, so dass sie nicht dazu gewillt war, aufzugeben. Schließlich hatte sie zumindest etwas Erfolg und konnte ein Gespräch mit einem Mitarbeiter ihres Anbieters führen, der Einblick in die gesamten Unterlagen hatte. Dieser meinte nun, dass die Vermittlungsfirma sich angeblich beschwert hätte, dass die Kundin keine Rechnungen mehr eingereicht hätte. Aus diesem

Grund wäre daher auch keine Erstattung der Rechnungen möglich gewesen. Das war natürlich gelogen, meine Mandantin hatte die Rechnungen konsequent und vollständig eingeschickt.

Schließlich meinte der Mitarbeiter ihres Providers, dass man der Kundin da leider nicht helfen könne, denn die Verträge wurden nun einmal abgeschlossen und müssten von ihr bezahlt werden. Dass die Vermittlungsfirma keine Erstattungen mehr vornehme sei ihm egal, da der Vertrag direkt mit dem Mobilfunkanbieter geschlossen wurde. Die Rechnungserstattung würde auf einem zusätzlichen Vertrag beruhen, mit dem der Mobilfunkanbieter nichts zu tun habe. Darum müsse sich die Kundin selbst kümmern, aber die Rechnungen sind zu bezahlen.

Man bekommt den Eindruck, dass es sich hier um eine genau ausgedachte Masche von mehreren Beteiligten handelt, die zum Nachteil des Kunden ein Maximum an Gewinn abschöpfen können: Die Vermittlungsfirma erhält ihre Provision und muss lediglich die erste Abrechnung erstatten, wenn überhaupt. Anschließend gibt sie dem Kunden bekannt, dass sie angeblich insolvent sei, und verweigert jegliche weiteren Erstattungen. Der Mobilfunkanbieter hat zwei neue Kunden, die ohne die kostenlose Glücksradaktion niemals einen Neuvertrag abgeschlossen hätten, und die nun relativ teure Verträge Monat für Monat bezahlen müssen.

Leider erhalte ich immer wieder Anfragen dieser Art von Betroffenen, es handelt sich also nicht um einen Einzelfall. Die Vermittlungsfirmen treten dabei unter verschiedenen Namen im ganzen Land an den unterschiedlichsten öffentlichen Plätzen auf. Dabei wird immer die gleiche Methodik angewandt, welche letztendlich dazu führt, dass ein Passant in einen Neuvertrag gedrängt wird, von dem er glaubt er sei kostenlos. Aus irgend einem Grund teilt die Vermittlungsfirma dann mit, dass die Rechnungen nicht mehr erstattet werden können, und der Kunde bleibt auf den hohen Monatsrechnungen sitzen.

Bitte geben Sie daher immer besonders acht, wenn Sie irgendwo in der Öffentlichkeit auf den Abschluss eines Handyvertrags angesprochen werden. Lassen Sie sich nicht von falschen Versprechungen leiten, sie sind fast immer zu Ihrem Nachteil. Leisten Sie keine voreilige Unterschrift, sondern nehmen Sie die Unterlagen lieber erst einmal mit nach Hause, um sie dort in Ruhe lesen zu können. Verweigert man Ihnen das, so können Sie schon allein aus diesem Umstand davon ausgehen, dass es sich um ein unseriöses Angebot handelt. Und unterschreiben Sie nicht, wenn eine Fremdfirma mit im Spiel ist. Das ist nicht notwendig, denn die Mobilfunkanbieter haben selbst gute Angebote. Fremdfirmen wollen nur zusätzliches Geld, zu verschenken haben auch diese nichts.

Plötzlich ein ungewollter Neuvertrag

Welche Geldfalle droht hier? Ihnen wird ein Neuvertrag im Bereich Festnetz/DSL aufgedrängt, ohne dass Sie es bemerken. Anschließend verlangt der Anbieter die Bezahlung desselben, obwohl keine vertragliche Grundlage besteht.

Ziehen Sie um, so ist es gang und gäbe, dass man seinen bisherigen Festnetz/DSL-Vertrag problemlos mitnehmen kann. Dazu informieren Sie Ihren Festnetzanbieter über die neue Adresse und das Umzugsdatum und geben einen entsprechenden Auftrag ab, damit der bisherige Anschluss an Ihrer neuen Anschrift problemlos weiter genutzt werden kann.

Gefahr besteht, wenn Sie dies telefonisch erledigen. Dann kann es manchmal sein, dass sie an einen Mitarbeiter geraten, der für den Abschluss eines Neuvertrags eine Provision erhält. Es findet dann keine simple Schaltung am neuen Wohnort statt, für die Sie lediglich eine geringe Umzugsgebühr bezahlen müssten, sondern der alte Vertrag wird beendet und in Ihrer neuen Wohnung beginnt ein komplett neuer zweijähriger Vertrag zu laufen.

Manchmal wird das so geschickt eingefädelt, dass der Kunde überhaupt nichts davon erfährt, der Mitarbeiter an der telefonischen Hotline aber seine Provision für einen Neuvertrag bekommt. Es muss nicht einmal um Provisionen gehen, manchmal ist es für den Festnetzanbieter einfach ein schöner Umstand, den Kunden für weitere zwei Jahre fest an sich zu binden, während der bisherige Vertrag vielleicht nur noch für wenige Monate Gültigkeit hatte und damit die Gefahr einer Kündigung in sich trug.

Konkrete Nachteile hat das dann, wenn durch den Neuvertrag unbemerkt Vertragsabänderungen stattfinden. Beispielsweise kann es passieren, dass Sie hinsichtlich Ihres Internetanschlusses plötzlich eine Volumenbeschränkung für den Download haben, während es diese im Altvertrag noch nicht gab. Oder die Vertragslaufzeit und die Kündigungsfristen ändern sich. Es gibt vieles, was sich zu Ihrem Nachteil und zum Vorteil des Anbieters ändern kann.

Kommt es tatsächlich zu einem Neuvertrag nach Umzug, so sind Sie an diesen in rechtlicher Hinsicht nicht gebunden. Es existiert schlicht und einfach keine vertragliche Grundlage für den neuen Vertrag. Sie haben nie den Willen zum Abschluss eines solchen geäußert, so dass ein Vertrag erst gar nicht entstehen kann. Würden Sie Ihren Festnetzanbieter dazu auffordern, die angebliche Vertragsgrundlage für den Neuvertrag vorzulegen, so würde er das nicht können. Daher ist ein solcher angeblicher Neuvertrag rechtlich sehr einfach unter Verweis auf die nicht gegebene Vertragsgrundlage angreifbar.

Geben Sie einen Festnetz/DSL-Anschlussumzug am besten immer schriftlich in Auftrag, sinnvollerweise per Einschreiben oder per Fax. Halten Sie darin fest, dass Sie den bisherigen Vertrag zu den vereinbarten Konditionen beibehalten möchten, aber keinen Neuvertrag wünschen. Damit sind Sie auf der sicheren Seite.

Sollten Sie dennoch feststellen müssen, dass man Ihnen einen Neuvertrag untergeschoben hat, so wenden Sie sich schriftlich an Ihren Anbieter und bitten ihn um Stornierung des neuen und Fortführung des alten Vertrags. Verweisen Sie darauf, dass für den neuen Vertrag keine nachweisbare Grundlage besteht, und fordern Sie Ihren Anbieter dazu auf, eine solche vorzulegen, wenn er dies denn könne. Natürlich kann er das nicht, so dass in einem solchen Fall der angebliche Neuvertrag problemlos storniert werden sollte.

Einen anderen Weg gehen manchmal unseriöse Kabelanbieter, wenn sie möglichst schnell an einen neuen Kunden kommen möchten. Hier hat sich die Methode eingebürgert, einen Noch-nicht-Kunden dazu zu überreden, einen Kabel-Festnetz/DSL-Vertrag abzuschließen. Erzählt wird, dass dieser Vertrag günstiger und schneller als der bisherige Anschluss über die Telefonleitung sei. Man müsse nur den Auftrag erteilen, dann würde der neue Kabelanschluss schnell bereitstehen und man genieße das Internet in einer ganz neuen Geschwindigkeitsdimension. Das schlechte an diesen Angeboten ist, dass dem Kunden erzählt wird, der bisherige Anschluss über die Telefonleitung könne per sofort gekündigt werden. Es müsse dann nur ein Anschluss bezahlt werden, nicht jedoch zwei. Oder aber der Neukunde erhält den Hinweis, dass er sich keine Sorgen machen müsse, der Kabelvertrag werde selbstverständlich erst dann anlaufen, wenn der alte Anschluss beendet wurde.

Leider stimmt das nicht, in vielen Fällen kommt es letztendlich zu einem Doppelanschluss in der Wohnung, der Kunde muss den neuen Kabelanbieter bezahlen, und gleichzeitig den bisherigen Festnetzanschluss über die Telefonleitung.

Um überhaupt zu einem Neukunden zu kommen, wenden die Kabelanbieter rechtlich zweifelhafte Vorgehensweisen an. So sind mir zahlreiche Schilderungen von Mandanten bekannt, in denen Mitarbeiter des Kabelunternehmens von Wohnungstür zu Wohnungstür spazieren und sich als Techniker ausgeben, die die TV-Anschlüsse im Haus überprüfen müssen. Sind diese Männer erst einmal reingelassen, so dauert die eigentliche Pseudo-Überprüfung nur wenige Sekunden, um gleich im Anschluss daran in ein Verkaufsgespräch überzugehen.

Dem potentiellen Kunden wird nun erzählt, dass sein TV-Anschluss hervorragend für einen Festnetz/Internet-Anschluss tauglich sei, und warum denn ein solcher bislang noch nie angeschlossen wurde. Man habe aber derzeit besondere Konditionen im Angebot und können daher ein sehr günstiges und umfangreiches Angebot unterbreiten. Nun beginnt ein langes und ausführliches Einreden auf den Noch-nicht-Kunden, bis dieser schließlich einwilligt und den Auftrag für einen Kabel-Festnetz/DSL-Anschluss erteilt.

Natürlich wird ausdrücklich zugesichert, dass auf keinen Fall ein doppelter Anschluss entstehen würde, denn der Vertrag beginne selbstverständlich erst dann, wenn der alte Anschluss ausgelaufen sei. Um die Kündigung kümmere man sich, der Kunde müsse hierfür nichts unternehmen. Das stimmt natürlich nicht, am Ende muss der Kunde doppelt bezahlen. Auch hier ist sicherlich die Provision maßgeblich, die die Mitarbeiter des Kabelanbieters für jeden Neuvertrag erhalten. Aus deren Sicht ist es nachvollziehbar, dass ihnen jede Methode recht ist, um an neue Kunden zu gelangen, in rechtlicher Hinsicht aber stellt das ganz klar einen Betrug dar.

Mir ist sogar eine Methode bekannt, in der per Aushang im Treppenhaus oder Rundschreiben im Briefkasten darüber informiert wird, dass das gesamte Mietshaus auf Kabelanschluss umgestellt wird. Man solle sich daher unbedingt sofort mit dem Kabelanbieter in Verbindung setzen, um den hierfür notwendigen Vertrag abzuschließen. Sonst bestünde die Gefahr, dass man plötzlich ohne Telefon und Internet bleibt.

Fragt man gezielt nach, so weiß die Hausverwaltung von nichts, und das ganze entpuppt sich nur als ein weiterer Trick der Kabel-Mitarbeiter, um an Neukunden zu kommen. Es mag funktionieren, denn so manche technisch unversierte oder ältere Person könnte Angst haben, plötzlich nicht mehr telefonieren zu können. Rechtlich ist natürlich auch das ein Betrugsfall.

Versteckte Preiserhöhungen

Welche Geldfalle droht hier? Die monatliche Grundgebühr Ihres Festnetz/DSL-Vertrags wird angehoben, ohne Ihnen dies mitzuteilen. Anschließend verlangt der Anbieter die Zahlung des erhöhten Preises, ohne dass hierfür eine vertragliche Grundlage gegeben ist.

Gerade bei kleineren Anbietern von Telekommunikationsdienstleistungen erlebe ich es immer wieder, dass diese manchmal ungewöhnliche Wege gehen, um ihren Kunden Geld aus der Tasche zu locken. Eine beliebte Methode ist die, die monatliche Grundgebühr anzuheben. In Zeiten, in denen großer Wettbewerb zwischen den Anbietern herrscht, und eigentlich jeder bedacht ist, mit möglichst günstigen Preisen auf den Markt zu gehen, mag das zunächst verwundern.

Doch auf den zweiten Blick wird klar, dass es sich hierbei um eine durchdachte Methode handelt. Der Anbieter macht zunächst ein Angebot, das mit besonders günstigen Preisen glänzt. Nachdem genug Kunden eingefangen wurden, lässt man den Preis in die Höhe schnellen. Verständlich, denn eine erhöhte Monatsgebühr bringt regelmäßig mehr Geld in die Kasse.

Sicherlich schütteln Sie nun den Kopf und denken sich, was soll das, dann kündigt man den Vertrag einfach wieder. Diese Befürchtung haben die Telekommunikationsanbieter auch, und so weisen Sie den Kunden erst gar nicht auf die Preiserhöhung hin, sondern verstecken diese so gut es geht. Da der Kunde auf eine derart versteckte Preiserhöhung nicht reagieren kann, verstreicht unbemerkt seine Reaktionsfrist, und die Preiserhöhung wird verbindlich. Zumindest nach der Ansicht des Providers. In rechtlicher Hinsicht gelten ganz andere Grundsätze, wie sich weiter unten noch zeigen wird.

Eine meiner Mandantinnen war Kundin bei einem lokalen Kabel-Festnetz/DSL-Anbieter, der eher zu den kleineren Providern gehört. Bei diesem führte sie einen Kombivertrag für TV und Telefon/Internet für relativ günstige 24,99 Euro im Monat. Als die Kundin eines Tages ihren Receiver austauschen lies, weil ihr das Angebot für einen technisch besseren gemacht wurde, ging ihr ein Begleitschreiben des Kabelanbieters zu. In diesem wurde ihr mitgeteilt, dass die monatliche Grundgebühr nun bei 34,99 Euro liegt und damit 10 Euro mehr als bisher kosten würde. Gleichzeitig bedankte man sich bei der Kundin, dass sie trotz der Preiserhöhung dem Anbieter die Treue halte.

Meine Mandantin fiel aus allen Wolken, denn von dieser Preiserhöhung wusste sie bislang nichts. Sofort stellte sie eine schriftliche Nachfrage bei ihrem Provider, um zu erfahren, warum sie nicht über die Preiserhöhung informiert worden war. Dieser erklärte seiner Kundin, dass bereits vor vielen Monaten ein Infoschreiben an alle Kunden erging, in dem über die Preiserhöhung informiert wurde. Im selben Schreiben räumte man den Kunden eine sechswöchige Widerspruchsfrist ein, die die Kundin nicht genutzt hätte. Daher sei die Preiserhöhung jetzt rechtlich wirksam und müsse von ihr bezahlt werden.

Leider wusste meine Mandantin nichts von einem solchen Schreiben. Sie erhielt regelmäßig Post von Ihrem Anbieter, die aber nur Werbung für weitere Produkte enthielt und daher von ihr weggeworfen wurde. Es kann sein, dass unter diesen Werbebriefen ein solches Infoschreiben war, welches die Preiserhöhung angekündigt hatte. Das hat sie vermutlich auch weggeworfen. Zumindest hatte sie nie ein Schreiben erhalten, das sich von der sonstigen Werbepost unterschied und deutlich als Ankündigung einer Preiserhöhung erkennbar gewesen wäre.

Das hätte der Kabelanbieter aber machen sollen, denn er muss dafür sorgen, dass die Kunden eine Preiserhöhung auch tatsächlich als solche erkennen können. Und er muss sicherstellen, dass sie jene erhalten und lesen. An dieser Stelle kommt der rechtliche Aspekt ins Spiel, denn die angebliche Preiserhöhung, die die Kundin nie erhalten hat, kann keine Wirkung entfalten. Rechtlich betrachtet ist es so, dass das Unternehmen dafür Sorge tragen muss, dass eine Preiserhöhungsinformation den Kunden tatsächlich erreicht. Hierzu muss es den Zugang beweisen, beispielsweise durch den Rückschein eines Einschreibens oder eine Zugangsbestätigung durch den Kunden.

Kann der Provider den Zugang einer Preiserhöhung nicht nachweisen, so wurde diese nicht wirksam erklärt, entfaltet daher keine rechtliche Wirkung. Damit gilt der bisherige Vertrag zu den ursprünglichen Bedingungen weiter. Der Kunde ist nur zur Zahlung des ursprünglichen Preises verpflichtet, nicht jedoch einen erhöhten Preis.

Erst nachdem der Kunde von der Preiserhöhung erfahren hat, besitzt dieser ein außerordentliches Kündigungsrecht, da in einem zweiseitigen Vertrag, was ein Telekommunikationsvertrag darstellt, eine einseitige Vertragsänderung nur unter der Bedingung vorgenommen werden kann, dass die andere Vertragsseite ein außerordentliches und sofortiges Kündigungsrecht besitzt.

Es kommt also immer auf den Zeitpunkt an, zu dem der Kunde erstmalig von der Preiserhöhung erfahren hat. Auf den Fall hier übertragen bedeutet das, dass die Kundin mit Erhalt des Begleitschreibens zu ihrem Receiver erstmalig nachweisbar von der Preiserhöhung gelesen hat und ab diesem Moment die sechswöchige Frist zu laufen beginnt, in der der Vertrag gekündigt werden kann.

Drittanbieter auf der Handyrechnung

Sicherlich besitzen Sie ein Handy, und erhalten im Rahmen des dazugehörigen Mobilfunkvertrags eine monatliche Rechnung über die von Ihnen in Anspruch genommenen Leistungen. Leider kommt es inzwischen immer häufiger vor, dass sich auf dieser Rechnung nicht nur die von Ihnen genutzten Flatrates, Telefonate, SMS oder Internet-Volumina befinden, sondern gänzlich andere Rechnungsposten von unbekannten Firmen. Das sind die sog. „Drittanbieter", Leistungen von anderen Firmen, die nicht Ihr Mobilfunkanbieter erbracht hat.

Dabei kann es sich um die vielfältigsten Dinge handeln, beispielsweise Bezahlungen im App-Store, Musik- oder Videodownloads, mobile Bezahlvorgänge, Zusatzeinkäufe in Computerspielen, Anrufe an kostenpflichtige Servicenummern etc. Haben Sie die Leistung des Drittanbieters bewusst gewollt und bestellt, und rechnet dieser den genannten Betrag anschließend über Ihre Handyrechnung korrekt ab, so ist alles in Ordnung. Sehen Sie aber plötzlich einen unbekannten Posten auf der Rechnung, dessen Herkunft Sie sich nicht im geringsten erklären können, so wird es problematisch. Denn dann befinden Sie sich bereits in der Drittanbieter-Geldfalle.

Wenden Sie sich nun an Ihren Mobilfunkanbieter, um eine Stornierung der unbekannten Drittanbieter-Rechnungsposten zu erreichen, so werden Sie bemerken, dass das gar nicht so einfach ist. Ihr Provider wehrt sich plötzlich mit Händen und Füßen gegen eine solche Rechnungskorrektur, und bleibt konsequent bei der Behauptung, dass es sich um korrekt abgerechnete Positionen handelt, die Sie bezahlen müssen. Denn alles, was auf Ihrer Handyrechnung steht, sei richtig. Ein Mobilfunkprovider mache keine Fehler, solche passieren nur dem Kunden.

Dieses abscheuliche Verhalten ist darauf zurückzuführen, dass der Mobilfunkanbieter die Forderungen des Drittanbieters bereits aufgekauft hat. Die Beträge werden nicht vom Mobilfunkanbieter einverlangt und an das Fremdunternehmen weitergereicht, sondern gehen direkt auf das Konto Ihres Mobilfunkanbieters.

Zuvor hat der Mobilfunkanbieter die Forderung vom Drittanbieter erworben, jedoch nicht zum vollen Preis, sondern beispielsweise nur zur Hälfte. Die andere Hälfte der Gebühr stellt den Gewinn dar, den Ihr Mobilfunkanbieter erhält. Möchte der Drittanbieter z.B. eine Rechnung von 4,99 Euro von Ihnen bezahlt haben, so setzt Ihr Mobilfunkanbieter zwar die 4,99 Euro auf die Handyrechnung, zahlt an den Drittanbieter aber entsprechend den zuvor getroffenen vertraglichen internen Vereinbarungen z.b. nur die Hälfte aus. Auf diese Weise erzielt der Mobilfunkanbieter einen erheblichen Gewinn. Durch den Forderungsaufkauf hat der Mobilfunkanbieter Ausgaben, die er wieder hereinholen muss. Storniert er den Betrag des Drittanbieters, so würde er einen Verlust in der Höhe machen, die er bereits an den Drittanbieter gezahlt hat. Insofern liegt dem Mobilfunkanbieter viel daran, dass Sie die Drittanbieterleistung auf Ihrer Handyrechnung ausgleichen. Nur äußerst ungern wird ein solcher Rechnungsposten neutralisiert. Rechtmäßig ist dieses Verhalten natürlich nicht.

Stellen Sie sich vor, Sie kaufen ein neues Auto und unterzeichnen im Autohaus den Kaufvertrag. Am nächsten Tag stellt Ihnen der Autohändler nicht nur das Auto, sondern zusätzlich ein Motorrad vor die Tür. Natürlich verlangt er für beide Fortbewegungsmittel eine Bezahlung. Sie fragen den Händler, warum Sie ein Motorrad bezahlen sollen. Er antwortet, dass Sie den Kaufvertrag unterzeichnet haben, und dort stehe im Kleingedruckten, dass auch Leistungen anderer Unternehmen auf die Autorechnung gesetzt werden dürfen. Sie wundern sich und fragen, auf welcher vertraglichen Grundlage Sie denn ein Motorrad erworben haben sollen, wann und von wem. Der Autohändler antwortet abweisend, das ist ihm egal, das Motorrad sei nun mal da und müsse von Ihnen bezahlt werden. Es stammt von einem Motorradhändler aus der Umgebung, wenn Sie Einwendungen gegen den Kauf des Motorrads haben, dann sollen Sie das doch bitte mit dem anderen Händler klären. Dem Autoverkäufer sei das egal, er habe bereits die Kosten für das Motorrad übernommen und möchte diese nun von Ihnen ersetzt haben.

Ein übertriebenes Beispiel, aber vom Grundsatz her läuft es im Bereich zwischen Mobilfunkanbieter und Drittanbieter ähnlich ab. Nur, dass es hier um wesentlich kleinere Geldbeträge geht, so dass es vielen Kunden egal ist, wenn ein unbekannter, zusätzlicher Anbieter auf der Handyrechnung auftaucht. Genau darauf spekulieren die Drittanbieter, dass der Kunde sich aufgrund des eher kleinen Betrags nicht wehren werde, und die Zahlung ohne Widerstand veranlasst.

Nun gibt es in rechtlicher Hinsicht Mittel und Wege, um gegen Drittanbieter auf Handyrechnungen vorzugehen. Letztendlich führen diese auch zum Erfolg, erfordern aber ein paar Schreiben und etwas Mühe. Besser ist es daher, wenn die Drittanbieter erst gar nicht auf Ihrer Rechnung landen. Ich empfehle Ihnen daher, bei jedem neuen Mobilfunkvertrag unbedingt eine Drittanbietersperre einrichten zu lassen. Eine solche bietet inzwischen jeder Mobilfunkprovider an, nur die Wege dorthin sind unterschiedlich. Manche kundenfreundliche Provider lassen die Einrichtung einer solchen Sperre direkt auf ihrer Homepage zu, andere dagegen fordern vom Kunden einen Anruf über kaum erreichbare Kundenhotlines.

Bitte nehmen Sie diese Anstrengungen unbedingt in Kauf, denn Sie werden sich dadurch viele zukünftige Unannehmlichkeiten ersparen. Achten Sie auch darauf, bei einer Vertragsänderung, bei einer Vertragsverlängerung oder bei einem SIM-Karten-Austausch die Drittanbietersperre zu überprüfen und gegebenenfalls neu setzen zu lassen. So manch ein Provider löscht die Sperre immer dann, wenn es die kleinste Veränderung im Vertrag gibt, so dass der Kunde plötzlich und unbemerkt den Abrechnungen der Drittanbieter erneut ausgesetzt ist.

Wie derartige Fremdunternehmen es schaffen, sich auf die Handyrechnung zu setzen, möchte ich Ihnen in den folgenden Beispielen demonstrieren.

Nie getätigte Anrufe

Welche Geldfalle droht hier? Ihr Anbieter setzt Ihnen Verbindungen zu kostenpflichtigen Servicenummern auf die Handyrechnung, die Sie nie geführt haben. Dennoch fordert der Provider die Bezahlung des unbekannten Rechnungspostens.

Manchmal glauben Telekommunikationsunternehmen, besser über das Leben ihrer Kunden Bescheid zu wissen, als ihre Kunden selbst. So behauptet so manch ein Provider, dass sein Kunde telefoniert habe, obwohl dies zu dem konkreten Zeitpunkt nachweislich unmöglich war. Schildert man die Situation, aus der sich deutlich zeigt, dass die Rechnung fehlerhaft ist, bleibt der Anbieter stur und meint, Rechnungen können nicht lügen. Jegliche telefonische Verbindung, die auf der Rechnung steht, sei tatsächlich geführt worden und müsse vom Kunden bezahlt werden.

Einer meiner Mandanten arbeitet selbstständig und betreibt ein eigenes Gewerbe im Bereich Maschinenhandel, mit mehreren Angestellten. Diesen stellt er ein betriebliches Handy zur Verfügung. Im Februar rechnete der Mobilfunkanbieter auf einer der Handyrechnungen der Mitarbeiter einen Posten von 100,34 Euro ab. Hierbei handelte es sich laut Einzelverbindungsnachweis um einen Anruf von 59,46 Minuten an die Rufnummer 99999. Der Anruf soll angeblich an einem Donnerstag früh um 9.43 Uhr geführt worden sein.

Das ist jedoch völlig unmöglich. Der Angestellte meines Mandanten, der das Handy mit der entsprechenden SIM-Karte nutzt, war zu diesem Zeitpunkt beruflich als Kranführer bei der Verladung einer Schwerlast im Einsatz. Es ist auszuschließen, dass er während dieser Tätigkeit nebenbei eine ganze Stunde mit der 99999 telefonierte. Zudem war er nicht alleine, seine Kollegen standen bei der Verladung mit dabei. Diese wären aufmerksam geworden, wenn der betroffene Handybesitzer nicht seine Arbeit getätigt, sondern nebenbei eine knappe Stunde über das Handy telefoniert hätte.

Der Mitarbeiter selbst bestreitet, den Anruf getätigt zu haben. Er hat zu diesem Zeitpunkt seine Arbeit gemacht, sonst nichts. Er hat natürlich nicht eine ganze Stunde lang ein Gespräch mit einer Servicerufnummer geführt. Mein Mandant schätzt den Mitarbeiter sehr, er ist absolut vertrauenswürdig und loyal. Zudem ist im Verbindungsprotokoll seines Handys kein Anruf an die Rufnummer 99999 zu finden. Jeglicher eingehender und ausgehender Anruf wird in diesen Verbindungsprotokollen festgehalten. Hätte der Mitarbeiter mit dem Service telefoniert, so wäre der Anruf auf der Verbindungsliste zu finden gewesen. Außerdem handelte es sich um ein Mobiltelefon, bei dem sich die Tastensperre sehr schnell einschaltet. Manchmal geschieht das so schnell, dass es schon die Handhabung des Handys stört. Die kurz geschaltete Einstellung ist Absicht, damit keine unbeabsichtigten Anrufe getätigt werden können.

Weiterhin kann die Servicerufnummer nicht dadurch gewählt worden sein, dass der Mitarbeiter meines Mandanten aus Versehen konstant auf die Taste „9" des Handys drückte. Mein Mandant hat es noch einmal extra ausprobiert, ein ständiger Druck auf die 9 führt nicht dazu, dass sich diese mehrfach hintereinander wählt, sondern sie wird nur ein einziges mal gewählt. Um eine weitere 9 zu wählen, muss die Taste erneut betätigt werden.

Damit liegen mehrere Indizien vor, die zusammen genommen dazu führen, dass der Mitarbeiter meines Mandanten unmöglich die 99999 für eine knappe Stunde hat anrufen können. Es bleibt fraglich, wie dennoch der Rechnungsposten auf die Handyrechnung gelangen konnte.

Ein anderer meiner Mandanten fand auf seiner Handyrechnung die Abrechnung eines Drittanbieter-Servicedienstes mit der Rufnummer „11111". Auf der Rechnung wurde laut Einzelverbindungsnachweis der Servicedienst um 20:17:44 Uhr für eine Dauer von 59 Minuten und 27 Sekunden abgerechnet. Der für diesen einzelnen an die 11111 erfolgte Anruf zu zahlende Betrag wurde mit 118,34 EUR angegeben.

Merkwürdigerweise wurde laut Einzelverbindungsnachweis zur selben Zeit die Mailbox angerufen. Dieser Anruf hat um 20:17:36 Uhr stattgefunden und wies eine Dauer von 3 Minuten und 45 Sekunden auf. Das heißt, noch während mein Mandant seine Mailbox abhörte, hat er angeblich gleichzeitig, nur acht Sekunden später, einen weiteren Anruf an die Servicerufnummer 11111 getätigt.

Mein Mandant war sich sicher, dass er die 11111 nie angewählt hatte, schon gar nicht zur selben Zeit, als er eine Mailbox-Abfrage tätigte. Es war damit auf den ersten Blick erkennbar, dass die Handyrechnung fehlerhaft war.

Wie kann so etwas passieren? Wie können die Handys meiner Mandanten Servicenummern anrufen, obwohl das zum angeblichen Zeitpunkt nachweislich unmöglich war?

Einer meiner Homepage-Besucher ist technisch sehr versiert und schilderte mir, wie es zu derartigen Abrechnungen kommen könnte: Demnach handelt es sich hier um Applikationen, bei denen der Programmcode entsprechend illegal manipuliert wurde. Nach einer solchen Umprogrammierung kann die jeweils gewünschte Servicenummer von alleine angerufen werden. Der in der App verborgene Programmcode steuert dann, welche Nummer angerufen wird, wann und wie lange. Alternativ sei es möglich, über die App eine Verbindung zum Server des Drittanbieter-Unternehmens aufzubauen, so dass dieses selbst bestimmen kann, wann wer angerufen wird. Der Kunde bemerkt den Anruf nicht, er sieht ihn erst am Monatsende auf seiner Handyrechnung. Eine solche Vorgehensweise wäre natürlich vollständig rechtswidrig. Ob diese Schilderung stimmt, kann ich als Jurist mangels technischem Wissens nicht beurteilen, es würde aber erklären, warum so viele meiner Mandanten unbekannte Rufnummern auf ihren Rechnungen vorfinden, die sie niemals gewählt haben können.

Unerwünschte Servicedienste

Welche Geldfalle droht hier? Ihr Mobilfunkanbieter setzt Ihnen Serviceleistungen auf die Handyrechnung, die Sie nie in Anspruch genommen haben. Dennoch verlangt der Provider die vollständige Bezahlung der Rechnung.

Es geht im Drittanbieterbereich aber immer noch ein Stückchen kurioser, als man auf den ersten Blick denkt. So gibt es Fälle, in denen Mobilfunkprovider ihren Kunden Servicedienste zukommen lassen, selbst aber nicht wissen, was diese beinhalten. Dennoch fordern sie ihre Kunden zur Bezahlung auf. Fragen diese dann nach, was das für Dienstleistungen sind, und auf welcher vertraglichen Grundlage sie die Zahlung leisten sollen, so können die Anbieter das nicht beantworten.

Einer meiner Mandanten erhielt unerwartet eine völlig überhöhte Handyrechnung über 654,89 Euro. Als er sich den Einzelverbindungsnachweis anschaute, stellte er fest, dass ihm angeblich innerhalb von nur wenigen Minuten ungefähr 4.000 SMS von einer Servicerufnummer zugestellt wurden. Natürlich konnte er sich in keinster Weise erklären, was es damit auf sich hatte. Nach mehreren Telefonaten mit der Kundenhotline seines Mobilfunkproviders wurde er darüber aufgeklärt dass diese SMS ein kostenpflichtiger Servicedienst des Providers selbst seien. Welcher Service dabei erbracht wurde, und warum innerhalb so kurzer Zeit derart viele SMS versandt wurden, konnte sich der Mitarbeiter auch nicht erklären. Er riet lapidar, gegen die Rechnung Widerspruch einzu-

• 135 •

legen, vielleicht würde sich das ganze ja aufklären. Anhand seiner Nutzungsprotokolle konnte mein Mandant nicht feststellen, dass er zu irgend einem Zeitpunkt den entsprechenden Dienst abonniert hatte.

Hier haben wir einen typischen Fall, bei dem nicht einmal der Mobilfunkprovider sagen kann, um welche Leistung es sich bei den Rechnungsposten handelt. Leider erlebe ich das immer wieder, und es erstaunt mich doch sehr. Ein Unternehmen verkauft eine Leistung an seinen Kunden, und setzt dieses kostenpflichtig auf die Rechnung. Es kann aber nicht sagen, was für eine Leistung es verkauft hat. Können rechtswidrige Rechnungspositionen noch offensichtlicher sein?

Stellen Sie sich vor, Ihre Gastherme in der Wohnung ist defekt. Sie bestellen einen Handwerker, damit dieser die Reparatur durchführt. Nach getaner Arbeit überreicht er Ihnen seine Rechnung. Unerwarteterweise ist diese doppelt so hoch als wie der ursprünglich abgesprochene Kostenvoranschlag. Auf der Rechnung finden sich einige Positionen, die Sie nicht verstehen. Sie fragen den Handwerker, was das sein soll. Er nimmt die Rechnung in die Hand und liest sie sich durch. Mit einem Achselzucken reicht er Ihnen die Rechnung zurück und meint, er wisse auch nicht was das sein soll.

Erstaunt fragen Sie nach, warum er das nicht wisse, er habe die Rechnung doch soeben selbst erstellt. Erneut zuckt er mit den Achseln und sagt, er könne sich das auch nicht erklären, aber wenn es auf der Rechnung stehe, dann würde es schon stimmen. Abschließend bittet er sie, sich schriftlich an seinen Chef zu wenden und Widerspruch gegen die Rechnung einzulegen. Vielleicht würde sich das ganze dann klären. Ein absurdes Beispiel? Nein, aus Sicht der Mobilfunkanbieter Alltag und Normalität, denn auch sie können oftmals ihre eigenen Rechnungsposten nicht erklären.

Vielleicht lag auch bei diesem SMS-Fall eine rechtswidrig manipulierte Smartphone-Applikation vor, die eigenständig den Versand der tausenden von SMS ausgelöst hat. Bezahlen muss der Kunde eine solche Rechnung natürlich nicht, diese kann mit Hilfe eines Widerspruchs und der entsprechenden rechtlichen Begründung erfolgreich angefochten werden.

Plötzliche Abos auf der Rechnung

Welche Geldfalle droht hier? Auf Ihrer Handyrechnung stehen Abos für unbekannte Leistungen, die Sie nie gebucht haben. Ihr Mobilfunkanbieter sagt aber, dass alles, was sich auf der Rechnung findet, von Ihnen bezahlt werden muss.

Ein anderer problematischer Bereich bei den unerwünschten Drittanbietern sind Abos, die sich unerwartet auf die Handyrechnung verirren. So fand einer meiner Mandanten auf seiner monatlichen Abrechnung die Geltendmachung eines Erotik-Abos für wöchentlich 3,99 Euro. Er konnte sich in keinster Weise erklären, wie dieser Dienst auf seine Rechnung kam. Er wüsste auch nicht, welche Leistungen er hierzu auf sein Handy bekommen sollte, erotische Inhalte wurden ihm bislang nicht geliefert.

Sein Mobilfunkanbieter meinte, ein solcher Dienst käme dadurch zustande, dass der Kunde sich über sein Smartphone auf einer Erotik-Seite angemeldete habe. Das tat er aber zweifellos nicht.

Nach längerem Nachdenken fiel ihm ein, dass er vor kurzem ein Werbebanner mit erotischen Angeboten weggeklickt hatte. Beim Surfen auf dem Smartphone war dieses plötzlich erschienen, und er klickte es über das schwarze „x" oben rechts in der Ecke einfach weg.

Leider ist es vermutlich so, dass tatsächlich durch genau diese Aktion der Dienst gestartet wurde. Wie kann das sein? Wie kann das Wegklicken einer Werbung auf dem Handy dazu führen, dass man wöchentlich 3,99 Euro für ein nie gewolltes Erotik-Abo unbekannten Inhalts bezahlen muss?

Auch hier klärte mich ein technisch versierter Mandant auf, dass es möglich ist, ein Werbebanner so zu programmieren, dass alleine ein Klick darauf ein Abo verkauft. Der gesamte Registrierungsvorgang, der bei legaler Vorgehensweise aktiv vom Kunden vorgenommen werden muss, macht das im Hintergrund laufende Programm von alleine.

Es gäbe sogar Ausführungen von Programmcodes, die die Autofill-Funktion bei Formularen aktivieren. Hat der Kunde bei einer anderen Registrierung zuvor seine persönlichen Daten wie Name, Adresse, Bankverbindung etc. auf dem Smartphone eingegeben, so sind diese dort gespeichert. Im Rahmen der Autofill-Funktion können dann weiterer Formulare einfach durch Anklicken ausgefüllt werden. Das funktioniert genau so wie am PC, nur eben auf dem Handy. Bei legal programmierten Apps oder Internetseiten darf der Kunde bewusst entscheiden, ob er das Formular automatisch ausfüllen lassen möchte. Wird diese Funktion aber im Hintergrund aktiviert, ohne dass es der Kunde sieht, so kann er sich nicht dagegen wehren. Der Klick auf das Werbebanner übermittelt dann die persönlichen Daten und startet den kostenpflichtigen Abo-Dienst.

Das ganze ist selbstverständlich höchst illegal, aber im Nachhinein schwer nachweisbar. Der Drittanbieter, der von nun an sein Abo auf der Handyrechnung abrechnet, behauptet, er sei vom Kunden gewünscht worden. Wie sonst hätte er dessen persönliche Daten erhalten können? Wendet man sich an den Mobilfunkanbieter, so sagt dieser, ohne eine entsprechende Authentifizierung sei es unmöglich, ein solches Abo zu starten. Der Kunde habe das bestimmt bewusst gemacht, und könne sich bloß nicht mehr daran erinnern. Das ist nachvollziehbar, denn in den wenigsten Fällen erinnert sich der gestresste Mensch an einen kostenpflichtigen Vertragsschluss.

Stellen Sie sich vor, Sie stehen an einem gewöhnlichen Samstag mitten in der Fußgängerzone Ihrer Heimatstadt, und überlegen, was Sie noch einkaufen müssen. Plötzlich tritt von hinten ein Mann an Sie heran, überreicht Ihnen eine Erotik-DVD, und bittet Sie um Zahlung von 14,90 Euro. Verwundert fragen Sie den Herrn, was das denn soll, schließlich haben Sie diese DVD niemals gekauft. Doch doch, antwortet Ihnen der Verkäufer, Sie haben diese vor ca. 30 Minuten in seinem Geschäft gekauft, seien dann aber gegangen ohne zu zahlen und ohne die DVD mitzunehmen. Sicherlich könnten Sie sich daran einfach nicht mehr erinnern, aber nun muss der Kaufpreis natürlich bezahlt werden. Ein irrealer Vorgang? Nicht so aus der Sicht so manchen Mobilfunkanbieters. Nach dessen Vorstellung können sich zahlreiche Personen nicht mehr an abgeschlossene Verträge erinnern.

In einem solchen Fall kann sowohl der Drittanbieter als auch der Mobilfunkprovider dazu aufgefordert werden, den angeblichen Vertrag vorzulegen. Beide schaffen das nicht, da ein solcher nicht existiert. Ohne vertragliche Grundlage darf Ihnen aber niemand etwas in Rechnung stellen. Ohne den geforderten Vertragsnachweis kann der Abo-Dienst erfolgreich angefochten werden, denn der Mobilfunkprovider darf ihn dann nicht mehr auf die Handyrechnung setzen.

Vertrag ohne jeglichen Vertragsschluss

Welche Geldfalle droht hier? Sie registrieren sich für einen kostenlosen Dienst auf Ihrem Smartphone. Plötzlich rechnet dieser Dienst Kosten über Ihre Handyrechnung ab.

Wenn Sie ein Smartphone besitzen, dann wissen Sie, wie viele verschiedene Möglichkeiten es gibt, sich für die verschiedensten Nachrichtendienste und Newsportale anzumelden. Im Normalfall sind diese kostenlos, und finanzieren sich durch Werbung.

Nun gibt es findige Drittanbieter-Unternehmen, die versuchen, jene zahllosen Anmeldemöglichkeiten rechtswidrig zu ihren Gunsten auszunutzen. Sie täuschen ihrem Kunden vor, dass es sich um ein weiteres kostenfreies Angebot handelt, und fordern zur Registrierung auf. In Wahrheit geht es jedoch um eine kostenpflichtige Dienstleistung, die dann über die Mobilfunkrechnung illegal abgerechnet wird.

Einer meiner Mandanten berichtete mir, dass auf seinem Smartphone plötzlich eine Nachricht aufpoppte, in der er dazu aufgefordert wurde, sich für einen speziellen Newsdienst zu registrieren. Er bräuchte nur seine Handynummer einzutippen und auf „ok" zu klicken, dann würde er für sein ganz spezielles Interessengebiet regelmäßig eine Zusammenstellung der neuesten Nachrichten aus dem Internet erhalten. Das tat mein Mandant auch, da er das Angebot der Beschreibung nach für eine gute Idee hielt. Auf eine Kostenpflichtigkeit wurde nicht hingewiesen. Da jedoch nach dem Klick auf „ok" keine weitere Reaktion oder Rückmeldung erfolgte, ging mein Mandant zunächst davon aus, dass das ganze nicht funktioniert hätte.

Am nächsten Tag erhielt er eine SMS, in der er zum Kauf des Nachrichtendienstes beglückwünscht wurde. Von nun an würden ihm 6,99 Euro pro Woche dafür berechnet. Es wurde noch der Name des Anbieters genannt, eine Homepage-Adresse und eine Telefonnummer für Rückfragen.

Selbstverständlich wollte mein Mandant diesen Dienst sofort wieder beenden, da er niemals von einer Kostenpflichtigkeit ausgegangen war. Leider konnte er unter der angegebenen Rufnummer niemanden erreichen, und die angeführte Homepage pries zwar die Leistungen des Nachrichtendienstes in den wundervollsten Tönen an, eine Anleitung zu dessen Beendigung wies sie allerdings nicht auf. Auch eine Nachfrage bei seinem Mobilfunkprovider brachte erwartungsgemäß nichts, dieser beteuerte nur seine Unschuld und meinte, der Kunde solle sich direkt an den Drittanbieter wenden, irgendwie werde sich der Dienst schon stoppen lassen.

In rechtlicher Hinsicht liegt eine Abrechnung von Drittanbieterleistungen ohne vertragliche Grundlage vor. Alleine durch die Eingabe der Handynummer und des Klickens auf „ok" kommt nach deutschem Recht kein wirksamer Vertrag zustande. Es handelt sich vielmehr um eine klassische Drittanbieter-Falle, bei der der Kunde aufgrund eines scheinbar kostenlosen Angebots in eine ungewollte kostenpflichtige Leistung gezogen wird.

In solchen Fällen muss dem Mobilfunkprovider deutlich gemacht werden, dass keine vertragliche Grundlage existiert, die Rechnungsposten auf der Handyrechnung somit unberechtigt sind. Da der Provider die Posten auf die Rechnung setzt, ist er dafür voll verantwortlich, und muss für diese gerade stehen. Kann er einen Vertrag mit dem Drittanbieter nicht vorweisen, so ist er dazu verpflichtet, diesen wieder von der Handyrechnung herunter zu nehmen.

Sie sehen, es gibt zahlreiche Fälle, in denen sich Drittanbieter auf die Handyrechnung schleichen. Nach meinen Beobachtungen nimmt dieses Phänomen immer mehr zu, vermutlich weil sich dadurch viel Geld verdienen lässt. Daher noch einmal mein dringender Rat, bei jedem neuen Mobilfunkvertrag und bei jeder vertraglichen Änderung eine vollständige Drittanbietersperre einrichten zu lassen.

Im Idealfall lassen Sie sich diese Einrichtung schriftlich bestätigen, oder drucken eine erhaltene Bestätigungsnachricht Ihres Anbieters sofort aus. Dann haben Sie später, sollten sich unberechtigte Positionen auf Ihrer Handyrechnung finden, einen Nachweis hinsichtlich dieser Sperrung. Alleine durch Vorlage dessen ist der Mobilfunkprovider dann verpflichtet, die unerwünschten Rechnungspositionen wieder zu beseitigen.

Vertragsfallen

Von einer „Vertragsfalle" spricht man dann, wenn eine Person einen kostenpflichtigen Vertrag abschließt, ohne es zu bemerken. Nun fragen Sie sich, wie so etwas überhaupt möglich sein kann? Wie gerät man in einen Vertrag, ohne dass man es merkt? Leider kommt eine solche Situation viel häufiger vor, als Sie es sich zunächst vorstellen können. Zahlreiche dubiose Unternehmen in Deutschland haben sich darauf spezialisiert, ihre vermeintlichen Kunden in derartige angebliche Vertragsverhältnisse zu locken, um ihnen anschließend Rechnungen schicken zu können. Die Vorgehensweisen dabei sind vielfältig. So werden beispielsweise kostenlose Probeangebote gemacht, die im Kleingedruckten unbemerkt automatisch in einen kostenpflichtigen Vertrag übergehen. Oder man lässt den Kunden ein Formular ausfüllen, das auf den ersten Blick harmlos wirkt, auf den zweiten aber einen Vertragsabschluss offenbart. Manche rufen einfach an, und erzählen erfundene Lügengeschichten, nur um die persönlichen Daten des Angerufenen zu erfahren. Im Anschluss an das Gespräch erhält dieser dann eine Rechnung mit der Behauptung, am Telefon sei ein Vertrag abgeschlossen worden.

Von den zahlreichen in diesem Bereich angewandten Betrugsmethoden schildere ich Ihnen im folgenden die wichtigsten Fallkonstellationen, damit Sie darüber aufgeklärt sind und sich dagegen wehren können, sollte Ihnen einmal dergleichen passieren. Zudem erfahren Sie den rechtlichen Hintergrund, warum in den vorgestellten Sachverhalten kein Vertrag zustande kommen kann.

Die angeblich kostenlose Registrierung im Internet

Welche Geldfalle droht hier? Sie registrieren sich für ein scheinbar kostenloses Angebot im Internet. Plötzlich erhalten Sie vom Betreiber der Homepage unerwartet eine Rechnung.

Eine der häufigsten Fälle im Bereich des angeblichen Vertragsabschlusses sind diejenigen, bei denen es um eine augenscheinlich kostenfreie Registrierung bei einem Online-Internetangebot geht. Das kann eine Homepage für Routenplanungen sein, für Kochrezepte, besonders günstige Einkaufsangebote oder für die Teilnahme an Gewinnspielen. Um das Angebot wahrnehmen zu können, muss man sich mit seinen persönlichen Daten registrieren. Im Anschluss daran erhält der Kunde eine E-Mail mit den Zugangsdaten für die Internetseite, so dass er sich ab jetzt jederzeit anmelden kann, um die Homepage zu nutzen. Erst nach einiger Zeit kommt eine weitere E-Mail, in der plötzlich zur Zahlung eines bestimmten Geldbetrags aufgefordert wird.

So erging es einer meiner Mandantinnen, der auf Facebook eine sehr interessante Werbung ins Auge stach. Diese warb für eine Internetseite, auf der Produkte zu sehr günstigen Großhandelspreisen eingekauft werden könnten. Teilweise wurde mit Preisreduzierungen um bis zu 80 Prozent geworben. Davon angelockt klickte meine Mandantin auf die Werbeanzeige und landete auf einer neuen Internetseite. Dort musste sie ihren Namen eingeben, die E-Mail-Adresse, ihr Geburtsdatum und ihre Anschrift. Nachdem dies geschehen war, erhielt sie eine E-Mail mit ihrem Zugangsnamen und dem Passwort. Mit Hilfe dieser beiden Angaben konnte sie sich nun auf der Seite für Großhandelsangebote einloggen und sich die Produkte näher betrachten. Von einer Kostenpflichtigkeit war weit und breit nichts zu sehen.

Leider stellte sich das Angebot der Homepage als völlig unzureichend heraus, die in der Werbeanzeige gemachten Versprechungen wurden bei weitem nicht erfüllt. Die Seite bot kaum attraktive Angebote, die Preise waren höher als in der Werbung angepriesen, und wenn doch einmal etwas günstiges dabei war, so musste man dies gleich in größerer Menge ab 20 Stück aufwärts bestellen. All dies kam für meine Mandantin nicht in Frage, so dass sie die Seite enttäuscht wegklickte und auch später nicht mehr aufrief.

Nach ungefähr einer Woche erhielt sie plötzlich eine E-Mail mit einem beigefügten PDF. In diesem wurde sie als neue Kundin des Shoppingportals begrüßt und zur Zahlung von 196 Euro aufgefordert. Dies wäre der Betrag, der für die ersten zwölf Monate Onlinezugang anfallen würden. Nachvollziehbar, dass meine Mandantin überrascht war. Sie schrieb sofort an die Betreiber zurück und meinte, dass sie niemals einen solchen Vertrag abgeschlossen habe. Umgehend erhielt sie eine Antwort, in der stand, dass die Kundin sich mit der Registrierung verbindlich für einen zweijährigen Zugang zu dieser Einkaufshomepage angemeldet habe. Die Informationen hierfür wären deutlich auf der Seite zu lesen gewesen.

Völlig irritiert rief meine Mandantin die Internetseite erneut auf und ging an die Stelle, an der sich Neukunden zum ersten mal registrieren konnten. Tatsächlich fand sie dort eine kleingedruckte Textpassage, in der die Kosten des Vertrags benannt wurden. Diese Informationen standen in hellgrauer Schrift auf weißem Hintergrund ganz unten auf der Seite. Erst durch herunterscrollen des Bildschirminhalts gelangte man überhaupt zu dieser Stelle. Meine Mandantin war sich aber sicher, dass diese Schrift bei ihrer damaligen Registrierung nicht zu lesen war. Sie hatte sich alles ganz genau angeschaut, um derartige versteckte Kosten zu vermeiden.

Die Betreiber der Homepage gaben nicht auf. Nachdem sie ihrer neuen Kundin die Rechnung auch noch per Post hatten zukommen lassen, folgte die erste Mahnung. Meine Mandantin widersprach dieser, und stellte sich auf den Standpunkt, nie einen solchen kostenpflichtigen Vertrag abgeschlossen zu haben. Dennoch, das Online-Shopping-Unternehmen gab nicht auf und forderte penetrant den Ausgleich der Rechnung.

Was war hier geschehen? Nun, meine Mandantin hatte sich nicht getäuscht, bei ihrer Erstanmeldung wurde ihr tatsächlich eine Internetseite angezeigt, die keinerlei Informationen zu den Kosten des Vertrags beinhaltete. Es handelt sich hierbei um einen Trick, der immer wieder gerne von unseriösen Portalbetreibern genutzt wird: Die Kundin klickt eine Werbeanzeige in einem sozialen Netzwerk an. Diese Anzeige führt sie jedoch nicht auf die normale Anmeldeseite des Shoppingportals, sondern auf eine ganz speziell gestaltete, die nur für Personen erreichbar ist, die über die Werbeanzeige kamen. Das besondere an dieser speziellen Seite ist, dass diese keinerlei Informationen über die Kosten aufweist. Der Text zu den 196 Euro pro Jahr wird einfach weggelassen. Damit bleibt der Interessent im Glauben, das Angebot sei kostenlos. Später löschen die Betreiber diese Seite und verweisen bei Beschwerden schlicht auf die normale Registrierungsseite, auf der die Kosten benannt werden.

Dass dort die Kosten nur undeutlich am unteren Rand der Seite stehen ist ein weiterer Punkt im Plan der Betrüger, denn der Kunde, der aufgrund der plötzlich erhaltenen Rechnung die Registrierungsseite noch einmal aufruft, sieht nun diese kaum lesbare Textpassage am unteren Rand. Er glaubt, dass er diese Informationen beim ersten Besuch der Homepage vermutlich übersehen habe, und fühlt sich nun dazu verpflichtet, den Rechnungsbetrag zu bezahlen. Leider ist diese Vorgehensweise eine Methode, die immer wieder im Internet angewandt wird.

Trotz aller Bemühungen dieser Betrüger liegt in solchen Fällen kein rechtlich wirksamer Vertragsabschluss vor. Der Kunde wird getäuscht, ihm wird eine scheinbare Kostenfreiheit vorgespiegelt. Für einen wirksamen Vertragsschluss müssen jedoch die vertragliche Leistung und deren Preis deutlich benannt werden. Ist das nicht der Fall, so kommt kein Vertrag zustande. Der Kunde geht dann von einer Kostenfreiheit aus, das Unternehmen von einer Kostenpflichtigkeit.

Wir Juristen sprechen in einem solchen Fall von zwei verschiedenen Willenserklärungen, die sich nicht decken. Für einen wirksamen Vertrag ist eine Deckung jedoch zwingend erforderlich. Selbst wenn hier von einem Vertrag ausgegangen werden könnte, so ist dieser zumindest per Anfechtung wegen Täuschung und Irrtums wieder aufhebbar, außerdem kann ein Widerruf ausgesprochen werden. Die Seitenbetreiber müssten in Fällen wie diesen nachweisen, dass der Kunde sich über die Seite angemeldet hat, auf der die Informationen über die Vertragskosten enthalten waren. Das können sie aber nicht, denn ein solcher Nachweis ist bei einer Online-Anmeldung nahezu unmöglich. Behauptet der Kunde weiterhin, er habe die Kosteninformationen bei Registrierung nicht erhalten, so sind die Betreiber machtlos.

Sollten Sie einmal in eine solche Situation geraten sein, so leisten Sie bitte auf keinen Fall eine Zahlung an den Seitenbetreiber. Bleiben Sie unbedingt bei Ihrem Widerspruch. Egal welche Mahnungen und Zahlungsaufforderungen man Ihnen zukommen lässt, egal was man Ihnen böses androht, bleiben Sie konsequent und halten Ihren Widerspruch aufrecht. Sie werden sehen, dass die Rechnung über kurz oder lang intern storniert wird, und Sie keine Zahlungen zu leisten brauchen.

Einem anderen Mandanten erging es ähnlich. Er war im Internet auf der Suche nach einem guten Routenplaner. Nach Eingabe bei Google wählte er das erste Ergebnis in der Google-Trefferliste, da er hoffte, dies sei der beste Routenplaner. Nach Eingabe der Start- und Zieldaten kam der Hinweis, dass für die Nutzung des Routenplaners die E-Mail-Adresse des Nutzers einzugeben sei. Zusätzlich könne man mit der E-Mail-Adresse an einem lukrativen Gewinnspiel teilnehmen. Doch auch nach Eingabe seiner E-Mail-Adresse konnte mein Mandant die gewünschte Route noch immer nicht planen. Jetzt wurde er dazu aufgefordert, bei den Nutzungsbedingungen ein Häkchen zu setzen. Auch dies tat mein Mandant, in der Hoffnung, nun endlich die Planung durchführen zu können. Weit gefehlt, jetzt galt es, sich registrieren zu lassen. Eine Adresse oder selbst der Name wurde an keiner Stelle von der Seite abgefragt.

Nachdem die gesamte Prozedur abgeschlossen war, konnte meine Mandant endlich die eigentliche Routenplanung vornehmen. Es stellte sich jedoch heraus, dass die Internetseite keinen eigenen Planer verwendete, sondern lediglich die Routenplanungsfunktion von Google Maps in einem Fenster auf der Seite laufen ließ. Das brachte meinem Mandanten in seinem konkreten Fall wenig, denn er suchte spezielle Planungsoptionen, die Google Maps nicht vorweisen konnte. Sichtlich enttäuscht schloss mein Mandant die Seite und machte sich erneut auf die Suche nach einem zu seinen Zwecken passenden Routenplaner.

Noch am selben Tag erhielt mein Mandant plötzlich eine E-Mail mit einer Zahlungsaufforderung über 600 Euro. Diese wurde für die Anmeldung für den Routenplaner berechnet und beinhaltete eine einjährige Nutzungsdauer.

Wie im obigen Fall wusste der vermeintliche Kunde nichts davon, einen kostenpflichtigen Vertrag abgeschlossen zu haben. Die Rechnung kam nur per E-Mail, und war ohne seinen Namen und seine Adresse ausgestellt. Verständlich, denn diese Daten wurden nie eingegeben. Ebenso verwunderlich war der Umstand, dass die Bezahlung per Gutschein erfolgen sollte, der im Internet in Höhe des Rechnungsbetrags erworben werden musste.

Von dieser hohen und unerwarteten Rechnung aufgeschreckt, schaute sich mein Mandant die Homepage des Routenplaners noch einmal an. Erst nach langer Zeit wurde er fündig, und zwar in den Nutzungsbedingungen des Online-Unternehmens. Das war die Stelle, an der er zuvor ein Häkchen setzen musste, um dieselben anzuerkennen. Ein kaum sichtbarer Link führte zu diesen Bedingungen, und dort stand zwischen hunderten von Textzeilen ein einzelner Abschnitt über die Kosten von 600 Euro pro Jahr.

In diesem Fall gilt, dass kein rechtlich wirksamer Vertrag zustande gekommen ist. Der Kunde wusste nicht, dass er sich für ein kostenpflichtiges Angebot registrierte, hatte dementsprechend keinen Willen zum Abschluss eines solchen Vertrags. Zudem ist es rechtlich nicht möglich, etwas derart entscheidendes wie den Preis einer Dienstleistung in den Nutzungsbedingungen zu verstecken. Derartige Kosten müssen groß und deutlich benannt werden, so dass der Kunde sie auf den ersten Blick erkennen kann.

Probemitgliedschaft mit unerwarteten Folgen

Welche Geldfalle droht hier? Sie melden sich im Internet für einen zeitlich begrenzten kostenlosen Zugang zu einem Portal an. Nach Ablauf der Probenutzungszeit wandelt sich Ihr Zugang ungewollt in einen kostenpflichtigen Vertrag um.

Eine Vertragsfalle liegt auch dann vor, wenn eine kostenlose oder sehr günstige Probemitgliedschaft unbemerkt in eine teure Vollmitgliedschaft übergeht.

So meldete sich einer meiner Mandanten bei einer Online-Jobbörse an. Ihm wurde versprochen, dass er dort ausgewählte Jobangebote erhalten würde, die ansonsten nirgendwo zu finden seien. Die Betreiber der Seite warben damit, dass sie spezielle Vereinbarungen mit den nach Arbeitskräften suchenden Unternehmen träfen, damit diese ihre Stellenanzeige exklusiv zur Verfügung stellen konnten. Das Angebot klang gut, und mein Mandant erhoffte sich dadurch endlich eine neue Festanstellung.

Um die Seite kennenzulernen, bot das Portal eine Probemitgliedschaft für drei Wochen an, zu Kosten von lediglich fünf Euro. Dass sich diese Mitgliedschaft verlängern würde, war an keiner Stelle vermerkt, weder auf der Homepage bei der Anmeldung, noch bei den im Anschluss an die Registrierung zugesandten Bestätigungs-E-Mails. Im Rahmen der Probemitgliedschaft testete der neue Kunde die Online-Jobbörse ausgiebig, musste ihr schließlich aber enttäuscht den Rücken kehren. Die Versprechungen der Betreiber wurden in keinster Weise eingehalten, auf dem Portal fanden sich nur die üblichen Stellenausschreibungen, die auch sonst überall im Internet zu finden waren. Es schien fast so, als ob die Betreiber die Anzeigen von anderen Seiten einfach auf ihre Homepage kopiert hätten.

Nun gut, dachte sich mein Mandant, es war nur eine Probemitgliedschaft, dann lass ich diese eben einfach auslaufen und suche an anderer Stelle weiter nach einem neuen Job. Sie ahnen bereits, dass dies nicht so einfach war, wie sich mein Mandant das dachte. Nachdem die drei Wochen abgelaufen waren, erhielt er eine E-Mail, in der er als neuer Kunde zur Vollmitgliedschaft begrüßt wurde. Die Portalbetreiber schrieben, dass er sich während des Probezeitraums sicher einen ersten guten Eindruck von den Leistungen der Jobbörse habe machen können. Nach Ablauf der drei Wochen geht die Mitgliedschaft nun in eine vollwertige über, zu Kosten von 125 Euro pro Monat. Man wünsche dem Bewerber viel Glück und sei sich sicher, dass er mit Hilfe ihres Stellenportals bald seinen Traumarbeitgeber gefunden haben werde. Der Betrag wird ab jetzt monatlich vom Bankkonto des Kunden abgebucht.

Völlig irritiert über diese Nachricht rief er sofort bei der Hotline des Portals an. Der dortige Mitarbeiter aber meinte, dass das ein ganz normaler Vorgang sei. Wenn die Probemitgliedschaft nicht gekündigt würde, so ginge diese immer in eine normale Mitgliedschaft über, mit einer Mindestlaufzeit von einem Jahr. Das sei fester Vertragsbestandteil und so auch in den Vertragsbedingungen auf der Homepage festgehalten.

Mein Mandant war verunsichert und las noch einmal die ganzen Texte auf den Internetseiten der Jobbörse nach. Erst nach langem Suchen fand er die entsprechende Reglung im Kleingedruckten auf einer versteckten Unterseite. Diese beinhaltete den Umstand, dass eine Probemitgliedschaft innerhalb der ersten Woche gekündigt werden muss, ansonsten geht sie automatisch in eine Vollmitgliedschaft über.

Ganz so einfach, wie es sich die Portalbetreiber denken, ist es in rechtlicher Hinsicht nicht. Wie immer gilt auch hier, dass ein Vertrag nur dann zustande kommen kann, wenn die Bedingungen und Kosten des Angebots deutlich benannt werden. Wird eine Probemitgliedschaft für einen Zeitraum von drei Wochen offeriert, so gilt nur das. Es handelt sich um einen Vertrag mit fester Laufzeit von drei Wochen, nicht mehr und nicht weniger. Eine unbekannte automatische Verlängerung ist rechtlich nicht möglich. Darüber müsste der Kunde vorab informiert werden, ein Hinweis lediglich im Kleingedruckten irgendwo auf den Internetseiten der Jobbörse genügt dem nicht.

Sind Sie in eine solche Falle geraten, so machen Sie sich keine allzugroßen Sorgen. Der Portalbetreiber müsste den Vertrag über die automatische Verlängerung nachweisen. Das kann er aber nicht, da sich die vertraglichen Bedingungen nicht im Hauptvertrag befinden, sondern versteckt an ganz anderer Stelle. Es mangelt daher an einem rechtlich wirksamen Vertragsabschluss, und ohne einen solchen darf er Ihnen keine Rechnung stellen. Daher empfehle ich, in einem solchen Fall, der Rechnung zu widersprechen, wie oben bereits erwähnt, und auf den fehlenden Vertrag in Bezug auf die Vollmitgliedschaft zu verweisen. Einen Vertrag über die Probemitgliedschaft haben Sie abgeschlossen, das ist unstreitig, aber mehr nicht. Abbuchungen von Ihrem Bankkonto, welche über die Kosten der Probemitgliedschaft hinausgehen, dürfen Sie daher getrost direkt über Ihre Bank zurückbuchen lassen.

Abovertrag durch vorgetäuschte Gewinnspiele

Welche Geldfalle droht hier? Über die Teilnahme an einem Gewinnspiel lotst man Sie rechtswidrig in einen Vertrag mit Abnahmeverpflichtung eines bestimmten Produkts wie beispielsweise DVDs.

Es gibt Unternehmen in Deutschland, die ihre Dienstleistungen oder Waren seltsamerweise so unbemerkt wie möglich an den Kunden bringen möchten. Sie wählen nicht den normalen Weg, den Kunden durch Leistung und Qualität zum Vertragsabschluss zu überzeugen, nein, sie machen das lieber heimlich, so dass der Kunde überhaupt nicht bemerkt, einen Vertrag abgeschlossen zu haben.

Ein möglicher Weg, um an die Kontaktdaten eines neuen potentiellen Kunden zu gelangen, ist der, ein Gewinnspiel vorzutäuschen. Macht die ausgewählte Person mit, so hat man ihre Daten, und kann sie anschließend anrufen oder anschreiben, und sie dadurch in einen ungewollten Vertrag zwingen.

Einer meiner Mandanten wurde auf offener Straße von einem Mann angesprochen, der ihn zur Teilnahme an einem Gewinnspiel überredete. Es sei alles kostenlos und gefahrlos, der Teilnehmer würde keinerlei Risiken oder vertragliche Verpflichtungen eingehen. Auch ein Datenmissbrauch sei ausgeschlossen, denn auf der Gewinnspielkarte sei bereits vermerkt, dass die Daten vertraulich behandelt würden und keine Weitergabe an Dritte erfolge.

Davon überzeugt füllte mein Mandant die Teilnahmekarte für das Gewinnspiel aus. Es gab angeblich mehrere neue Flachbildfernseher und BluRay/DVD-Player zu gewinnen. Die Aktion sei dazu da, um neue Kunden für einen DVD-Vertrieb zu gewinnen, was bedeute, dass jeder

Teilnehmer im Anschluss an das Gewinnspiel einmalig angerufen werde. Doch auch dies sei harmlos, da nach dem Anruf keine weitere Kontaktaufnahme erfolgen würde. Mein Mandant musste nun seinen Namen, seine Anschrift, E-Mail-Adresse, Telefonnummer und Geburtsdatum eintragen.

Nach ein paar Tagen wurde der neue Kunde tatsächlich von einem Mitarbeiter des DVD-Vertriebs angerufen. Zunächst erzählte der Mann von den Vorzügen des Unternehmens, doch relativ zügig gelangte er zu der Stelle, an der er meinen Mandanten auf ein konkretes Angebot ansprach. Dieses beinhaltete eine kostenfreie Mitgliedschaft, in deren Rahmen er monatlich eine bestimmte Anzahl an stark vergünstigten DVDs bestellen könne. Er müsse lediglich einmalig eine DVD zum Preis von 14,99 Euro erwerben, alle anschließenden Käufe seien freiwillig. Der Kunde werde aber sicherlich zahlreiche Bestellungen tätigen, so der Anrufende, da die Angebote im jeweiligen Monatsprospekt unschlagbar waren. Der Vertrieb habe sich darauf spezialisiert, Restposten von DVD-Beständen aufzukaufen und diese dann sehr günstig an seine Mitglieder weiterzuverkaufen. Preise von zwei bis drei Euro pro aktueller DVD sind normal, und bereits zahlreiche Mitglieder wären restlos begeistert.

Mein Mandant willigte ein, da die Mitgliedschaft kostenlos und die eine verpflichtende Bestellung zu verschmerzen sei. Er hatte bereits eine große DVD-Sammlung zuhause und war sehr daran interessiert, diese noch auszuweiten. Besonders einige Exemplare von Filmen aus früheren Jahren fehlten ihm noch, und durch dieses Angebot hoffte er, die vorhandenen Lücken in seiner Sammlung kostengünstig schließen zu können. Er teilte dem Anrufer mit, dass er einverstanden wäre, und gab ihm seine Bankverbindung bekannt.

Es vergingen ungefähr zwei Wochen, bis schließlich ein Päckchen des DVD-Vertriebs bei dem neuen Kunden eintraf. Als er es öffnete, war die Überraschung groß. Statt einer DVD befanden sich darin gleich vier Stück, und statt einer Rechnung über 14,99 Euro erhielt mein Mandant eine Aufforderung zur Zahlung von 54,99 Euro.

Im beigefügten Begleitschreiben stand, dass man den Kunden als neues Mitglied recht herzlich begrüße. Die Kosten für die zweijährige Laufzeit des Vertrags lagen bei 54,99 Euro pro Quartal. Als Leistung würde der Kunde jeweils vier durch den Vertrieb ausgesuchte DVDs erhalten. Zusätzlich könne der Kunde selbstverständlich eine beliebige Anzahl weiterer DVDs aus dem umfangreichen Angebot des Vertriebs aussuchen.

Insgesamt hatte der Kunde damit einen Mindestbetrag von 433,92 Euro zu bezahlen, und erhielt hierfür 32 DVDs, auf deren Auswahl er keinerlei Einfluss hatte. Was da auf ihn zukam, konnte er bereits anhand des ersten Päckchens erkennen. Dieses beinhaltete Filme der Kategorie Liebesfilm und Liebeskomödie. Gattungen, mit denen er überhaupt nichts anfangen konnte.

Unabhängig davon hatte er einen solchen Vertrag nie abgeschlossen. Er rief umgehend bei dem ominösen DVD-Vertrieb an und beschwerte sich. Doch dort meinte man, dass er in die Mitgliedschaft eingewilligt habe, und das wurde auf Band aufgezeichnet. Die Mitgliedschaftsbedingungen seien auf der Homepage des Unternehmens klar und deutlich einsehbar, und an diese müsse er sich gefälligst halten. Wenn er aus dem Vertrag heraus wolle, sei dies durchaus möglich, aber erst nach Ablauf der zwei Jahre Mindestmitgliedschaftsdauer.

Das ist in rechtlicher Hinsicht natürlich vollkommener Unsinn. Wie bei den meisten Vertragsfallen-Angelegenheiten liegt auch in dieser überhaupt kein wirksam geschlossener Vertrag vor. Der Kunde wusste nichts von den acht Quartalen Mindestlaufzeit, und auch nichts von der Abnahmeverpflichtung von vier DVDs pro Quartal. Alleine dadurch, dass er der Mitgliedschaft zugestimmt hat, wird ein solcher Vertrag nicht geschlossen.

Das harmlose Formular mit Hintergedanken

Welche Geldfalle droht hier? Sie füllen ein Formular aus, im Glauben, dass es von einer Behörde stammt. Plötzlich meldet sich ein fremdes Unternehmen bei Ihnen und meint, dass Sie einen kostenpflichtigen Vertrag abgeschlossen haben.

Besonders neu gegründete Gewerbebetriebe sind der ständigen Gefahr von Vertragsfallen ausgesetzt. Ich beobachte bereits seit langem, dass es immer mehr unseriöse Unternehmen in Deutschland gibt, die sich darauf spezialisiert haben, gerade solche Neugründer zu belangen. Vermutlich deswegen, weil diese als ein leichtes Opfer angesehen werden? Das ist möglich, denn Gewerbetreibende, die gerade erst angefangen haben, verfügen manchmal über nur wenig Berufserfahrung, und werden mit zahllosen behördlichen Formalitäten geradezu überschüttet.

Eine besondere Gruppe unter den Betreibern von Vertragsfallen geht daher so vor, dass sie darauf achten, wer gerade einen Gewerbebetrieb neu gegründet und registriert hat. Diese Informationen sind öffentlich über das Gewerberegister zugänglich. Man geht so vor, dass ein Formular erstellt wird, das dem eines behördlichen täuschend ähnelt. Füllt der Gewerbetreibende dieses aus, unterschreibt, und schickt es an den Absender zurück, so soll er sich plötzlich in einem teuren Vertrag befinden. Meist handelt es sich dabei um von den Betreibern der Vertragsfalle selbst erstellte Branchenbücher oder Adressverzeichnisse, in das das Opfer für viele hundert Euro eingetragen wurde.

Einer meiner Mandanten hatte gerade ein kleines Nachhilfeinstitut für Englisch und Französisch eröffnet, als er einen amtlich wirkenden grauen Briefumschlag erhielt. In diesem Briefumschlag befand sich ein Formular, das an einigen Stellen ausgefüllt werden musste. Das Schreiben beinhaltete etliche Details, die auf den ersten Blick wie das Schreiben einer Behörde oder des Gewerbeamtes wirkten.

Zunächst war mein Mandant etwas nervös, da er dachte, es handle sich möglicherweise schon wieder um eine Zahlungsaufforderung. Die Gründung eines eigenen Betriebs ist nicht billig, diese Erfahrung musste er bereits mehrfach machen. Doch diesmal war es nur die Aufforderung, die Adressangaben seines Nachhilfeinstitutes zu bestätigen bzw. zu ergänzen. Als mein Mandant das sah, dachte er nicht mehr groß nach, und überprüfte auch nicht, von wem das Formular exakt stammte. Er bestätigte die darauf gemachten Angaben wie Bezeichnung des Instituts und dessen Adresse, und fügte dann noch die fehlenden Angaben wie E-Mail-Adresse und Homepage hinzu. Anschließend faxte er den Bogen unterschrieben an die dick und fett angegebene Faxnummer.

Eine Weile geschah nichts, doch dann lag eine unerwartete Rechnung im Briefkasten. Angeblich hatte mein Mandant den Auftrag erteilt, sein Nachhilfeinstitut in ein Online-Branchenbuch eintragen zu lassen. Hierfür sollte er knapp 500 Euro im Jahr bezahlen. Da er sich nicht an einen solchen Auftrag erinnern konnte, schrieb er dem Rechnungssteller eine E-Mail und bat um Nachweis, wann und wie der angebliche Vertrag abgeschlossen wurde.

Postwendend erhielt er eine Kopie des von ihm vor wenigen Wochen ausgefüllten und gefaxten Formularbogens. Erst jetzt sah er sich diesen etwas genauer an und sah, dass auf der rechten Seite des Blattes in ganz kleiner Schrift der Hinweis enthalten war, dass es sich bei dem Bogen um ein Angebot handele, eine Eintragung in ein Branchenverzeichnis im Internet vornehmen zu lassen. Wenn man daran interessiert sei, müsse nur das Formular ausgefüllt und unterschrieben werden. Mit dem Fax würde dann der Vertrag zustande kommen.

Als mein Mandant das las wurde er wütend, dass er auf eine solche arglistige Täuschung hereingefallen war. Er ärgerte sich, denn sonst war er immer sehr bedacht und unterschrieb nie etwas ungesehen. Eine Erklärung, warum er in diesem Fall so ungestüm unterzeichnete, hatte er nicht.

Nachdem er sich an meine Kanzlei gewandt hatte, konnte ich ihn ein wenig beruhigen. Ich klärte meinen Mandanten darüber auf, dass solche Formulare sehr zahlreich verschickt werden und viele Neugründer davon betroffen sind. Die Betreiber dieser Vertragsfalle sind darauf aus, dass der Empfänger des Schreibens keine großartige Prüfung des Inhaltes vornehme, sondern dieses ungelesen zurückfaxe. Aus diesem Grund sei die Gestaltung absichtlich so gehalten, dass der Bogen einen behördlichen Eindruck erwecke. Das verschaffe dem Empfänger Sicherheit und die Gewissheit, dass irgendeine Behörde im Rahmen seiner Betriebsneugründung lediglich eine genaue Aktualisierung der Kontaktdaten wünsche. Dass am Rand des Blattes ein Vertrag in ganz kleiner Miniaturschrift angeboten werde, übersehen die meisten.

Auch hier gilt der Vertragsfallen-Grundsatz, dass ein Vertrag nur dann zustande kommt, wenn beide Parteien von denselben vertraglichen Bedingungen bezüglich Leistung und Preis ausgehen. Das war hier nicht der Fall, denn mein Mandant wollte bei weitem keinen Vertrag über einen Branchenbucheintrag abschließen. Zudem ist die Anfechtung wegen Täuschung und wegen Irrtums möglich.

Sollten Sie ein neues Gewerbe gründen, sich selbständig machen, ein Geschäft eröffnen oder ein sonstiges Unternehmen aufbauen, so achten Sie bitte unbedingt auf jedes einzelne Schriftstück, das Sie per Post, Fax oder per E-Mail erhalten. Unterschreiben Sie nichts voreilig, und schauen lieber zweimal hin, worum es darin geht. Denn der hier geschilderte Fall ist nicht der einzige, es gibt zahlreiche dubiose Betrüger, die derartige Formulare versenden.

Ein unfairer Anruf voller Lügen

Welche Geldfalle droht hier? Sie führen einen kleinen Betrieb oder ein Ladengeschäft und erhalten plötzlich einen Anruf. Darin werden Sie durch diverse Tricks dazu aufgefordert, mehrmals „Ja" zu sagen. Anschließend erhalten Sie eine Tonaufnahme mit einem angeblichen Vertragsschluss zugeschickt.

Nicht nur mit Formularen werden Gewerbetreibende versucht zu fangen, sondern auch per Telefon. Eine beliebte Methode ist die, vorzutäuschen, dass durch den Anruf die Aktualität des vorhandenen Branchenbucheintrags oder der bereits bestehenden Werbeanzeige kontrolliert werden soll.

Es ruft jedoch nicht dasjenige Unternehmen an, bei dem die Werbung oder der Eintrag tatsächlich geschaltet wurde, sondern ein ganz anderes. Dieses hat zuvor die lokale Tageszeitung durchgesehen und geprüft, wer dort inseriert. Oder es hat sich die Gelben Seiten vorgenommen und nachgeschaut, wer alles einen Eintrag führt. Da dort die Kontaktdaten angegeben sind, ist es ein leichtes für die Betrüger, unter der angegebenen Nummer anzurufen und damit die Lügengeschichte zu beginnen.

Eine meiner Mandantinnen ist Inhaberin eines kleinen Buchladens. In diesem erhielt sie eines Tages einen Anruf. Der Mann am anderen Ende der Leitung meinte, er müsse einen Datenabgleich hinsichtlich des bereits bestehenden Branchenbucheintrags machen. Tatsächlich

hatte meine Mandantin einen kostenlosen Eintrag in einem bekannten Online-Verzeichnis geschaltet. Sie ging davon aus, dass der Mann wegen dieses Eintrags anriefe. Zunächst verlief das Gespräch wie erwartet, der Anrufer prüfte mit der Ladeninhaberin alle Kontaktdaten nacheinander durch, ob diese noch auf dem aktuellsten Stand waren. Plötzlich musste während des selben Telefonats zu einer anderen Mitarbeiterin umgeschaltet werden. Diese informierte meine Mandantin, dass der bislang kostenfreie Eintrag ab jetzt kostenpflichtig sei und 379 Euro pro Jahr koste. Dies würde so in den Geschäftsbedingungen stehen, jeder kostenlose Eintrag werde irgendwann nach Ablauf einer vorgegebenen Zeit in einen kostenpflichtigen umgewandelt. Jedoch konnte sich die Angerufene nicht daran erinnern, einen solchen Vertrag, der sich von einem kostenlosen in einen kostenpflichtigen umwandeln würde, unterzeichnet zu haben. Sie bat daher die Frau am anderen Ende der Leitung, diesen angeblichen Vertrag in Kopie zuzusenden, es könne einen solchen nämlich überhaupt nicht geben.
  Lange Zeit geschah nichts, erst nach sechs Wochen erreichte meine Mandantin ein zweiter Anruf. Diesmal fragte ein Mitarbeiter des Branchenbuchunternehmens nach, ob die Vertragsunterlagen angekommen seien. Da bislang keine Post eingetroffen war, verneinte dies meine Mandantin. Sie ließ sich Name und Telefonnummer des Anrufers nennen, und gab diese ihrem Mann. Der rief später von einem anderen Anschluss aus an, erreichte dort jedoch nur den Anrufbeantworter. Er sprach nichts auf Band.
  Am selben Tag ging ein Rückruf des Branchenbuchunternehmens ein, und der Anrufer fragte, warum die Ladeninhaberin um diesen Anruf gebeten habe. Hierauf stellte meine Mandantin klar und deutlich dar, dass nie ein Rückruf erwünscht war. Davon ließ sich der Mann nicht abbringen und fragte nochmals nach, ob die Vertragsunterlagen eingetroffen waren. Auch hier verneinte meine Mandantin, und meinte, es habe nie einen solchen Vertrag gegeben, also könne man ihr wohl kaum Unterlagen dazu zusenden. Man solle sie mit diesem angeblichen Vertrag nun endlich in Ruhe lassen.
  Nichtsdestotrotz traf nach einer Weile eine Rechnung der Firma ein. Abgerechnet wurden 379 Euro für ein Jahr Branchenbucheintrag in einem für die Ladeninhaberin völlig unbekannten Internet-Branchenverzeichnis.
  Selbstverständlich bezahlte sie diese Forderung nicht, sondern wandte sich umgehend schriftlich an das rechnungsstellende Unternehmen. Sie bat abermals um Vorlage des Vertrags, auf dessen Basis die Rechnung erstellt wurde. Diesmal reagierte die Firma sehr schnell und ließ meiner Mandantin eine E-Mail zukommen, in deren Anhang eine Audi-

odatei lag. In dieser befand sich eine Gesprächsaufzeichnung, welche meine Mandantin erstaunen lies. Das aufgezeichnete Telefonat ging damit los, dass sich eine weibliche Stimme freundlich mit Namen vorstellte und anschließend darum bat, dass die angerufene Person sämtliche Vertragsdaten deutlich mit einem „Ja" bestätigte. Dies geschah dann auch, und meine Mandantin wunderte sich sehr, wann dieses Telefonat stattgefunden haben sollte. Die gesprochenen „Ja"s waren unzweifelhaft ihre Stimme, aber diese Fragen hatte sie nie gehört und mit Sicherheit nicht mit einem „Ja" beantwortet.

Angesichts dieser Audiodatei war die Ladeninhaberin nun verständlicherweise sehr beunruhigt, denn sie vermutete natürlich, dass ein solcher telefonischer Vertrag rechtlich bindenden Charakter haben würde. Doch wie kam es zu dieser Aufzeichnung? Hatte sie das wirklich gesagt, und konnte sich aufgrund der vielen vergangenen Wochen einfach nicht mehr daran erinnern?

Als mich die Frau kontaktierte, konnte ich sie etwas beruhigen. Es ist in diesen Fällen meist so, dass die betrügerisch agierende Branchenbuchfirma vermutlich eine digitale Veränderung der bisherigen Telefonate vorgenommen hat. Ein solches Vorgehen beobachte ich immer wieder. Gewerbetreibende werden angerufen und in ein Gespräch verwickelt. Dabei wird versucht, Ihnen mindestens ein „Ja" zu entlocken. Das aufgezeichnete Telefonat wird anschließend geschnitten und mit weiteren Elementen versehen, die zuvor einzeln durch die Telefonisten des Branchenbuchunternehmens gesprochen wurden.

Am Ende entsteht ein digitaler Schnitt aus zahlreichen einzelnen Fragen, die die angerufene Person scheinbar alle brav mit „Ja" beantwortet. Hört man sich das anschließend an, so entsteht für einen Außenstehenden der Eindruck, dass ein bewusst gewollter Vertrag telefonisch abgeschlossen wurde. Nur derjenige, der real das Telefonat geführt hat, weiß, dass er nie solche Fragen hörte und dementsprechend auch nie bejahen konnte. Es handelt sich um einen Fall des echten Betrugs durch Fälschung von Tondokumenten.

Da es sich um eine zusammengeschnittene Tonaufzeichnung handelt, liegt in rechtlicher Hinsicht natürlich kein echter Vertrag vor. Der wäre nur zustandegekommen, wenn sie dem Angebot am Telefon bewusst zugestimmt hätte. Trotz einer solchen Aufzeichnung sollte die Rechnung auf keinen Fall bezahlt und stattdessen Widerspruch eingelegt werden. Es empfiehlt sich unbedingt, auf den Betrugsverdacht hinzuweisen und eine Übergabe an die Staatsanwaltschaft anzukündigen. Diese könnte mit Hilfe eines entsprechend geschulten Tontechnikers herausfinden, dass es sich tatsächlich um ein illegal geschnittenes Gespräch handelt. Meist zeigt eine solche Ankündigung Wirkung.

Unwahrheiten im Fitnessstudio

Anscheinend ist der Markt im Bereich Fitnessstudios hart umkämpft. Das würde erklären, warum so manches Studio mit jeder nur denkbaren Methode um neue Kunden kämpft. Sie können sich gar nicht vorstellen, wie oft ich in meiner Kanzlei Anfragen von betroffenen Kunden erhalte, die auf die eine oder andere unseriöse Weise in einen Fitnessvertrag gedrängt wurden.

Schaut man sich an, wo überall neue Studios entstehen, so mag das nachvollziehbar sein, denn schließlich muss jeder neue Fitnesscenter eine gewisse Mindestanzahl an Kunden anlocken, um profitabel zu wirtschaften. Ein leeres Studio wirft keinen Gewinn ab, also müssen die Räume mit zahlenden Mitgliedern gefüllt werden, egal wie. Der Weg, der dann manchmal gewählt wird ist der, über falsche Versprechungen Kunden zu einem Neuvertrag zu überreden, den diese ohne die Zusagen niemals abgeschlossen hätten. Eine typische Geldfalle.

Die unmögliche Kündigung bei Umzug

Welche Geldfalle droht hier? Sie schließen einen Fitnessstudiovertrag ab und teilen von Anfang an mit, dass Sie möglicherweise bald umziehen. Das Studio meint, dies sei kein Problem, selbstverständlich können Sie bei einem Umzug jederzeit aus dem Vertrag aussteigen. Wenn es dann soweit ist, verweigert das Studio die Kündigung, und Sie müssen für viele weitere Monate sinnlose Mitgliedsgebühren bezahlen.

Eine häufig genutzte Vorgehensweisen, um zu einem Vertragsabschluss zu kommen, ist die, dem Kunden eine Kündigungsmöglichkeit bei Wegzug zu suggerieren. Denn so mancher potentieller Neukunde scheut einen zwölf- oder 24-monatigen Vertragsabschluss, wenn er weiß, dass er in der nächsten Zeit möglicherweise umziehen könnte.

Bislang war es rechtlich möglich, bei einem Wegzug eine außerordentliche Kündigung zu erklären, um so vorzeitig aus dem Vertrag herauszukommen. Inzwischen hat sich die Rechtslage geändert, denn der Bundesgerichtshof hat in einem Grundsatzurteil festgestellt, dass ein Umzug des Kunden nicht mehr zur vorzeitigen Kündigung im Fitnessstudio berechtigt. Dieses verbraucherunfreundliche Urteil führt nun dazu, dass einige erst recht zögern, wenn es um die Unterschrift unter einen Fitnessstudiovertrag geht.

Um dem möglichen Kunden die Sorgen zu nehmen, geht der eine oder andere Studiomitarbeiter nun in die Offensive und bietet ein außerordentliches Kündigungsrecht aus „Kulanz" an. Meist geschieht das immer nach demselben Ablauf: Der Kunde macht ein kostenloses Probetraining und schaut sich das Studio an. Am Ende wird er vom Trainer mit in sein Büro genommen und gefragt, wie ihm das Fitnessstudio gefallen hat, und ob er sich vorstellen könne, einen Vertrag abzuschließen. Es sei gerade jetzt besonders lohnenswert, da es eine Sonderaktion mit kostenlosem ersten Monat und vergünstigten Mitgliedsgebühren etc. gäbe.

Angesichts möglicher Ersparnisse wird der Kunde hellhörig, doch er zögert noch, weil er nicht weiß, wie lange er in der Stadt verbleibt. Es könne sein, dass demnächst ein Umzug aus beruflichen Gründen ansteht, dies sei aber noch ungewiss. Auf einen solchen Einwand des Bedenkens reagiert der Trainer routiniert mit dem beruhigenden Einwand, man solle sich wegen eines bevorstehenden Umzugs keine Sorgen machen, wenn es tatsächlich so weit sei, könne der Vertrag selbstverständlich vorzeitig gekündigt werden. Hierzu müsse nur die behördliche Abmeldebescheinigung eingereicht werden, schon sei man aus dem Vertrag heraus.

Derart beruhigt unterschreibt der Kunde den Fitnessstudiovertrag. Doch später, als der Umzug vor der Tür steht, will das Studio nichts mehr von der Zusatzvereinbarung gehört haben. Auf Nachfrage des Kunden wisse man von nichts, und habe das bestimmt nie gesagt.

Beweise hat der Kunde keine, da er alleine beim Vertragsgespräch saß, eine schriftliche Notiz gibt es nicht, und aus rechtlichen Gründen sei die Kündigung ohnehin nicht gestattet. Selbstverständlich dürfe der Kunde nun umziehen, aber der Vertrag bleibe bestehen und solle noch viele weitere Monate vom Kunden bezahlt werden. Ein Fest für das Fitnessstudio, denn es hat einen Kunden weniger in den Räumen, erhält aber trotzdem monatlich sein Geld.

Genau so erging es einem meiner Mandanten. Er war während eines Hochschulpraktikums in Stuttgart und hatte sich dort für ein Fitnessstudio angemeldet. Da er sich sicher war, dass er lediglich für ein halbes Jahr vor Ort sein werde, und danach wieder nach München zurückzieht, hatte er diese Umstände beim Probetraining exakt so seinem Trainer gesagt. Daraufhin wurde dem möglichen Neukunden mündlich mitgeteilt, dass die Mitgliedschaft bei Umzug selbstverständlich gekündigt werden könne.

Nach Ablauf der Praktikumszeit erklärte mein Mandant wie angekündigt die Kündigung wegen Umzugs. Zudem widersprach er der vereinbarten Bankeinzugsermächtigung. Leider teilte ihm das Fitnesscenter nach Erhalt der Kündigung mit, dass das überhaupt nicht ginge. Eine Kündigung aufgrund eines Umzugs sei rechtlich nicht möglich, er müsse im Vertrag verbleiben. Als Alternative bot das Studio an, er könne jetzt sofort aus dem Vertrag aussteigen, wenn er den Restbetrag von 500 Euro bis zum offiziellen Vertragsende auf einmal bezahlen würde.

In diesem Fall war es tatsächlich ein Problem, dass mein Mandant keinerlei Nachweise über die mündliche Zusatzvereinbarung hatte. Er saß bei dem Gespräch ganz alleine, und es wurde nichts schriftlich festgehalten. Er unterzeichnete einen ganz normalen Vertrag, der keine außerordentliche Kündigung wegen Umzugs vorsah. Vermutlich sicherte auch hier der Trainer die Möglichkeit zur vorzeitigen Kündigung nur deswegen zu, um einen weiteren zahlenden Kunden zu erhalten.

Das Studio hatte jedoch einen entscheidenden Fehler gemacht: Obwohl der Kunde im Kündigungsschreiben die Bankeinzugsermächtigung entzog, buchte das Studio weiter von seinem Konto ab. Ein solches Verhalten ist strafbar, und gibt die Berechtigung zur Sonderkündigung. Niemand kann gezwungen werden, bei einem Vertragspartner zu verbleiben, der sich strafbar gemacht hat.

Sollten Sie weder einen schriftlichen Zusatz über die Kündigungsmöglichkeit in Ihrem Vertrag haben, und auch keinen Zeugen, der die Zusicherung der Kündigung bestätigen kann, so versuchen Sie es auf Kulanzbasis. Wenden Sie sich schriftlich an das Studio, und schildern Sie genau, was man Ihnen bei Vertragsabschluss versprochen hat. Stellen Sie dar, warum Sie nun umziehen müssen, und dass Sie ohne den Wohnortwechsel gerne Kunde in dem Studio geblieben wären.

Handelt es sich um ein kundenfreundliches Studio, so wird Ihnen die vorzeitige Kündigung evtl. auf diesem Weg doch noch gewährt.

Ein strafrechtlich relevantes Verhalten müssen Sie jedoch in keinem Fall dulden. Verstößt das Studio gegen das Gesetz und macht sich strafbar, so können Sie die sofortige außerordentliche Kündigung erklären. Denn niemand ist dazu gezwungen, mit einem Vertragspartner weiter zusammenzuarbeiten, der sich strafbar gemacht hat.

Damit Sie nicht in eine solche Lage geraten, gebe ich Ihnen einen wichtigen Rat: Lassen Sie jegliche Zusatzvereinbarung mit in den Vertrag aufnehmen, und verlassen Sie sich niemals auf eine rein mündliche Zusage. Denn steht etwas erst einmal im Vertrag, so kann es später nicht geleugnet werden.

Das gilt nicht nur für Absprachen hinsichtlich zusätzlicher Kündigungsmöglichkeiten, sondern in Bezug auf alle Extraabsprachen. Vereinbaren Sie eine kürzere Laufzeit, einen besonders günstigen Preis, kostenlose Getränke, extra Betreuung oder gesonderte Einführungstrainingsstunden, so lassen Sie all dies mit in den Vertrag aufnehmen.

Dabei spielt es keine Rolle, ob das per handschriftlicher Notiz auf dem Vertragszettel geschieht, oder ob es per Computer mit in den Vertragstext eingetippt wird, Hauptsache, es steht irgendwo, und Sie erhalten eine Kopie davon für Ihre Unterlagen. Dann sind Sie auf der sicheren Seite.

Gedrängte Überrumpelung zum Vertragsschluss

Welche Geldfalle droht hier? Sie werden unter dem Vorwand, dass Sie ein Widerrufsrecht haben, in einen Fitnessstudiovertrag gedrängt. Später stellt sich heraus, dass das Widerrufsrecht in Ihrem Fall nicht gilt. Sie sind dazu verpflichtet, einen ungewollten Vertrag für zwölf oder 24 Monate lang zu bezahlen.

Möchte der Kunde nicht umziehen, soll aber dennoch zum Vertragsabschluss überzeugt werden, so muss sich der Fitnessstudiobetreiber andere überzeugende Argumente ausdenken, um den Kunden in den Vertrag zu locken.

Meist besteht die dann angewandte Vorgehensweise darin, den Kunden zu bedrängen: Angeblich gäbe es nur jetzt eine Sonderaktion, und diese sei nur dann gültig, wenn er noch heute den Vertrag unterschreiben würde. Sollte der Kunde noch Bedenkzeit brauchen, so müsse er sich deswegen keine Sorgen machen, denn immerhin habe er ein 14-tägiges Widerrufsrecht. Er solle daher am besten erst einmal unterschreiben und die Sonderaktion mitnehmen. Bei Nichtgefallen widerruft er einfach den Vertrag.

Als in der Nähe meiner Mandantin ein neues Fitnessstudio eröffnet hatte, war sie neugierig geworden und wollte es sich anschauen. Zudem hingen an den Außenwänden Plakate mit dem Hinweis auf die Neueröffnung, zusammen mit besonders günstigen und einmaligen Angeboten. Gedacht, getan, meine Mandantin ging an einem Samstag hin, um sich einen Eindruck von dem neuen Studio zu verschaffen.

Vor Ort wurde sie vom Trainer durch alle Bereiche des Fitnessstudios geführt. Nach dem Rundgang fragte er nach, ob sie denn an einer Mitgliedschaft interessiert sei. Als meine Mandantin etwas zögerte, wies er auf das absolut einmalige Angebot für Neukunden hin. Damit könne viel Geld gespart werden, es sei aber nur am heutigen Samstag gültig.

Eigentlich ist meine Mandantin nicht der Typ, der sofort auf ein Angebot einsteigt. Sie nimmt lieber erst einmal die Unterlagen mit nach Hause, um es sich in Ruhe durch den Kopf gehen zu lassen. Doch diesmal schob sie ihren Grundsatz beiseite und ließ sich zu einer Vertragsunterschrift hinreißen.

Sie war schon drauf und dran, den Vertrag zu unterzeichnen, zögerte aber dennoch etwas. Das bemerkte der Trainer, und kam mit dem bereits oben erwähnten Argument an, dass die Kundin doch erst einmal unterschreiben könne, sie habe doch ein 14-tägiges Widerrufsrecht. Zudem wies er darauf hin, dass der Vertrag erst ab dem kommenden Monat zu laufen beginne. Dann bekäme die Kundin einen zusätzlichen Gratismonat, da der jetzige soeben erst angefangen hatte. Das half, und meine Mandantin unterschrieb.

Später, als sie sich zuhause die Vertragsunterlagen anschaute, stellte sie fest, dass diese Nebenabrede hinsichtlich des kostenfreien ersten Monats nirgendwo stand. Stattdessen befand sich ein Vermerk im Vertragstext, dass keine Nebenabsprachen bestünden.

Zudem erfuhr die Neukundin von ihrer Nachbarin, die ebenfalls vor ein paar Tagen einen Mitgliedschaftsvertrag abgeschlossen hatte, dass man dem Studio seinen Fingerabdruck geben müsse, um sich im Fitnesszirkel in die Geräte einchecken zu können. Auch hiervon hatte der Trainer kein Wort gesagt. Insgesamt fühlte sich meine Mandantin überrumpelt, und wollte den Vertrag widerrufen.

Bereits am nächsten Tag schrieb sie einen formlosen Widerruf sowohl für den Vertrag als auch für den Bankeinzug. Als sie diesen persönlich im Studio abgeben wollte, war die an diesem Tag eingeteilte Trainerin zunächst irritiert, da sie nichts von einer Widerrufsmöglichkeit wusste. Sie telefonierte kurz mit der Studioleitung, nur, um der Kundin dann mitteilen zu müssen, dass es bei Fitnessstudios generell kein 14-tägiges Widerrufsrecht gebe. Eine Kündigung sei erst zum Laufzeitende in zwei Jahren möglich. Sie sehen, hier liegt eine typische Überrumpelungssituation vor, wie sie tagtäglich in zahlreichen Studios in Deutschland angewandt wird.

In dem vorliegenden Fall verhält es sich in rechtlicher Hinsicht so, dass die Notwendigkeit zum Fingerabdruck den Vertrag zu Fall bringt. Die Kundin war auf diesen wichtigen Umstand nicht hingewiesen worden, und er steht auch nicht im Vertragstext. Ohne den Fingerabdruck kann sie aber einen großen Teil der Geräte nicht nutzen. Damit liegt in rechtlicher Hinsicht eine Leistungsverweigerung seitens des Fitnessstudios vor, aufgrund deren die Kundin den Vertrag außerordentlich kündigen kann.

Bitte lassen Sie sich nie vorschnell auf einen Vertragsabschluss ein. Es sollte immer genug Zeit geben, um in Ruhe die Vertragsunterlagen studieren zu können. Wird Ihnen das verwehrt, so lassen Sie lieber gleich ganz von der Mitgliedschaft ab, denn dann stimmt etwas nicht.

Zudem sind Sonderaktionen nie einmalig, es gibt sie immer wieder. Und oftmals ist es so, dass ein Vertrag sogar noch Wochen nach Ablauf der Sonderaktion zu denselben Bedingungen abgeschlossen werden kann, wenn man den Studiobetreiber nur freundlich genug darum bittet. Meist ist es für diesen wichtiger, einen Neukunden zu erhalten, als sich strikt an die ursprünglich festgelegten Zeiten des Aktionszeitraums zu halten. Auch in den Fällen der besonders günstigen Aktionen gilt: Lassen Sie unbedingt alles im Vertrag festhalten. Es ist von großer Wichtigkeit, dass Nebenabreden nicht nur mündlich zugesichert werden, sondern dass Sie es schwarz auf weiß im Vertragstext haben.

Das plötzlich verschwundene Studio

Welche Geldfalle droht hier? Sie schließen einen Vertrag mit einem neuen Fitnessstudio für ein Jahr ab und leisten die gesamte Zahlung im Voraus. Plötzlich schließt das Studio, und Ihr Geld ist weg.

Immer wieder kommt es vor, dass Fitnessstudios plötzlich und unerwartet schließen. Das ist vor allem dann ärgerlich, wenn Sie bereits den gesamten Mitgliedsbeitrag vorab für ein ganzes Jahr an das Studio überwiesen haben. Ich denke, dass hier manchmal geplante Absicht dahinter steckt. Denn Geld kassieren, und anschließend keine Leistung erbringen, mag für so manchen Studiobetreiber eine verlockende Möglichkeit sein, um schnelles Geld mit wenig Aufwand zu erhalten.

In der Nachbarschaft meines Mandanten eröffnete vor kurzem ein neues Fitnessstudio, das nicht zu den großen Ketten zählte, sondern ein Studio ohne weitere Filialen war und von einer Einzelperson betrieben wurde. Gerade mit diesen Umständen machte es Werbung, es versprach eine individuelle Betreuung und persönlichen Kontakt zum Studioinhaber.

Meinen Mandanten reizte das, denn er wollte nicht wie bisher in der Anonymität großer Fitnesscenter untergehen. Dieses Fitnessstudio war anders, es befand sich nicht in einer riesigen Halle, sondern eher in kleinen überschaubaren Räumlichkeiten mit gezielt ausgewählten Trainingsgeräten. Ein Bodybuilding-Studio im ursprünglichen Sinne, sehr individuell, ohne Kurse oder Sauna, mit dem Ziel des reinen Muskelaufbaus.

Mein Mandant vereinbarte einen Termin zum Probetraining und war begeistert, denn ein solches Studio hatte er sich immer zum Trainieren gewünscht. Der Nachteil war, dass der Mitgliedschaftsvertrag eine Vorauszahlung der gesamten Beiträge für ein Jahr vorsah. Das hieß, der Kunde musste einen Betrag von 708 Euro für das ganze Jahr im Voraus bezahlen. Das war meinem Mandanten egal, er wollte Mitglied in jenem Fitnessstudio werden, auch zu diesen Bedingungen.

Nachdem er den Vertrag unterzeichnet, das Geld überwiesen und das Training bereits ein paar mal durchgeführt hatte, stand er eines Tages unerwartet vor verschlossenen Türen. Das Studio war leer, dunkel, und abgeschlossen. Eine Klingel gab es nicht, Klopfen brachte nichts. Lediglich ein kleiner Zettel hing an der Eingangstür, der in etwa den folgenden Wortlaut hatte: *„Liebe Mitglieder, aufgrund eines Brandschadens ist das Studio derzeit leider geschlossen. Wir arbeiten mit Hochdruck an der Renovierung und versuchen, euch das Training so bald wie möglich wieder zu ermöglichen. Die Studioleitung."* Eine Name war nicht angegeben, ebenso wenig eine Kontaktadresse, eine E-Mail-Adresse oder eine Telefonnummer. Auch von den angeblich unter Hochdruck laufenden Renovierungsarbeiten war weit und breit nichts zu sehen. Zuhause durchforstete mein Mandant seine Vertragsunterlagen, doch auch dort war außer der Studioadresse keine weitere Kontaktmöglichkeit angegeben. Zuvor hatte er nicht auf derartige Details im Vertrag geachtet, doch jetzt war er ratlos und wusste nicht, was er tun sollte. Selbst eine Recherche über das Internet brachte keine weiteren Informationen ein.

In den nächsten Wochen ging mein Mandant immer wieder mal zu dem Studio, doch die Situation blieb unverändert. Das Studio war verschlossen, von Arbeitern, Trainern oder der Studioleitung nichts zu sehen.

Nach einiger Zeit hing ein neuer Zettel an der Tür: *„Liebe Mitglieder, leider mussten wir Insolvenz anmelden, das Studio kann daher nicht mehr geöffnet werden. Das tut uns ausdrücklich leid, aber aufgrund finanzieller Schwierigkeiten waren wir gezwungen, diesen Schritt zu gehen. Wir hoffen, dass euch das Training bei uns Spaß gemacht hat und ihr bald ein anderes schönes Studio findet, um euren Muskelaufbau fortzusetzen. Die Studioleitung."*

Auch auf diesem Zettel fand sich keine Kontaktmöglichkeit. Zudem war davon auszugehen, dass diese Insolvenz nur vorgetäuscht wurde, da auf Nachfrage beim zuständigen Amtsgericht keine Insolvenzanmeldung des Studios bekannt war.

Vermutlich war beides gelogen, es gab weder einen Wasserschaden noch eine Insolvenz, der Betreiber schloss das Studio, nachdem er merkte, dass sich damit doch nicht so viel Geld verdienen lässt wie erhofft. Da alle Mitglieder die Gebühr für ein ganzes Jahr vorab überwiesen hatten, konnte der Studioinhaber dieses Geld für sich einnehmen und damit ungesehen verschwinden.

Das alles ist kein Einzelfall. Gerade hier in Berlin erlebe ich es immer wieder, dass außerhalb der großen Ketten unseriös agierende Individualstudios plötzlich eröffnen und genauso schnell wieder schließen. Sie können sich gar nicht vorstellen, wie oft ein Fitnessstudio angeblich einen Brandschaden oder einen Wasserschaden hat und daher geschlossen werden muss. Schon erstaunlich, wie schnell es in einem Studio brennen kann. Sollten Sie einmal in Ihrem Fitnessstudio trainieren und neben sich ein Feuer entdecken, so sorgen Sie sich nicht, es ist ganz normal.

Durch den mit dem Kunden abgeschlossenen Vertrag hat sich das Fitnessstudio in rechtlicher Hinsicht dazu verpflichtet, für ein Jahr lang die Möglichkeit zum Training zur Verfügung zu stellen. Der Kunde hat durch die Zahlung des Jahresbeitrags seine eigene vertragliche Leistungspflicht erfüllt. Verweigert das Studio nun die Möglichkeit zum Training, indem es die Räumlichkeiten verschlossen hält, kommt es seinen vertraglichen Pflichten nicht nach. Der Kunde besitzt dann ein außerordentliches Kündigungsrecht und kann das bereits überwiesene Geld zurückfordern.

Zugegeben, einfach sind derartige Sachverhalte nicht. Das Geld ist weg, der Studiobetreiber ist verschwunden, das Fitnessstudio geschlossen, Mitarbeiter sind nicht aufzutreiben und Kontaktadressen oder Telefonnummern existieren nicht.

In einem solchen Fall kann man manchmal direkt über die eigene Bank eine Rückbuchung des bereits überwiesenen Geldbetrages erlangen. Man stellt hierzu der Bank die Situation dar und verweist auf das illegale Verhalten des Fitnessstudios. Es muss dabei deutlich gemacht werden, dass der Betreiber möglicherweise von Anfang an diesen Betrug plante, und legt hierzu gleichzeitig die bereits erstattete Strafanzeige vor. All dies bewegte im Idealfall die Bank dazu, Kontakt mit der Empfängerbank aufzunehmen. Jene kann das Geld dann an Ihre Bank zurück überweisen, so dass Sie den gesamten Jahresbeitrag wieder erhalten. Aber, wie gesagt, diese Fälle sind selten. Meist ist das Geld weg, und es gibt keine Person, gegen die ein Rückzahlungsanspruch geltend gemacht werden kann. Hier bleibt dann nur die Erstattung einer Strafanzeige übrig, damit wenigstens die Polizei die Ermittlungen aufnimmt.

Besser ist es, erst gar nicht in eine solche Situation zu gelangen. Daher mein Rat an Sie: Meiden Sie Studios, die den gesamten Jahresbeitrag im Voraus fordern. Egal mit welchen Versprechungen und Vergünstigungen man Sie lockt, die Gefahr, dass am Ende das Geld verloren ist, ist einfach zu groß. Schließen Sie stattdessen einen ganz normalen Vertrag ab, bei dem der Mitgliedsbeitrag monatlich von Ihrem Konto abgebucht wird. Damit sind Sie auf der sicheren Seite, auch wenn es vielleicht ein paar Euro mehr kostet.

Nicht nur kleine Einzelstudios sind von der plötzlichen Schließungsgefahr betroffen, sondern auch größere Ketten mit bekanntem Namen. Kommt es hier zur Insolvenz, so ist auch bei bekannten Fitnessketten das im Voraus bezahlte Geld weg. Insofern empfehle ich Ihnen auch hier, immer nur Verträge mit monatlich zu entrichtenden Mitgliedsgebühren zu wählen, in keinem Fall aber eine Vorauszahlung der ganzen Jahresgebühr.

Leere Versprechungen

Welche Geldfalle droht hier? Sie schließen einen Fitnessstudiovertrag ab, in der Erwartung, dass das Studio in naher Zukunft sein Angebot erweitert. Dies passiert aber nicht. Sie sind nun an einen Vertrag gebunden, den Sie in dieser Form nie wollten, und müssen für zwölf oder 24 Monate Mitgliedsgebühren an das Studio zahlen.

Möchte ein Fitnessstudio Kunden mit besonderen Leistungen anlocken, ohne diese tatsächlich anbieten zu müssen, so wählte es den Weg der leeren Versprechungen. Eine Vorgehensweise, die sich bei einigen unseriösen Studios bewährt hat, denn sie fangen zahlreiche neue Kunden ein, ohne viel Geld dafür investieren zu müssen.

Einer meiner Mandanten interessierte sich für ein Fitnessstudio, das eine erhebliche Erweiterung seines Angebots angekündigt hatte. Bislang handelte es sich um ein eher kleines Studio, das lediglich Gerätetraining anbot. Nun wollte es laut eigenen Aussagen stark expandieren und die Trainingsfläche erweitern. Mit in das Programm sollten zahlreiche Kurse und eine Saunalandschaft aufgenommen werden. Man wollte hierzu extra anbauen und die bisherigen Räume umfangreich sanieren.

Aufgrund dieser geplanten Erweiterung gab es, wie könnte es anders sein, eine Neukundenaktion. Das Studio versprach, wer jetzt einen Mitgliedschaftsvertrag abschließe, erhalte einen besonders günstigen Beitrag. Denn später, wenn alle Erweiterungen erst einmal gebaut sind, steige dieser erheblich an. Davon angelockt unterschrieb mein Mandant den Vertrag und begann mit dem Training.

Doch die Wochen zogen ins Land, und nichts geschah. Keine neue Halle wurde errichtet, keine Sauna installiert, und von einem Kursprogramm war weit und breit nichts zu sehen. Eigentlich wurde den Kunden versprochen, dass alles innerhalb von vier Monaten fertig sein solle, doch nun waren diese vergangen und es war noch nicht einmal mit dem Bau begonnen worden.

Auf eine Nachfrage seitens meines Mandanten erhielt dieser nur die Antwort, dass sich die Baumaßnahmen aufgrund noch ausstehender Genehmigungen etwas verzögerten, der Baubeginn aber bald vor der Tür stehe.

Nichts geschah. Immer wieder fragte mein Mandant nach, und im gleichen Rhythmus erhielt er neue Ausreden, warum die Planungen noch nicht in die Tat umgesetzt werden konnten. Gleichzeitig beobachtete er, wie das Studio weiter neue Mitglieder anwarb, mit den gleichen Versprechungen, mit denen man auch ihn geködert hatte.

Schließlich, als bereits sieben Monate seit Vertragsunterzeichnung ins Land gezogen waren, gab mein Mandant auf und erklärte die außerordentliche Kündigung. Er wollte nicht mehr länger warten, er hatte sich zu sehr auf die Sauna und die Kurse gefreut, doch nun erschien es ihm so, als ob diese nie Einzug in das Studio halten würden. In dem Falle wäre es für ihn sinnvoller, bei einem anderen Fitnessstudio Mitglied zu werden, auch wenn dieses einen etwas höheren Monatsbeitrag verlangt.

Zur großen Verwunderung meines Mandanten akzeptierte das Studio die Kündigung nicht. Dass die Erweiterungen noch nicht umgesetzt worden sind, so das Studio, sei kein Kündigungsgrund, da diese ja noch kämen, wenn auch etwas verspätet. Zudem habe er einen Vertrag unterzeichnet, der lediglich das normale Training vorsehe. Von Sauna und Kursen stehe darin nichts.

Dadurch aufmerksam geworden schaute der Kunde in seinen Vertrag, und musste tatsächlich feststellen, dass dies ein ganz gewöhnlicher Fitnessstudiovertrag war, der sich nur auf die alten Räumlichkeiten des Studios bezog. Die Ankündigung der zusätzlichen Bereiche fand sich darin in keinster Weise.

Hier handelte es sich um einen typischen Fall, in dem ein unseriöses Fitnessstudio versucht, durch leere Versprechungen neue zahlende Kunden anzulocken. Ich erlebe derartige Konstellationen immer wieder in meiner Kanzlei, und sie laufen meist nach dem gleichen Muster ab. Irgendwann teilt das Fitnessstudio seinen Neumitgliedern mit, dass aus ganz bestimmten Gründen die geplanten Ergänzungen leider doch nicht kommen. Es tue ihnen wirklich leid, aber man könne da gar nichts machen. Eine vorzeitige Kündigung wird nicht akzeptiert, denn Vertrag sei Vertrag, und der Kunde könne doch trainieren. Dass es später einmal zusätzliche Angebote gebe, habe man nie im Vertrag festgehalten, insofern würde keine verbindliche Vereinbarung mit dem Kunden bestehen. Eine echte Geldfalle. Ohne das Versprechen hätte mein Mandant niemals den Vertrag unterzeichnet.

Werden Ankündigungen, die Gegenstand eines Vertrags waren, nicht in die Tat umgesetzt, so hat der Kunde das Recht zur außerordentlichen Kündigung. Das Problem liegt aber meist darin, dass die geplanten Erweiterungen und der damit verbundene Kündigungsgrund nicht in den Vertrag geschrieben wurden.

Macht das Studio umfangreiche Ankündigungen zu zukünftigen Baumaßnahmen, und schließt ein Kunde aus diesem Grund einen Vertrag ab, so müssen die Erweiterungen daher unbedingt mit in den Vertrag aufgenommen werden. Nur dann kann der Kunde später den Nachweis erbringen, dass er den Vertrag nur aus diesem Grund eingegangen ist. Liegt kein schriftlicher Nachweis vor, so können evtl. Zeugen herangezogen werden, die beim Vertragsschluss mit dabei waren.

Ich rate Ihnen dringend, sich niemals auf Versprechungen eines Fitnessstudios einzulassen. Man weiß nie, ob diese umgesetzt werden, oder bloße Versprechungen bleiben. Warten Sie lieber ab, ob es tatsächlich zu den angekündigten Baumaßnahmen kommt, und schließen erst nach deren Fertigstellung einen Vertrag ab. Möchten Sie trotzdem schon vorzeitig Mitglied werden, so lassen Sie die Ankündigungen schriftlich in den Vertrag mit aufnehmen, ebenso wie ein Sonderkündigungsrecht. Für den Fall, dass die Erweiterungen dann doch nicht gebaut werden sind Sie damit auf der sicheren Seite.

Das Geschäft der Kreditvermittler

Zu jeder Zeit im Leben kann es einmal vorkommen, dass man plötzlich viel Geld braucht, aber zu wenig davon hat. Das ist der typische Fall, in dem die meisten ein Bankdarlehen aufnehmen würden. Problematisch wird es dann, wenn einem dieses verwehrt wird, beispielsweise wegen fehlender Sicherheiten oder einem Schufa-Negativeintrag.

An dieser Stelle kommen die Unternehmen ins Spiel, die sich auf die Vermittlung von Darlehen in zunächst aussichtslosen Fällen spezialisiert haben. Leider können diese keine Wunder bewirken, denn wenn die Bank ihrem Kunden das Darlehen verweigert, so wird sie diese Haltung auch dann nicht aufgeben, wenn sich ein Vermittler dazwischenschaltet. Dennoch gibt es einige unseriöse Kreditvermittlungsunternehmen, die genau das vorgeben.

Viel Geld für einfaches Rechnungssortieren

Welche Geldfalle droht hier? Sie beantragen ein Darlehen bei einer Ihnen unbekannten Institution. Ihnen wird die Auszahlung des Darlehens versprochen, doch plötzlich stellt sich heraus, dass man sich lediglich um die Sortierung Ihrer Rechnungen kümmern möchte. Dafür sollen Sie mehrere hundert Euro bezahlen.

Ein häufig anzutreffendes Geschäftsmodell ist die „Finanzsanierung". Ein Finanzsanierer hat eigentlich die Aufgabe, sich um die Schulden seines Kunden zu kümmern. Er muss sich einen Überblick über die Einnahmen, die Ausgaben und die zu tilgenden Schulden machen. Anschließend unterstützt er die betroffene Person dabei, wieder zu einem finanziell geregelten Leben zurückzukehren. Wie Sie sehen, ist das eigentlich eine sehr wichtige und sinnvolle Dienstleistung. Finanzsanierer, die ihre Aufgabe seriös, ehrlich und ernsthaft angehen, können ihren Kunden eine wertvolle Hilfestellung sein.

Der Trick, der leider häufig von unseriös agierenden Finanzsanierern angewandt wird, ist der, dem Kunden zwar eine Sanierung zu verkaufen, ihn aber in dem Glauben zu belassen, dass tatsächlich ein echter Kredit vermittelt wird. Da der Kunde überhaupt nicht bemerkt, dass ihm lediglich eine Dienstleistung über die Sortierung von Rechnungen und Aufstellung von Listen verkauft wird, unterschreibt er vorschnell den Sanierungsvertrag. Erst bei genauem Hinsehen zeigt sich, dass die versprochenen Darlehensgelder niemals ausgezahlt werden.

Einer meiner Mandanten benötigte dringend 8.250 Euro. Auf herkömmlichem Weg fand er kein Bankinstitut, das ihm diesen Betrag auszahlen wollte. Also begab er sich auf eine Recherche ins Internet und fand schließlich eine Homepage, die ihm vertrauenswürdig erschien. Dort versprach man, dass selbst in aussichtslosen Fällen Kredite vermittelt werden könnten, dass eine Schufa-Prüfung nicht stattfindet, und dass man nahezu garantieren könne, dass der gewünschte Kreditbetrag in jedem Falle ausgezahlt werden würde. Sichtlich begeistert trug mein Mandant seine persönlichen Daten in das Formular auf der Internetseite ein, und gab als Wunschbetrag die benötigten 8.250 Euro an. Bereits nach nur wenigen Tagen erhielt er ein Schreiben per Post, das ihn freudig stimmte. Darin stand, dass der von ihm gewünschte Betrag genehmigt sei. In großer fetter Schrift waren dort die 8.250 Euro aufgeführt.

Auf den ersten Blick schien alles auf die seriöse Vermittlung des Darlehensbetrags hinzudeuten. Angegeben wurden 48 Monate Laufzeit, und Zinsen in Höhe von 576 Euro. Das entsprach dem Betrag, den der Kunde bereits auf der Homepage lesen konnte. Jedoch kam nun noch eine weitere Gebühr über 359 Euro hinzu, die für die Vermittlungsleistung des Finanzsanierers zu zahlen sei. Nun wurde mein Mandant etwas stutzig, denn diese Kosten waren zuvor nie erwähnt worden.

Glücklicherweise hielt er inne und sah sich den Brief und alle beigefügten Dokumente etwas näher an. Darin las er plötzlich, dass es überhaupt nicht um die Auszahlung eines Darlehensbetrags ging, sondern dass ihm lediglich die Genehmigung erteilt wurde, dass sich der Finanzsanierer um seine Schulden in Höhe von 7.500 Euro kümmere.

Konkret bedeutete dies, dass das beauftragte Unternehmen alle Schulden meines Mandanten bis zu einem Höchstbetrag von 8.250 Euro betreuen würde. Im Kleingedruckten stand, dass hierzu sämtliche Rechnungen des Kunden sortiert, und dass seine Einnahmen und Ausgaben in Form von Listen zusammengetragen werden. Diese Dienstleistung würde über eine Laufzeit von 48 Monaten erbracht, hierfür erhält das Sanierungsunternehmen zusätzliche Zinsen. Das waren die Zahlen, die auf den ersten Blick vermutlich eine Verwechslung mit der Laufzeit und den Rückzahlungsmodalitäten eines herkömmlichen Darlehens bewirken sollten. Das Sanierungsunternehmen hatte den gesamten Brief so gestaltet, dass er einer bald anstehenden Darlehensauszahlung zum Verwechseln ähnlich aussah.

Der Kunde hatte Glück, dass er die zahlreichen Vertragsklauseln genau durchforstete. Sonst wäre er womöglich in die Falle geraten und hätte den Vertrag unterschrieben. Viele andere, die nur den fett gedruckten Geldbetrag lesen, gehen nicht so vorsichtig vor, und unterschreiben vorschnell. Diese Kunden werden dann zur Zahlung der Vermittlungsgebühr und der Zinsen aufgefordert.

Haben Sie im Internet ein Darlehen angefordert, und erhalten anschließend die Rechnung über eine zuvor nie angekündigte Vermittlungsgebühr, so unterschreiben Sie den Vertrag bitte auf keinen Fall. Ohne Unterschrift bleibt die gesamte Angelegenheit in der Phase des

Angebots stecken, ein Vertrag kommt nicht zustande. Selbst wenn später eine Zahlungserinnerung per Post kommt, oder eine Mahnung, müssen Sie keine Zahlungen leisten. Ohne vertragliche Grundlage darf niemand von Ihnen Geld verlangen.

Bitte bleiben Sie bei derartigen Darlehensversprechungen immer skeptisch. Hat Ihnen bereits Ihre Bank die Auszahlung eines Kredits verweigert, so wird das auch so bleiben, wenn sich ein Vermittler dazwischenschaltet. Das wissen natürlich auch die unseriösen Finanzsanierer, und beschränken sich daher auf die Erbringung von sonstigen Dienstleistungen, die der verschuldeten Person aber meist nur wenig nützen.

Kritisch wird es dann, wenn die Täuschung ins Spiel kommt, wenn man Ihnen also den Schein einer Darlehensauszahlung vermitteln will, obwohl man das gar nicht kann. Lesen Sie daher alle Bedingungen vor Vertragsabschluss genau durch und lassen sich im Zweifel schriftlich bestätigen, dass es sich um die konkrete Auszahlung eines Geldbetrags handelt.

Die oben angesprochene Vermittlungsgebühr ist anscheinend das Haupt-Geschäftsmodell zahlreicher unseriöser Kreditvermittler. Viele möchten keinen Kredit vermitteln, sie zielen lediglich auf diese Vermittlungsgebühr ab.

Ähnlich wie im soeben geschilderten Fall erging es einer anderen meiner Mandantinnen. Nur mit dem Unterschied, dass sie den Vertrag nicht genau genug las und vorschnell unterschrieb.

Meine Mandantin musste dringend finanzielle Altlasten bereinigen. Sie recherchierte im Internet und stieß auf einen Schuldenregulierer, der ihr einen Kredit über 4.000 Euro versprach. So dachte meine Mandantin zumindest. Sie nahm dieses Angebot online an und erhielt bereits nach wenigen Tagen einen Brief mit der Überschrift *„Gestattung in Höhe von 4.000 Euro"*. Weiter unten hieß es *„Sie erhalten hiermit die Zusage für die Vermittlung eines gestatteten Finanzsanierungsvertrags."* Das hörte sich für die Kundin gut an, sie dachte, dass diese verklausulierte Sprache letztendlich nur bedeuten könne, dass bald die gewünschten 4.000 Euro auf ihr Konto überwiesen werden würden.

Weiter Details im Brief teilten mit, dass die Abwicklung über eine Laufzeit von 72 Monaten stattfinden würde, und die Kosten hierfür bei 765 Euro lägen. Zudem käme noch eine Gebühr für die Finanzsanierung über 139 Euro hinzu, so dass die Gesamtkosten bei 4.904 Euro lägen. Die Rückzahlungsrate lag bei monatlichen 68,11 Euro was den angekündigten 72 Monaten Laufzeit entsprach. Alles sah nach einer korrekten Darlehensauszahlung aus, ähnlich wie im soeben geschilderten Fall, so dass meine Mandantin die geforderten 139 Euro Bearbeitungsgebühr überwies.

Nach dieser Zahlung war sie im Glauben, dass ihr die versprochenen 4.000 Euro baldmöglichst ausgezahlt würden. Jedoch passierte zunächst einmal überhaupt nichts. Erst nach einer ganzen Weile erhielt sie ein weiteres Schreiben, in dem sie aufgefordert wurde, ihre Kontoauszüge der letzten sechs Monate in Kopie einzureichen, als auch eine Kopie ihres Personalausweises. Dies erledigte die Kundin wie gewünscht.

Erneut geschah lange Zeit nichts. Nach weiteren zwei Monaten bekam meine Mandantin einen Brief, der einen „Finanzsanierungsplan" vorstellte. In diesem Plan wurde anhand der in ihren Kontoauszüge gefundenen Einnahmen und Ausgaben eine Aufstellung gemacht. Mehr nicht. Es lag tatsächlich nur diese Aufstellung vor, die für meine Mandantin keine neuen Erkenntnisse erbrachte. Sie selbst hätte das innerhalb von wenigen Minuten an ihrem PC erledigen können.

Sie fragte nach, wann denn der Darlehensbetrag endlich auf ihr Konto ausgezahlt werden würde, erhielt aber keine Antwort. Allmählich begriff sie, dass sie Betrügern in die Fänge geraten war.

Nach ein paar weiteren Monaten bekam sie erneut eine Rechnung, diesmal sogar von einem Inkassounternehmen. Sie sollte die Bearbeitungsgebühr noch einmal bezahlen, zusammen mit weiteren Verzugskosten. Dies, obwohl sie die Gebühr bereits vor langer Zeit überwiesen hatte. Vermutlich sollte auf diese Weise doppelt abgerechnet werden, denn oftmals arbeiten dubiose Inkassounternehmen eng mit derartigen unseriösen Kreditvermittlern zusammen. Manchmal wird das Kreditunternehmen und das Inkassobüro sogar von ein und derselben Person geführt.

Natürlich musste diese Rechnung nicht noch einmal beglichen werden, da meine Mandantin bereits bezahlt hatte. In einem solchen Fall ist ein Widerspruch möglich, unter Vorlage des Nachweises der schon erfolgten Überweisung per Kopie vom Kontoauszug. Zudem erlaubte ich mir die Feststellung, dass hier möglicherweise ein Betrug vorliegen könnte, den meine Mandantin durchaus zur Anzeige bringen würde, käme man ihr nicht entgegen. Das zeigte Wirkung, das Kreditvermittlungsunternehmen überwies den zu Unrecht erhaltenen Betrag an seine Kundin zurück.

Sollten Sie einmal in eine solche Falle geraten sein, so leisten Sie bitte keine vorschnelle Zahlung. Überprüfen Sie zunächst, was genau der Finanzsanierer Ihnen schreibt. Verspricht man Ihnen tatsächlich die Auszahlung des gewünschten Darlehensbetrags, so fragen Sie unbedingt nach, wo dieser herkommt, sprich, welche Bank sich angeblich dazu bereit erklärt hat, Ihnen den Betrag zu geben. Wird vor der Auszahlung eine Bearbeitungsgebühr verlangt, so teilen Sie mit, dass diese gerne vom ausgezahlten Darlehen einbehalten werden darf. Das ist rechtlich möglich, denn wenn sich der Kreditvermittler ohnehin sicher ist, dass er das Geld für Sie bekommt oder sogar schon hat, dann kann er auch einen kleinen Betrag davon einbehalten. Verweigert man Ihnen dies, und beharrt auf einer Vorabüberweisung der Gebühr, so sollten Sie skeptisch bleiben und auf keinen Fall die Zahlung leisten. Legen Sie anschließend schriftlich Widerspruch ein und erklären den Widerruf und die Anfechtung des Vertrags. Es kann davon ausgegangen werden, dass man Ihnen kein Geld geben möchte, sondern selbst nur welches von Ihnen will.

Betrügerische Reisekostenerstattungen

Welche Geldfalle droht hier? Ihnen wird die Auszahlung eines Darlehens versprochen. Dazu müsse ein Mitarbeiter zu Ihnen nach Hause kommen. Dieser teilt Ihnen schließlich mit, dass Ihnen der angekündigte Kredit doch nicht gewährt werden kann. Dennoch sollen Sie die Fahrtkosten des Mitarbeiters bezahlen.

Ein weiteres Geschäftsmodell von unseriösen Kreditvermittlern basiert darauf, dass diese Personen es lediglich auf die Zahlung einer Fahrtkostenpauschale abgesehen haben. Hierzu werden Aufträge zur Darlehensvermittlung angenommen, obwohl von Anfang an klar sein muss, dass diesen Personen niemals ein Kredit vermittelt werden kann. Dennoch geben die Vermittler vor, sie müssten zwecks Vertragsabschluss zum Kunden nach Hause kommen. Dort stellt sich dann heraus, dass, oh Wunder, der gewünschte Kredit mangels Bonität des Kunden nun doch nicht vermittelt werden kann. Auf den Ausgleich der Reisekosten wird aber bestanden. Ein Rechtsstreit scheint vorprogrammiert.

Einer meiner Mandanten benötigte bereits seit geraumer Zeit einen Geldbetrag in Höhe von 2.000 Euro, um dringend erforderliche Reparaturen an seinem Auto durchführen lassen zu können. Als Selbstständiger war er auf dieses angewiesen, ohne ging es nicht. Da seine Einnahmen gering waren, konnte er aber nicht einmal diesen Betrag zur Seite legen, so gut wie jeder Euro ging für die monatliche Lebensführung drauf.

Bei den Banken hatte er keinen Erfolg, diese wollten ihm ohne Sicherheiten, und aufgrund seiner geringen Einnahmesituation als Selbstständiger, kein Darlehen gewähren. Mehr und mehr wurde sich mein Mandant darüber im klaren, dass es mit dem gewünschten Kredit wohl nichts werden würde. Dennoch unternahm er einen letzten Versuch und beauftragte ein im Internet gefundenes Unternehmen mit der Vermittlung des gewünschten Darlehens.

Er wollte ganz sicher gehen, und schilderte deshalb vorab exakt seine Situation, mit dem Hinweis, dass er bislang von allen Bankinstituten abgewiesen worden war. Dennoch gab sich der Betreuer optimistisch und sicherte zu, dass er ihm das Darlehen über 2.000 Euro vermitteln könne. Dazu sei aber unbedingt ein persönliches Gespräch in der Wohnung des Kunden notwendig. Da ein solcher Besuch selbstverständlich nicht kostenfrei erfolgen könne, müsse hierfür eine Reisekostenpauschale von 170 Euro übernommen werden.

Mein Mandant wunderte sich, dass es auf einmal so einfach möglich sein sollte, und schilderte noch einmal seine Überlegungen, warum er vermutlich keinen Kredit erhalten könne. Deshalb bat er nochmals ausdrücklich um erneute Überprüfung seiner Situation.

Der Kreditvermittler ließ sich davon nicht abhalten, er blieb optimistisch und bat den Kunden ebenso eindringlich, unbedingt den bereits per Post zugeschickten Vermittlungsvertrag zu unterzeichnen. Nur dann könne er zu ihm kommen und eine erfolgreiche Kreditvermittlung durchführen. Er habe eine Finanzierungsinstitution an der Hand, die das benötigte Geld auszahlen würde, aber diese Option bestünde nur kurz und man müsse daher zeitnah vertraglich überein kommen. Zudem sei er dazu verpflichtet, den neuen Kunden persönlich kennenzulernen, um sich dadurch von seiner Rechtschaffenheit und Zuverlässigkeit überzeugen zu können. Denn schließlich vermittele man nur an seriöse Menschen einen Kredit, dies schulde man der jahrzehntelangen hohen Reputation des Kreditvermittlers in der Finanzwelt.

In seiner Not, und eingeschüchtert durch die lange und eindringliche Rede des Betreuers, ließ sich mein Mandant schließlich überzeugen und unterschrieb den Vertrag.

Es kam, wie es kommen musste. Als der Betreuer schließlich persönlich in der Wohnung des Kunden zum Gesprächstermin erschien, war bereits nach wenigen Minuten klar, dass eine Darlehensvermittlung unmöglich ist. Nichtsdestotrotz bestand der Mitarbeiter des Vermittlungsunternehmens darauf, den vertraglich zugesagten Betrag für die Fahrtkostenerstattung zu erhalten.

Mein Mandant verweigerte dies, und meinte zu dem Mitarbeiter, dass das doch von Anfang an klar gewesen sei. Wozu musste ein persönliches Gespräch in der Wohnung stattfinden, wenn der Betreuer bereits alle relevanten Daten am Telefon erfahren habe? Das persönliche Treffen habe nichts weiter gebracht, außer dass Kosten entstanden seien.

Der Betreuer ließ sich nicht abwimmeln und führte mit zahlreichen Argumenten auf, warum der Kunde die Fahrtkosten bezahlen müsse. Deutlich war zu erkennen, dass der Mann dies nicht zum ersten mal herunterspulte, er schien darin geübt zu sein, und wurde vermutlich von seinem Betrieb in diese Richtung psychologisch geschult. Nach über einer Stunde und heftigstem Austausch von Argumenten, der schon fast in einen Streit mit Handgreiflichkeiten eskalierte, verschwand der Betreuer erst, nachdem mein Mandant das Herbeiholen der Polizei androhte. Später erhielt der getäuschte Kunde erwartungsgemäß eine Mahnung per Post, gegen die wir Widerspruch einlegten.

In dem hier geschilderten Fall hätte das Unternehmen ganz klar bereits am Telefon eine Absage erteilen müssen. Da der Mitarbeiter trotz Kenntnis aller Details zum Kunden reiste, nur um dann persönlich vor Ort eine Absage zu erteilen, entstanden unnötige und vermeidbare Kosten. Es bleibt die Vermutung, dass die Fahrt nur zu dem Zweck durchgeführt wurde, die Reisekosten ersetzt zu bekommen.

In einem solchen Sachverhalt kann der Vertrag wegen Täuschung angefochten werden, eine Zahlung der Reisepauschale ist nicht vorzunehmen. Zudem gibt es den rechtlichen Grundsatz, dass jede Vertragspartei so umsichtig handeln muss, dass der anderen keine unnötigen Kosten entstehen. Ist das nicht der Fall, so trägt die Vertragspartei, deren Verhalten zum Entstehen der Kosten geführt hat, ein Mitverschulden daran. Sie muss diese Kosten dann selbst übernehmen.

Unterschriften für unnütze Zusatzverträge

Welche Geldfalle droht hier? Sie wünschen den Abschluss eines Darlehensvertrags. Am Ende bekommen Sie jedoch keinen Kredit, sondern sollen stattdessen mehrere Versicherungsverträge bezahlen.

Ganz schlimm sind diejenigen angeblichen Kreditvermittler, die ihren Gewinn durch den Verkauf von Versicherungen zu erwirtschaften versuchen. Eine Darlehensauszahlung an den Kunden ist zu keinem Zeitpunkt ihr Ziel, sie schauen nur auf den Erhalt von Versicherungsprovisionen.

Einer meiner Mandanten brauchte Geld, um die durch seine Kreditkarte verursachten Kosten zurückzahlen zu können. Auch er wurde von allen in Frage kommenden herkömmlichen Institutionen abgewiesen, so dass er es bei Kreditvermittlern im Internet versuchte.

Nachdem er ein scheinbar vertrauenswürdiges Unternehmen gefunden hatte, erhielt er umgehend einen Besuch bei sich zuhause. Der gesandte Mitarbeiter wollte diesmal aber keine Reisekosten erstattet haben, sondern kam mit etwas ganz anderem auf den überraschten Kunden zu: Damit jener den gewünschten Darlehensbetrag ausgezahlt bekommen könne, müsse er zunächst eine Beitrittserklärung zum Kauf von 25 Genossenschaftsanteilen abgeben, einen Antrag an seinen Arbeitgeber auf Überweisung vermögenswirksamer Leistungen stellen, eine Empfangsbestätigung der Satzung der Wohnungsbaugenossenschaft unterschreiben, als auch eine Kredit-Ratenversicherung abschließen.

Mein Mandant war sichtlich verwirrt, denn mit so vielen Verträgen hatte er nicht gerechnet. Erst in einem langen Gespräch wurde er von dem Kreditvermittler aufgeklärt, dass ohne diese zusätzlichen Unterschriften das gewünschte Darlehen niemals ausgezahlt werden könne. Der Kreditgeber brauche Sicherheiten, und die hätte er nur, wenn der Kunde die vorgelegten Verträge unterschreiben würde.

Nach langer Überredungsarbeit willigte der Kunde schließlich ein und unterschrieb. Er hatte keine andere Wahl, denn er benötigte das Geld. Seine Hoffnung war, dass der Kreditvermittler schon wisse, was er tue, zumal alle anderen Kunden seiner Aussage nach ebenso diese Verträge unterzeichneten und bislang immer zufrieden waren. Nach Ableistung der Unterschriften war der Mitarbeiter des Vermittlers sichtlich glücklich. Mein Mandant musste nun doch noch 90 Euro für Fahrtkosten bezahlen, und der Mann verschwand wieder.

Ein Darlehen wurde in der Folgezeit nie ausgezahlt, doch die Beiträge für die Genossenschaft bzw. die Versicherung forderte man vom neuen Kunden ein. Nur leider war mein Mandant überhaupt nicht in der Lage, diese zu bezahlen. Verständlich, denn er hatte kein Geld mehr, was der Grund für die Kreditaufnahme war. Mehrfach wurde versucht, von seinem nicht gedeckten Konto abzubuchen, doch erfolglos. Schließlich meldeten sich die beteiligten Unternehmen bei ihm und fragten nach, was da los sei. Glücklicherweise konnte mein Mandant überzeugend darlegen, aus welchem Grund er die Verträge unterschreiben musste, und dass das im Zusammenhang versprochene Darlehen nie ausgezahlt wurde.

Gemeinsam schafften wir es schließlich, die gesamten zusätzlich abgeschlossenen Verträge zu annullieren, so dass daraus keine weiteren Forderungen mehr geltend gemacht wurden. Letztendlich ging es dem Kreditvermittler in dieser Angelegenheit vermutlich nur darum, die Provisionen für jene Verträge zu kassieren, an einer Kreditvermittlung war er nie interessiert.

In einem solchen Fall können die zusätzlich abgeschlossenen Verträge meist sehr gut über eine Anfechtung beseitigt werden, da bei Vertragsabschluss ein Irrtum vorlag. Denn der Kunde befand sich im Glauben, dass er die Verträge nur aus dem Grund abschließen müsse, um anschließend das benötigte Darlehen zu erhalten. Hätte der Kunde gewusst, dass er das Darlehen nie erhalten würde, und dass es dem Vermittler nur um das Einstreichen der Provisionen ging, hätte er die zusätzlichen Verträge nie unterzeichnet.

Neben der Anfechtung kann der Widerruf geltend gemacht werden, wenn der Vertrag erst vor kurzem unterzeichnet wurde, denn da es sich um ein „Haustürgeschäft" handelt, besteht ein 14-tägiges Widerrufsrecht. Ist die Widerrufsbelehrung fehlerhaft, so besteht sogar eine Zeitspanne von einem Jahr für die Geltendmachung des Widerrufs. Meist ist das Geltendmachen von rechtlichen Einwendungen in solchen Fällen glücklicherweise überhaupt nicht notwendig, denn die beteiligten Unternehmen reagieren oftmals sehr kulant, sobald man ihnen die betrügerische Methode schildert, mit deren Hilfe die Unterschriften vom Kunden erschlichen wurden. Sind Sie einmal in eine solche Situation geraten, so leisten Sie bitte auf keinen Fall vorschnell Zahlungen, sondern legen Widerspruch gegen erhaltene Rechnungen ein, unter genauer Schilderung, was passiert ist.

Abkassieren und dann den Kredit ablehnen

Welche Geldfalle droht hier? Sie beantragen einen Kredit bei einem privaten Vermittlungsunternehmen. Dieses hatte aber nie vor, Ihnen ein Darlehen zu verschaffen. Stattdessen will es nur eine einmalige Gebühr von Ihnen abkassieren, ohne hierfür Leistungen zu erbringen.

Manche unseriöse Kreditvermittler gehen noch extremere Wege, um an das Geld ihrer Kunden zu gelangen. Sie täuschen nur vor, dass Sie irgend etwas für den Kunden leisten, stellen hierfür aber eine Rechnung aus und bestehen eisern auf deren Ausgleich.

Einer meiner Mandanten unterschrieb einen Kreditvermittlungsvertrag, den er per Post zugeschickt bekam. Anschließend wurde er dazu aufgefordert, einen Betrag in Höhe von 184,78 Euro an den Vermittler zu überweisen. Zu diesem Zeitpunkt war mein Mandant noch in dem Glauben, es handele sich dabei um eine Vermittlungsgebühr, und er würde später ein Darlehen über 2.500 Euro ausgezahlt bekommen.

Doch erst geschah überhaupt nichts, und dann erhielt er ein Schreiben, in dem er abgelehnt wurde. Das kuriose dabei ist, dass der Kunde zu keinem Zeitpunkt irgendwelche Unterlagen einreichen musste. Das Kreditunternehmen entschied einzig und alleine aufgrund von Name, Adresse, und einigen wenigen persönlichen Angaben über seine Kreditwürdigkeit.

Natürlich hat eine solche Überprüfung nie stattgefunden, ohne Unterlagen ist das auch gar nicht möglich. Dem Kreditvermittler ging es nur darum, die Bearbeitungsgebühr zu erhalten. Anschließend stellte er sich auf stumm und ließ dem Kunden ein Standardschreiben zukommen. Mit ganz geringem Arbeitsaufwand erhielt das Unternehmen damit knapp 200 Euro. Einfach verdientes Geld.

Von Rechtschaffenheit kann in einem solchen Fall natürlich keine Rede sein, hier liegt ein strafrechtlich relevanter Betrug vor. Mein Mandant erstattete dementsprechend Strafanzeige bei der zuständigen Staatsanwaltschaft und legte die Anzeige der Bank vor, die das Konto des Kreditvermittlers führte.

Ganz grundsätzlich lautet mein Rat an Sie, besser erst gar nicht den Kontakt zu dubiosen Kreditvermittlern aufzunehmen. Konnten Sie bislang kein Darlehen von herkömmlichen Bankinstitutionen erhalten, so wird das, wie bereits oben angedeutet, auch nicht über einen dazwischengeschalteten Kreditvermittler möglich sein. Denn die Bank überprüft vor Auszahlung eines Darlehens immer Ihre persönliche Situation. Warum sollte sie plötzlich davon absehen, nur weil sich ein Vermittlungsunternehmen dazwischen geschaltet hat? Das erscheint als unrealistisch.

Unerwünschte Zeitungsabos

Bitte seien Sie immer dann besonders vorsichtig, wenn es darum geht, dass Sie ein Zeitungsabonnement abschließen sollen. Es sind einfach zu viele schwarze Schafe auf dem Markt, denen es nur um den Erhalt der Provision für die Vermittlung des Abos geht. Selbst dann, wenn ihnen das Angebot als „gratis" unterbreitet wird, Sie angeblich jederzeit kündigen können, oder das Abo nach wenigen Monaten angeblich von selbst ausläuft, ist äußerste Vorsicht geboten. Lesen Sie den zu unterschreibenden Auftragszettel immer genau durch und lassen sich davon unbedingt eine Durchschrift aushändigen. Im Zweifel halten Sie lieber komplett Abstand, denn gerade bei dubiosen Vermittlern auf offener Straße, in Fußgängerzonen oder in Einkaufsmärkten geht es oftmals nur um eine Geldfalle, eher selten aber um vergünstigte Angebote oder sogar kostenlose Probeaktionen.

Angebliche Unterstützung von sozialen Projekten

Welche Geldfalle droht hier? Eine unbekannte Person möchte, dass Sie ein Zeitschriftenabonnement abschließen. Als Vorwand teilt man Ihnen mit, dass Sie dadurch ein soziales Projekt unterstützen. Im Nachhinein stellt sich heraus, dass es dieses Projekt überhaupt nicht gibt, Sie das Abo aber trotzdem bezahlen sollen.

So manch einer ist eher zu einer Spende bereit, wenn er dafür eine Gegenleistung erhält. Das machen sich unseriöse Zeitungsverkäufer zunutze, indem sie ihre Kunden von Anfang an belügen. Sie vermitteln den Eindruck, dass der Leser durch den Abschluss eines Abovertrags ein soziales Projekt unterstützt. Im Extremfall handelt es sich dabei sogar um die angebliche Unterstützung einer Hilfsorganisation in der eigenen Stadt. Der Kunde soll dadurch das Gefühl bekommen, dass er durch den Kauf seiner eigenen Stadt etwas gutes tut. Bitte passen Sie daher gut auf, wenn Sie einmal in eine solche Situation geraten.

Meine Mandantin wurde auf einem öffentlichen Parkplatz von einem Mann angesprochen, der vorgab, Mitarbeiter eines Verlags für Sportzeitschriften zu sein. Er fragte sie, ob sie nicht ein Zeitungsabonnement abschießen möchte, ein bestimmter Erlösanteil ginge an den örtlichen Fußballverein. Dies sei eine einmalige Gelegenheit, den Verein zu unterstützen und gleichzeitig eine interessante Zeitschrift zu erhalten. Mehrkosten würden für den Kunden nicht anfallen, denn die Unterstützung des Vereins werde durch den Verlag übernommen. Je mehr Kunden das Abo abschließen, desto höher fallen die monatlichen Leistungen an den Verein aus.

Die angesprochene Frau hielt das für eine gute Idee, denn sie kannte viele Leute aus ihrem Bekanntenkreis, die in diesem Verein trainierten. Ihre Gemeinde war nicht sonderlich groß, so dass beinahe jeder jeden kannte. Da sie ohnehin an einer der offerierten Sportzeitschriften interessiert war, und sich der monatliche Bezugspreis durch die Sonderaktion nicht erhöhte, sie zudem auch noch einem sozialen Projekt half, unterschrieb sie den vorgelegten Auftragszettel.

Im Nachhinein stellte sich heraus, dass alles nur gelogen war. Sie fragte beim Vereinsvorstand nach, was diese Aktion dem Verein an zusätzlichen finanziellen Mitteln einbrachte, doch dieser wusste von nichts. Bislang wurde der Verein von dem Verein noch nicht einmal angesprochen, geschweige denn, dass zusätzliche Geldmittel flossen. Vermutlich war das ganze nur eine erfundene Geschichte, die die Einwohner des Städtchens zum Abschluss eines Zeitschrifteinabonnements verleiten sollte.

Ein anderer meiner Mandanten wurde an seiner Wohnungstür zum Abschluss eines Zeitungsabonnements überredet. Bei ihm klingelte ein junger Mann, der vorgab, ein ehemaliger Strafgefangener zu sein. Er sei nun auf dem Weg der Rehabilitation und verkaufe Zeitschriften. Dabei handele es sich um ein soziales Projekt, das Menschen, die vor kurzem aus dem Gefängnis entlassen wurden, bei der Wiedereingliederung in Beruf und Gesellschaft unterstützen würde.

Von dieser Idee begeistert, unterschrieb mein Mandant den Auftrag zur Lieferung eines 24-monatigen Zeitungsabos. Doch später, als er sich die Unterlagen etwas genauer anschaute, konnte er nichts über dieses angebliche Projekt finden. Auch eine Recherche im Internet ergab nichts, und selbst ein Anruf beim Verlag brachte keine neuen Erkenntnisse, niemand wusste von der vermeintlichen gesellschaftlichen Wiederintegration von Strafgefangenen.

Es ist zu vermuten, dass sich der Zeitungsverkäufer die Geschichte nur ausgedacht hatte, um mehr Abos zu verkaufen. Denn jeder unterschriebene Auftrag bringt dem Verkäufer vermutlich einen bestimmten Geldbetrag an Provision ein, so dass sein Gewinn umso höher ausfällt, je mehr Abonnements die Kunden in Auftrag geben.

In solchen Fällen ist in rechtlicher Hinsicht eine Anfechtung des Vertrags wegen Täuschung möglich, denn der Kunde hätte das Abonnement nie in Auftrag gegeben, wenn er gewusst hätte, dass die Unterstützung eines Vereins oder eines sozialen Projekts nur geschwindelt ist und dazu dienen sollte, das Abonnement zu verkaufen. Oftmals liegt dann sogar ein strafrechtlich relevanter Betrug vor, der bei der örtlich zuständigen Staatsanwaltschaft zur Anzeige gebracht werden kann.

Teure Gratis-Abos

Welche Geldfalle droht hier? Sie unterschreiben auf offener Straße oder an Ihrer Haustüre ein angeblich kostenloses Probeabononnement einer Zeitschrift. Später stellt sich heraus, dass es sich dabei doch um einen kostenpflichtigen Vertrag handelt.

Ein anderer Trick der Zeitungsverkäufer besteht darin, den Anschein eines kostenfreien Abonnements zu erwecken. Mit den verschiedensten Einfällen versuchen sie dabei den Kunden zu überzeugen, dass es sich um eine Sonderaktion handeln würde, die keine Kostengefahr birgt und immer automatisch auslaufen würde. Natürlich ist dem nicht so, es ist nur ein Trick und handelt sich um ganz gewöhnliche Abonnements.

Eine meiner Mandantinnen wurde am Eingang zur S-Bahn-Haltestelle von einem Mann angesprochen, der auffällig bunt gekleidet war, eine mit Werbeschriftzügen bedruckte große Tasche um die Schulter trug und eine ebenso bunte Kappe auf dem Kopf sitzen hatte. Auf den ersten Blick war erkennbar, dass er ihr etwas verkaufen wollte, so dass sie innerlich bereits in Abwehrstellung ging und einfach an ihm vorbeilaufen wollte.

Er schaffte es jedoch, ihre Aufmerksamkeit zu erwecken, denn er rief ihr hinterher, dass heute eine Sonderaktion sei und sie ein vollwertiges Abo ihrer Lieblingszeitschrift erhalten könne, ohne dass Kosten für sie anfallen würden. Mit etwas Interesse blieb sie dann doch stehen, denn ein kostenfreies Angebot könne man sich zumindest einmal kurz anhören, dachte sie.

Nun fing der Mann an und redete los, als ob er sein ganzes Leben nie etwas anderes gemacht hätte. Mit stolzen Worten präsentierte er der Frau die von ihm angebotene einmalige Sonderaktion, bei der es darum ginge, dass bestimmte Zeitschriften einen größeren Bekanntheitsgrad entwickeln sollen. Das Problem sei, so führte er aus, dass immer weniger Zeitungen und Magazine verkauft würden, da die Leute zunehmend auf ihrem Smartphone lesen. Also dachte sich der ihn beauftragende Verlag die heute präsentierte Aktion aus, bei der es möglich ist, ein zwölfmonatiges Abo vollständig kostenfrei zu erhalten.

Die Idee, die dahinter stecke, sei die, dass neue Leser ihren Freunden und Bekannten davon erzählten, so dass diese evtl. ein Abonnement abschließen würden, was im Rahmen eines sich selbst verstärkenden Effekts wiederum zu neuen zahlenden Abonnenten führen könnte.

Das klang für meine Mandantin nachvollziehbar, denn wenn ein Leser begeistert ist, dann wird er auch anderen davon begeistert erzählen. Sie versicherte sich noch einmal, dass es wirklich kostenlos sei, der Mann bejahte, und zeigte ihr das auszufüllende Formular. Auf diesem war tatsächlich in großen Buchstaben das Wort „Gratis" aufgedruckt, von einem Abopreis war nichts zu sehen.

Derart überzeugt füllte die neue Kundin das Formular aus und unterschrieb. Das Original ging an den Mann, den Durchschlag durfte sie behalten. Es kam, wie es kommen musste. Nach einer Weile fanden nicht nur die ersten Zeitschriften den Weg in ihr Haus, sondern auch ein Briefumschlag mit der Rechnung für 22 Monate Abonnement. Zunächst konnte sich meine Mandantin das überhaupt nicht erklären, doch dann schaute sie sich das von ihr unterschriebene Formular etwas näher an. Es handelte sich um einen dünnen gelben Zettel im DIN-A5-Format, der mit eher blasser grauer Schrift bedruckt war. Außen am Rand tauchte immer wieder das Wort „gratis" auf, und im mittleren Bereich befanden sich die von ihr ausgefüllten Zeilen. Erst ganz unten, am alleruntersten Rand, befand sich in kleinster heller Schrift der Hinweis, dass lediglich die ersten beiden Monate des Abonnements gratis seien, nicht jedoch die restlichen 22 Monate des 24-monatigen Abos.

Plötzlich wurde der Frau klar, dass man sie getäuscht hatte. Der Verkäufer hatte die gesamte Geschichte über die Sonderaktion nur erfunden, um ihr ein ganz reguläres Zeitschriftenabo verkaufen zu können. Die auf dem Zettel gedruckten Worte „gratis" bezogen sich nur auf die ersten beiden Monate.

Eine glatte Täuschung, auf die sie einfach so hereingefallen war. Als sie das bemerkte, ärgerte sie sich sehr, und rief sofort beim Verlag an, der die Zeitschrift herausbrachte. Der wusste jedoch von nichts, und meinte, dass immer nur die ersten beiden Monate gratis seien, eine komplett kostenfreie Sonderaktion über zwölf Monate habe es nie gegeben. Der Verlag sei für Beschwerden aber nicht zuständig, die Kundin müsse sich an das Versandunternehmen wenden, das ihr die Zeitschrift zuschicke.

Das taten wir dann auch, und schilderten den gesamten Vorfall. Glücklicherweise zeigte sich das Vertriebsunternehmen kulant und stornierte das aufgedrängte Abonnement unverzüglich. Die bereits ergangene Rechnung wurde vollständig storniert, und die zugesandten Zeitschriftenexemplare durfte meine Mandantin behalten.

Wichtige Vertragsbedingungen wie der Preis eines Zeitschriftenabos müssen für den Kunden deutlich erkennbar sein. Sind sie das nicht, wie in diesem Beispielfall dargestellt, so werden sie nicht Bestandteil des Vertrags. Es gilt dann das, was groß und deutlich zu lesen ist. Das waren die Worte „gratis", so dass die Kundin tatsächlich einen kostenfreier Abovertrag abgeschlossen hatte.

Unerwartetes Zeitungsabo nach Einkauf im Internet

Welche Geldfalle droht hier? Zusammen mit einer Online-Bestellung werden Sie gefragt, ob Sie ein kostenloses Zeitschriftenabo abschließen möchten. Später stellt sich heraus, dass dieses nicht kostenfrei ist, sondern regulär in Rechnung gestellt wird.

Ähnlich „gratis", wie soeben geschildert, zeigt sich der nächste Fall. Auch hier wurde dem Kunden vorgetäuscht, dass er für ein Abo kein Geld zu bezahlen hätte. Und auch hier wurde dieser Trick nur dazu benutzt, um neue Kunden für ein ganz normales kostenpflichtiges Abonnement zu gewinnen.

Eine meiner Mandantinnen bestellte in einem Online-Shop im Internet verschiedene Sachen. Am Ende des Bestellvorgangs wurde sie gefragt, ob sie Interesse an einem zeitlich befristeten Abonnement einer bekannten Modezeitschrift hätte. Der Lieferzeitraum sollte fünf Monate betragen, um die Zeitschrift kennenlernen zu können. Kosten würden dabei nicht entstehen, das Angebot sei komplett kostenfrei und würde automatisch enden.

Verständlich, dass die Kundin bei einem solchen Angebot zuschlug, denn die Zeitschrift war für sie sehr interessant, sie würde keinen Cent kosten, und der Aufwand durch eine Kündigung blieb aus.

Nach den versprochenen Ausgaben endete das Abo tatsächlich, ohne dass meine Mandantin etwas unternehmen musste. Nach ein paar Wochen jedoch lag die nächste Ausgabe der Zeitschrift im Briefkasten. Und nicht nur das, sondern gleichzeitig auch die Rechnung für ein komplettes 24-monatiges Abonnement der Zeitschrift, von dem sie nun den Betrag für das erste Quartal zu entrichten hatte.

Irritiert rief meine Mandantin unter der Telefonnummer an, die in der Rechnung angegeben war. Es handelte sich nicht um den Verlag, sondern um ein spezielles Vertriebsunternehmen, das anscheinend für den Versand der abonnierten Zeitschriften zuständig war.

Sie erreichte schnell einen Ansprechpartner am anderen Ende der Leitung und fragte diesen, was das ganze denn solle. Der aber wies jegliche Schuld von sich und meinte, da hätte sie das Kleingedruckte wohl nicht gelesen. Er kenne diese Fälle von Abo-Verträgen im Anschluss an eine Online-Bestellung. Meist stünde dort im Kleingedruckten, dass nur der erste Bezugszeitraum von wenigen Monaten kostenlos sei. Dieser ende zwar, wie bei meiner Mandantin, führe dann aber in ein reguläres Abonnement über. Das sei ein ganz normaler Vertrag und müsse bezahlt werden. Verhindern können hätte das die Kundin nur, wenn sie dem kostenpflichtigen Anschluss-Abonnement schriftlich widersprochen hätte, wie im Kleingedruckten bestimmt deutlich zu lesen gewesen war.

Nachdem sie das Telefonat beendet hatte, dachte meine Mandantin nach. War während des Bestellvorgangs an irgendeiner Stelle zu lesen gewesen, dass sie nicht nur ein kostenloses, sondern gleichzeitig auch ein kostenpflichtiges Abo abschloss? Zumindest konnte sie sich daran nicht erinnern. Um der Sache auf den Grund zu gehen, rief sie die Internetseite ihres Online-Shops auf und führte eine Bestellung durch, die sie ohnehin in der nächsten Zeit geplant hatte.

Wieder erschien am Ende des Bestellvorgangs der Hinweis auf die Möglichkeit, eine Zeitschrift für wenige Monate kostenlos zu testen. Nun schaute die Kundin ganz genau hin, und tatsächlich, sie entdeckte einen ganz kleinen Link in Mikroschrift mit der Beschriftung „wichtige Informationen". Nach einem Klick auf den Link öffnete sich eine neue Seite, auf der ein langer Text den Leser geradezu erschlug. Neben allerlei Hinweisen zum Ablauf des Abo-Bezugs fand sich dort der Hinweis, dass das kostenfreie Abonnement im Anschluss in ein reguläres kostenpflichtiges übergehe. Der Mitarbeiter am Telefon hatte nicht gelogen, die Informationen standen tatsächlich auf der Homepage, wenn auch sehr versteckt.

Ganz so einfach, wie es sich das Vertriebsunternehmen hier macht, ist es in rechtlicher Hinsicht nicht. Etwas derart wesentliches wie den Übergang eines kostenlosen Abonnements in ein kostenpflichtiges Abo darf nicht im Kleingedruckten stehen. Solche Regelungen müssen groß und deutlich für den Kunden erkennbar sein, andernfalls kommt überhaupt kein Vertrag zustande.

Dementsprechend schrieb ich das rechnungsstellende Vertriebsunternehmen an und bat um einen Nachweis des angeblichen Vertrags, bei dem alle Vertragsbedingungen wie Leistung und Preis deutlich für den Kunden zu lesen waren. Ich gab gleich in meinem ersten Schreiben zu bedenken, dass für den Rechnungssteller ein solcher Nachweis verpflichtend ist, und dass ohne einen klaren Hinweis auf die Kostenmodalitäten nach deutschem Recht überhaupt kein Vertrag zustande kommen würde.

Einen solchen von mir geforderten Vertrag konnte das Unternehmen natürlich nicht vorlegen. Es erklärte sich dann dazu bereit, die Forderungen und das gesamte Abonnement zu stornieren. Für meine Mandantin war damit die Angelegenheit erledigt. In Zukunft würde sie bei angeblich kostenlosen Zusatzangeboten genau hinschauen, bevor sie ein solches ohne groß nachzudenken annehmen würde.

Immer dann, wenn jemand von Ihnen Geld für einen angeblich abgeschlossenen kostenpflichtigen Vertrag verlangt, sollten Sie die Gläubigerseite um Vorlage des angeblichen Vertrags bitten. Denn diese ist dazu verpflichtet, den Vertrag nachzuweisen, nicht Sie. Schreiben Sie daher den Verlag an und widersprechen der Rechnung. Verweisen Sie darauf, dass Sie lediglich einen kostenfreien Vertrag vereinbart haben, von einer Kostenpflichtigkeit aber nie die Rede war. Bitte Sie um Vorlage des angeblichen Vertrags. Das kann der Verlag natürlich nicht. Verweist er Sie auf die Homepage und die dort getroffenen Regelungen, so teilen Sie mit, dass die Informationen über die Kosten zu versteckt waren, als dass diese nach deutschem Recht in den Vertrag mit einfließen könnten.

Gewinnspiele mit Abogarantie

Welche Geldfalle droht hier? Sie erhalten einen Anruf und man teilt Ihnen mit, dass Sie an einem Preisausschreiben teilnehmen können. Um den fast sicheren Gewinn zu erhalten, müssen Sie jedoch ein Zeitschriftenabo abschließen. Tatsächlich existiert überhaupt kein Preisausschreiben, es geht dem Anrufer nur um den Erhalt der Provision für ein neues Abonnement.

Die oben beschriebenen Methoden sind nicht die einzigen, die sich Menschen ausdenken, um Zeitungsabos zu verkaufen und die Vermittlungsprovision zu erhalten. Anscheinend ist es ein lohnendes Geschäft, denn die inzwischen angewandten Täuschungsmanöver werden immer abstruser, wie das folgende Beispiel zeigt.

Einer meiner Mandanten erhielt Anfang Mai unerwartet den Anruf einer ihm unbekannten Medienfirma. Man teilte ihm mit, dass er durch den Abschluss eines Zeitungsabos an einem Gewinnspiel teilnehmen könne, er wäre bereits unter den letzten 15 Auslosungen und würde in jedem Fall einen Sachwert in Höhe von 1.000 Euro erhalten. Die Zeit ist knapp, denn die Auslosung würde bereits im Juni stattfinden.

Völlig überrumpelt von dem redegeschulten Anrufer gab mein Mandant seine Anschrift und seine Kontodaten preis, da er im Glauben war, an einem Gewinnspiel teilzunehmen. Im Gegenzug für diese Teilnahme fühlte er sich dazu verpflichtet, eine bekannte Fernsehzeitschrift zu abonnieren.

Im Anschluss an den Abschluss des Vertrags erhielt mein Mandant bereits nach kurzer Zeit die schriftliche Information, dass er die mit dem Abonnement kooperierende Auslosung auf einer speziell hierfür eingerichteten Seite im Internet aktuell verfolgen könne. Leider stellte sich dies als ein Ding der Unmöglichkeit heraus, da die von der Medienfirma übersandten Zugangsdaten zu keinem Zeitpunkt ein Einloggen erlaubten.

Auf eine telefonische Rückfrage beim zuständigen Zeitschriftenvertrieb teilte man meinem Mandanten lediglich mit, dass die Auslosung noch nicht freigeschaltet sei, dies jedoch in den nächsten Tagen erfolgen werde. Natürlich war dem nicht so, ein Einloggen stellte sich als dauerhaft unmöglich heraus.

Aus diesem Grund entschloss sich mein Mandant dazu, das Abonnement schriftlich außerordentlich zu kündigen. Ihm war klar geworden, dass er zu keinem Zeitpunkt an einem Gewinnspiel teilgenommen hatte, sondern dass es sich dabei um einen Trick der ihn kontaktierenden Medienfirma handelte.

Zunächst wollte das für den Vertrieb zuständige Unternehmen die außerordentliche Kündigung nicht akzeptieren und bestätigte die Kündigung lediglich zum normalen Beendigungszeitpunkt des Abonnements. Damit war der Kunde natürlich nicht einverstanden und widersprach dem Kündigungsdatum, als auch den weiteren Rechnungen. Das Vertriebsunternehmen blieb jedoch hart und schaltete nach einer Weile einen Inkassodienstleister ein, später sogar eine Anwaltskanzlei.

Nun wurde es dem Kunden zu bunt, und er wandte sich an meine Kanzlei. Ich schrieb den gegnerischen Anwalt an und stellte den Sachverhalt noch einmal dar, als auch die rechtliche Situation.

In Fällen wie diesem wurde der Kunde von Anfang an getäuscht, denn ohne die angebliche Teilnahme an einem Gewinnspiel und die Zusage der bereits gewonnen 1.000 Euro an Sachwerten hätte er das Abonnement niemals abgeschlossen. Anschließend hielt sowohl die Medienfirma als auch der Zeitungsvertrieb die Täuschung aufrecht und ließen den Kunden im Glauben, dass das Gewinnspiel weiterhin bestehe und die Verlosung bald stattfinden würde.

Hier ist es möglich, die Anfechtung wegen Täuschung auszusprechen, als auch eine vorsorgliche außerordentliche Kündigung wegen Vertrauensverlustes und strafbarem Verhalten der Gegenseite. Da sich zahlreiche weitere Berichte im Internet von anderen getäuschten Kunden fanden, konnte dem gegnerischen Anwalt der Beweis der fortgesetzten Täuschung lückenlos erbracht werden. Er gab schließlich auf und ließ seine Mandantschaft verkünden, dass die Forderungen storniert werden und die Sache für meinen Mandanten erledigt ist.

Schlüsselnotdienste

Nach wie vor treiben leider viele unseriöse Schlüsseldienste ihr Geschäft mit der Not der Ausgesperrten. Diese setzen darauf, dass die betroffenen Personen so schnell wie möglich zurück in ihre Wohnung möchten, und dafür die Zahlung hoher Geldbeträge in Kauf nehmen. Um überhaupt kontaktiert zu werden, setzen sie Anzeigen an prominenter Stelle in die Gelben Seiten oder in die Ergebnisliste von Internet-Suchmaschinen. Noch während der ersten telefonischen Kontaktaufnahme versprechen die unseriös agierenden Schlüsselnotdienste dann, dass innerhalb weniger Minuten ein Techniker vor Ort sei und der ausgesperrten Person helfen könne. Die Kosten wären angeblich niedrig, könnten am Telefon aber nicht benannt werden. Zudem werde alles daran gesetzt, eine Beschädigung der Wohnungstür zu vermeiden. In der Realität ist oftmals das Gegenteil der Fall.

Ein sehr hoher Preis

Welche Geldfalle droht hier? Sie sperren sich aus Ihrer Wohnung aus und rufen deshalb einen Schlüsselnotdienst. Dieser nennt Ihnen am Telefon einen wesentlich niedrigeren Preis, als er später in Rechnung stellt. Mittels Drohungen und Einschüchterungen werden Sie zur Zahlung des überhöhten Preises genötigt.

Besonders dann, wenn es um die konkreten Kosten der Türöffnung geht, verweigern viele unseriös agierende Schlüsselnotdienste eine Aussage. Sie geben dem Kunden zu verstehen, dass das ganze nicht allzu teuer werde, oder nennen am Telefon einen viel zu niedrigen Betrag. Erst dann, wenn der Techniker an der Tür steht, oder wenn die Tür bereits geöffnet wurde, offenbart der Mitarbeiter die wahren Kosten.

Meine Mandantin wollte gerade ihre Wohnung verlassen und stand schon draußen vor der Tür, um abzuschließen. Plötzlich fiel diese von selbst ins Schloss, vermutlich weil zu dem Zeitpunkt ein starker Windzug durch das Treppenhaus ging. Leider bemerkte meine Mandantin erst jetzt, dass sie den Schlüssel noch gar nicht eingepackt hatte, und dieser noch immer von innen im Schloss steckte. Nun war die Tür zu, und sie stand ohne Schlüssel ausgesperrt davor.

Als erste Reaktion rief sie ihre Mutter an, denn diese hatte einen Ersatzschlüssel, und wohnt nicht weit entfernt. Leider stellte sich schnell heraus, dass selbst der Ersatzschlüssel wenig brachte, denn solange der andere Schlüssel von innen steckte, war ein Öffnen von außen unmöglich.

Nun entschied sich meine Mandantin dazu, einen Schlüsselnotdienst zu beauftragen. Sie gab in die Suchzeile ihres Handys die nötigen Begriffe wie „Schlüsseldienst" und ihre Stadt ein, und wählte den ersten

Link aus, der ihr angezeigt wurde. Diese Anzeige sprach sie an, denn dort wurde mit einem beschädigungsfreien Öffnen mit modernsten Geräten und mit fairen Preisen innerhalb einer halben Stunde geworben. So rief sie unter der auf der Homepage des Schlüsseldienstes angegebenen Telefonnummer an.

Nachdem sich ein Mitarbeiter am anderen Ende der Leitung gemeldet hatte, galt ihre erste Frage dem Preis. Der Mitarbeiter gab jedoch zu verstehen, dass man das nicht sagen könne, der Techniker müsse sich das ganze erst einmal vor Ort ansehen. Die Kundin solle sich aber keine Sorgen machen, sie sind kein teurer Dienst. Eine Wartezeit von 20 bis 30 Minuten sei leider unvermeidbar, aber dann würde ihr umgehend geholfen.

In ihrer Not sagte meine Mandantin zu und wartete ab. Mit 20 Minuten war es nicht getan, insgesamt musste sie eineinhalb Stunden warten, bis der Schlüsseltechniker bei ihr erschien. Dieser kam mit einer Aktenmappe die Treppe hoch, füllte als erstes den Vertrag aus, und ließ diesen meine Mandantin unterschreiben.

Da der Mann ohne Werkzeug erschienen war, fragte sich die Kundin, wo dieses denn sei. Im nächsten Augenblick wurde ihre Frage beantwortet, denn der Schlüsseldiensttechniker holte aus seiner Aktenmappe eine kleine Plastikkarte heraus, und fing an, diese zwischen Tür und Türrahmen durchzuziehen. Meine Mandantin erkannte aber sofort, dass dies so an ihrer Tür nicht funktionieren könne, denn sie probierte es auf diese Weise bereits vor einem Jahr einmal selbst, als ihr zum ersten mal die Tür versehentlich ins Schloss fiel.

Sie teilte dem Mann daher mit, dass er zunächst die Gummidichtung an der Tür entfernen müsse, sonst komme er mit der Karte nicht hinein. Hierfür wiederum hatte er das passende Werkzeug nicht dabei, und musste zurück zum Auto. Nach einer geraumen Weile kam er mit seinem Werkzeugkoffer zurück, begann den Gummi herauszuziehen, machte ihn dabei kaputt, und beschwerte sich auch noch über die komplizierte Tür.

Meine Mandantin erklärte ihm daraufhin, dass sein Kollege vor einem Jahr sich ebenfalls sehr schwer tat, da es eine sog. Doppelfalttür sei, die mehr Aufwand benötige als normale Türen. Der damalige Schlüsseldienst sprühte die Zwischenräume mit Öl ein, so dass die Tür schließlich aufging, ohne dass der Zylinder aufgebohrt werden musste. Der jetzige Techniker hatte kein Ölspray dabei, und die Versuche mit der Plastikkarte blieben ohne Erfolg. Aus diesem Grund bot er meiner Mandantin schließlich doch das Aufbohren des Zylinders an. Diese war zunächst dagegen, da ihre finanziellen Mittel zu dieser Zeit etwas begrenzt waren, und die Türnotöffnung daher so günstig wie möglich ablaufen sollte. Leider ging das nach Ansicht des Technikers nicht. Auf die Frage der Kundin hin, was das denn kosten würde, antwortete der Mann, dass der Rechnungsendbetrag vermutlich bei rund 500 Euro liegen dürfte. Meine Mandantin fiel beinahe um vor Entsetzen über diesen hohen Preis, sie hatte mit wesentlich niedrigeren Kosten gerechnet. In ihrer Verzweiflung stimmte sie aber zu und bat den Mann, das Schloss mit Gewalt zu öffnen.

Da sich meine Mandantin das ganze Trauerspiel nicht weiter anschauen wollte, ging sie nach unten vor die Türe, und wartete dort ab. Sie rechnete damit, dass der Schlüsseldienst das Schloss nach wenigen Minuten geöffnet haben müsste. Doch nichts geschah. Nach einer halbe Stunde ging sie wieder hoch, um nach dem Fortschreiten der Arbeiten zu sehen. Der Handwerker saß noch immer an der verschlossenen Tür, und jammerte über deren Kompliziertheit. Er habe bereits drei Bohrköpfe zerstört, und wisse nun nicht mehr weiter. Er müsse einen Kollegen anrufen, damit dieser mit einem Spezialbohrer komme. Er rief diesen an, und es dauerte weitere 20 Minuten, bis jener erschien. Die erste vorwurfsvolle Frage des zweiten Technikers lautetet, wo das Ölspray sei und warum sein Kollege es nicht damit versucht habe.

In dem Moment wurde meiner Mandantin klar, dass es der erste Handwerker vermutlich nicht mit allen Mitteln versucht hatte, die Türöffnung ohne zerstörende Maßnahmen zu öffnen. Zu diesem Zeitpunkt war die Kundin nur noch wütend und ungeduldig, das Schloss war bereits mit einem Loch versehen und damit kaputt, die Tür war nach 2,5 Stunden noch immer nicht geöffnet, sie musste bereits Arbeitstermine absagen, und sie sah sich mit einer völlig überhöhten Rechnung konfrontiert, trotz der laienhaft ausgeführten Arbeit. Sie ertrug das ganze nicht mehr, ließ die beiden Männer ihre Arbeit weiter verrichten, und ging wieder nach unten vor das Haus.

Nach weiteren 20 Minuten war das Schloss endlich durchbohrt, die Tür war offen, meine Mandantin konnte ihre Wohnung betreten. Die beiden Männer arbeiteten noch weiter, vermutlich um die Spuren des gewaltsamen Aufbruchs zu beseitigen. Währenddessen rief die Kundin in der Zentrale des Schlüsseldienstes an. Sie schilderte die Situation und wollte den Chef sprechen, damit er ihr erklärte, wen er da vorbeigeschickt habe, oder am besten, dass dieser selbst vorbeikomme.

Die junge Dame am Telefon war sehr unfreundlich, frech und dreist, sie unterbrach meine Mandantin dauernd, verweigerte die Möglichkeit mit dem Vorgesetzten zu sprechen, drohte mit der Polizei und weiteren Konsequenzen, wenn sie die Rechnung nicht sofort bezahle, und legte auf. Meine Mandantin rief noch einmal an, diesmal war eine andere Frau am Apparat. Vielleicht war es nur ein Callcenter, und nicht das

Büro des Schlüsseldienstes. Diese Dame bat nun darum, den Kollegen vor Ort an den Hörer zu holen. Von dem zweiten Techniker wusste sie nichts, und wie es sich herausstellte, war dieser überhaupt nicht im Auftrag der Firma unterwegs, hatte mit dieser nichts zu tun, und kam vermutlich nur vorbei, weil sein Kollege mit der Türöffnung in Schwierigkeiten steckte. Der erste Schlüsseltechniker versicherte der Callcenter-Mitarbeiterin am Telefon, er habe alles im Griff und sei bald fertig.

Angesichts des gesamten Geschehens bat meine Mandantin um eine Minderung der Rechnung, denn sie sah es nicht ein, warum sie für die Unfähigkeit des Handwerkers so viel Geld bezahlen solle. Die Türöffnung dauerte insgesamt 4,5 Stunden. Sowohl das Schloss, als auch das Holz am Türrahmen waren vollständig zerstört. Sie wurde am Telefon ausgelacht und bedroht. Als sie all diese Punkte ansprach, reagierte der Mann unfreundlich und drohte mit einer Beschlagnahmung der Wertsachen in der Wohnung. Schließlich lenkte er etwas ein und meinte, er könne einen Rabatt wegen der kaputten Tür einräumen. Er stellte daraufhin die Rechnung fertig und überreichte sie meiner Mandantin. Diese sah sich nun mit einem zu zahlenden Betrag von 850 Euro konfrontiert. Das war ein weiterer Schock für sie, denn sie hatte angesichts des versprochenen Rabatts mit einem Betrag um die 400 Euro gerechnet, was auch schon sehr viel Geld gewesen wäre.

Sie fragte nach, wie sich dieser hohe Betrag zusammensetze. Der Schlüsseldienstmann antwortete, dass das aufgrund des hohen Arbeitsaufwands leider nicht anders ginge. Der versprochene Rabatt sei bereits eingerechnet, ohne diesen wäre die Rechnung noch weit höher.

Meine Mandantin konnte nicht mehr, sie bezahlte die Rechnung, und wollte nur noch, dass die beiden Männer endlich verschwinden. Das taten jene dann auch, und nahmen das kaputte Schloss mit. Ob das der Verschleierung ihrer Arbeiten diente, konnte meine Mandantin nicht abschätzen. Sie war nur noch froh, dass die beiden endlich weg waren. Hinterher erlitt sie noch einen Nervenzusammenbruch, da sie den unerwarteten Geldverlust nicht verkraften konnte. Das war ihr letztes Erspartes.

Rufen Sie einen Schlüsselnotdienst per Telefon, so wird in rechtlicher Hinsicht bereits dadurch ein mündlicher Vertrag geschlossen. Es gilt der Preis, den man Ihnen am Telefon genannt hat. Selbst wenn nur die Zusicherung erfolgt, dass die Türöffnung zu einem „günstigen Preis" erfolge, hat das vertragliche Geltung. Sie als Kunde dürfen in einem solchen Fall mit den marktüblichen Beträgen rechnen. Erhöht der Techniker vor Ort plötzlich den Preis, so müssen Sie das nicht hinnehmen. Es liegt dann eine einseitige Vertragsänderung durch den Schlüsseldienst vor, der Sie nicht zustimmen müssen. Verweigert der Handwerker die

Arbeit zum telefonisch vereinbarten Preis, so lassen Sie ihn wieder gehen. Stornierungskosten, Anfahrtskosten, oder ähnliches müssen Sie nicht bezahlen.

Im Idealfall sorgen Sie bereits dann vor, wenn es noch gar nicht zu einer Notsituation gekommen ist. Schauen Sie, welche Schlüsseldienste es in Ihrer Nähe bzw. in Ihrer Stadt gibt, und kontaktieren Sie diese. Fragen Sie, was eine Notöffnung an Werktagen, in der Nacht und an Feiertagen kostet, und lassen sich das bestätigen. Das geht ganz einfach, indem Sie eine E-Mail an mehrere Schlüsseldienste schreiben und die Antworten vergleichen. Den Ihnen am meisten zusagenden Dienst speichern Sie in Ihrem Handy ab und schreiben die Nummer unscheinbar oben auf Ihren äußeren Türrahmen. Im Falle einer unbeabsichtigten Aussperrung haben Sie die Nummer zur Hand, und wissen vorab die ungefähren Preise der Leistung.

Haben Sie eine solche Nummer nicht parat, und sind auf die Ihnen sich am Tag der Aussperrung präsentierenden Schlüsselnotdienste angewiesen, so legen Sie sich bereits am Telefon auf eine bestimmte Preishöchstgrenze fest und verlangen eine Öffnung ohne Türbeschädigung. Selbst wenn der Mitarbeiter am Telefon nur ausweichend reagiert, können Sie verlangen, dass man Ihnen zumindest den typischen Durchschnittspreis einer Türnotöffnung benennt.

Erscheint dann der Techniker, so bleiben Sie konsequent und fragen, ob er die Tür ohne Beschädigung öffnen kann. Ist das nicht der Fall, so schicken Sie ihn wieder weg. Sie sind dann zu keinen Zahlungen verpflichtet, auch nicht für die Anreise, da sich der Schlüsseldienst nicht an die am Telefon abgesprochenen vertraglichen Vereinbarungen gehalten hat. Ähnliches gilt für den Preis. Wird Ihnen plötzlich vor Ort ein weitaus höherer Preis als am Telefon genannt, so verweigern Sie die Arbeiten. Auch in diesem Fall liegt eine Abweichung von den vertraglichen Vereinbarungen vor, die Sie nicht hinnehmen müssen. Sagen Sie ganz deutlich, dass Sie die am Telefon getroffenen Vereinbarungen einhalten möchten.

Die Erfahrung zeigt, dass sich bei einer solchen Vorgehensweise der Schlüsseldiensthandwerker plötzlich doch dazu bereit erklärt, die Türöffnung in der von Ihnen gewünschten Weise vorzunehmen. Denn in vielen Fällen kann die Tür tatsächlich ohne Probleme geöffnet werden, vor allem dann, wenn sie nur durch einen Luftzug ins Schloss gefallen ist. Der Techniker weiß das, und er weiß ebenso, dass er hierfür nur wenige Minuten benötigt. So hat er nun die Wahl, seine Arbeit zu erledigen und den dafür vereinbarten Betrag zu verlangen, oder ohne jeglichen Lohn wieder davonzufahren.

In vielen Fällen entscheidet sich der Techniker dann doch dazu, die Tür zu öffnen. Denn oftmals handelt es sich bei dem bei Ihnen vor Ort erscheinenden Schlüsseldienst um ein Subunternehmen, das durch die von Ihnen telefonisch kontaktierte Zentrale nur eingesetzt wurde. Dieses Subunternehmen zahlt möglicherweise einen bestimmten Betrag an den zentralen Vermittler, lebt aber ansonsten wie jeder andere Handwerker auch von den tatsächlich ausgeführten und bezahlten Aufträgen. Im Zweifel nimmt der Handwerker daher den Auftrag an und erledigt ihn schnell und unkompliziert, um wenigstens den vertraglich vereinbarten Preis zu erhalten.

Wichtig ist daher, dass Sie nicht vorschnell einen Vertrag unterschreiben oder die Zustimmung zu überhöhten Forderungen geben, sondern Ihre Wünsche klar artikulieren und darauf bestehen bleiben. Fordert man von Ihnen bereits vor der Arbeitsleistung eine Unterschrift, so achten Sie genau darauf, dass die von Ihnen gewünschten Bedingungen auf dem zu unterschreibenden Blatt Papier stehen. Sie müssen nicht auf völlig überhöhte Preisvorstellungen des Schlüsseldienstes eingehend, denn dafür existiert keine vertragliche Grundlage.

Manchmal werden die Schlüsseldienste aber schon beinahe kriminell, wie das folgende Beispiel zeigt. In einem solchen Fall ist eine andere Vorgehensweise anzuraten, wie ich Ihnen nach der Fallschilderung zeigen werde.

Bedrohungen und Einschüchterungen

Welche Geldfalle droht hier? Ein Schlüsseldienstmitarbeiter nennt Ihnen einen viel höheren Rechnungsbetrag, als von Ihnen erwartet. Damit Sie bezahlen, setzt er auf das Druckmittel der Einschüchterung.

Natürlich wissen etliche unseriös arbeitende Schlüsselnotdienste, dass ihr Tun gegen das Gesetz verstößt. Dennoch stellen sie jedem einzelnen Kunden eine sehr überhöhte Rechnung aus, in der Hoffnung, dass der Kunde diese schon bezahlen werde. Um ganz sicher zu gehen, wenden manche illegale Maßnahmen wie beispielsweise die der körperlichen Bedrohung an.

Meine Mandantin war zum damaligen Zeitpunkt eine 22-jährige alleinerziehende Mutter eines sechs Monate alten Jungen. Dieser war am Herzen erkrankt und musste bald operiert werden. Die Ärzte rieten, jeglichen Stress für das Kind zu vermeiden. Es kam, wie es kommen musste, durch ein Versehen sperrte sie sich, das Baby, und ihren Freund aus der Wohnung aus.

Nachdem sie es mehrmals vergeblich versucht hatten, die Tür selbst wieder aufzubekommen, riefen sie eine Schlüsseldienstzentrale an, die sie über das Internet in ihrer Heimatstadt aufgefunden hatten. Der

Mann am Telefon war sehr freundlich und sagte, dass in 20 Minuten jemand von ihnen bei den dreien wäre. Meine Mandantin schilderte die Erkrankung des Babys und wies ganz deutlich darauf hin, dass ihr das schnelle Erscheinen des Technikers äußerst wichtig wäre. Noch einmal sicherte der Mann zu, dass er das verstehen könne und einer seiner Mitarbeiter so schnell wie möglich bei ihnen sei.

Nach 50 Minuten war immer noch keiner da. Also rief die Mutter erneut an und fragte, warum niemand komme. In diesem Moment fuhr ein weißes Auto ganz langsam an den dreien vorbei, so, als ob es jemanden suche. Nach ungefähr weiteren zehn Minuten, in denen der Fahrer des Autos die drei genau beobachtete, stieg dieser endlich aus und trat zu ihnen hinzu. Der Freund meiner Mandantin ging sofort zu ihm und fragte, ob er von der Schlüsseldienstzentrale geschickt wurde. Er bejahte das, und ließ sich die Wohnungstür zeigen. Dabei hörte er das schreiende Kind und spürte vermutlich auch den Druck, dem meine Mandantin ausgesetzt war. Er behielt aber die Ruhe und setzte seine Kunden erst einmal über die Konditionen für die Türöffnung in Kenntnis. Dabei wurde ein Betrag von knapp 200 Euro genannt. Wolle sie das nicht akzeptieren, so seien 150 Euro für die Anfahrt zu zahlen, und die Tür bleibe zu.

Meine Mandantin wurde stutzig und fragte nach, wie dieser in ihren Augen sehr hohe Preis zustande kam. Das konnte der Mann nicht sagen, er verwies lediglich darauf, dass er die Preise nicht mache. Da die drei aber so lange warten mussten, sei er bereit, um 30 Euro mit dem Preis nach unten zu gehen. Auf die Nachfrage meiner Mandantin, was passiere, wenn sie auf diesen Betrag nicht einging, antwortete der Schlüsseldiensttechniker, dass dann die Anfahrtskosten und die Stornokosten in Höhe der bereits genannten 150 Euro anfallen würden.

Das Baby hatte inzwischen sicherlich Hunger, jedenfalls schrie es aus Leibeskräften und erinnerte meine Mandantin daran, dass sie dringend in die Wohnung musste. Dort warteten auch die Medikamente auf das herzkranke Kind. Trotz des weinenden Babys geriet der Mann nicht aus der Ruhe und erklärte geduldig, dass eine Kartenzahlung leider nicht möglich sei, da sein EC-Karten-Lesegerät kaputt sei und er daher nur Bargeld akzeptieren könne. Da die beiden nicht soviel Bargeld bei sich hatten, schlug der Schlüsseldiensttechniker schließlich vor, dass sie nach der Türöffnung gemeinsam zur Bank fahren könnten, wo die Kunden dann das benötigte Bargeld abheben müssten.

Nachdem meine Mandantin und ihr Freund damit einverstanden waren, machte sich der Handwerker an die Arbeit. Diese verrichtete er sehr schnell, nach nur drei Sekunden war die Tür geöffnet. Im ersten Moment fiel meiner Mandantin ein Stein vom Herzen, denn endlich konnte sie in die Wohnung und ihren Sohn versorgen. Der Techniker meinte nun, dass die beiden froh sein könnten, dass die Türöffnung so schnell ging, denn jede weitere Viertelstunde hätte 30 Euro gekostet. Jetzt habe er es aber eilig und müsse zum nächsten Termin, er wolle sofort sein Geld haben. Hier sprach der Mann bereits mit einem sehr ernsten und einschüchternden Tonfall.

Der Freund meiner Mandantin ging mit dem Schlüsseldiensttechniker nach unten und wurde dort unmissverständlich darauf hingewiesen, dass im Auto ein zweiter Mann sitze, der gerne hinzutreten möchte, wenn der Kunde die Bezahlung verweigern würde. Damit hatte der Schlüsseldiensttechniker und seine Begleitung eine Drohkulisse geschaffen, die ihre Wirkung nicht verfehlte. Schnell ging der Freund meiner Mandantin mit dem Mann zur Bank und hob den geforderten Betrag ab.

Nach der Zahlung und nachdem die beiden wieder mit ihrem Auto verschwunden waren, suchten meine Mandantin und ihr Freund einen anderen Schlüsseldienst in ihrer Stadt auf. Sie schilderten die Vorkommnisse und fragten, ob dieser Preis für drei Sekunden Arbeit gerechtfertigt war. Der Ladeninhaber verneinte und meinte, für das unkomplizierte Öffnen einer Tür an einem Werktag wie heute würden durchschnittlich etwa 60 Euro berechnet. Dass man hier einen wesentlich höheren Betrag verlangt habe, ohne dies zuvor mit den Kunden abzusprechen, und vor der Bezahlung auch noch eine Drohkulisse aufgebaut habe, sei nicht hinzunehmen und ziehe den ganzen Berufsstand in Mitleidenschaft. Er empfahl meiner Mandantin, Strafanzeige bei der Polizei zu erstatten.

Sie sehen, so manch ein unseriös agierender Schlüsseldienst weiß um die Unrechtmäßigkeit seiner Rechnungshöhe, verwendet dann aber unlautere Mittel, um die Bezahlung dieser zu sichern.

Sollten Sie einmal in eine solche Situation geraten, so müssen Sie weder eine überhöhte Rechnung noch eine rechtswidrige Einschüchterung hinnehmen. Gibt es Uneinigkeit, so teilen Sie dem Schlüsseldienst mit, dass sie die Polizei zur Klärung hinzuziehen möchten. Das ist Ihr gutes Recht, Sie müssen keine strafbaren Handlungen gegen sich hinnehmen. Meist zeigt alleine schon die Androhung der Polizei Wirkung, und der Schlüsseldienst ist doch noch zu einer friedlichen Lösung bereit.

Geldfallen lauern überall

In allen Bereichen unseres Lebens lauern inzwischen Geldfallen, wie die folgenden Beispiele zeigen werden. Ich kann daher gar nicht oft genug darauf hinweisen, wie wichtig ein vorsichtiges Handeln im Alltag ist. Bitte achten Sie immer dann, wenn es um Unterschriften unter angeblich kostenlose Verträge, um dubiose Klicks im Internet oder um Zahlungswünsche anderer Personen geht, ganz genau darauf, ob nicht eine Geldfalle dahinter stecken könnte.

Freunde auf sozialen Netzwerken bitten um Geld

Welche Geldfalle droht hier? Eine Person aus Ihrer Freundesliste auf Facebook bittet Sie um Geld. Es wird versprochen, dieses später zurückzuzahlen, was aber nie geschieht. Die Person verschwindet plötzlich, und das Geld ist vollständig verloren.

Leider führen immer wieder Betrügereien auf Facebook oder anderen sozialen Netzwerken zu großen Geldverlusten bei den Opfern. Der Vorgang ähnelt sich dabei meist: Eine unbekannte Person übernimmt das Profil einer bereits bestehenden Person. Sie kopiert sich die Fotos und einige Texte und eröffnet anschließend unter dem selben Namen ein komplett neues Facebook-Profil. Da doppelte Namen auf Facebook kein Problem sind, ist das zunächst ohne weiteres möglich.

Anschließend kontaktiert der Betrüger alle Freunde aus der Freundesliste des übernommenen Profils. Zwar erhalten diese dann zunächst eine Nachricht von einer eigentlich unbekannten Person, doch manche vermuten schlicht und einfach, dass ihr Bekannter ein neues Profil eröffnet hat. In dieser Nachricht kann dann stehen, dass das alte Profil nicht mehr aktuell ist und nur noch das neue gilt.

Zeitgleich bitten die Betrüger die kontaktierte Person um etwas Geld, da sie angeblich in einer finanziellen Notlage seien. Hierbei werden die haarsträubendsten Geschichten ausgedacht, damit der angeschriebene Facebook-Freund glaubt, es liege tatsächlich ein Notfall vor, der nur mit einer sofortigen Geldüberweisung behoben werden könne. Handelt es sich dann um Beträge im Bereich von wenigen hundert Euro, und klingt die Geschichte glaubhaft, so fallen viele darauf herein und zahlen das Geld.

Meine Mandantin wollte über Weihnachten und Silvester nach Los Angeles reisen. Um dort möglichst günstig an eine Übernachtungsmöglichkeit zu gelangen, entschied sie sich dafür, zunächst ihre Freunde aus den USA auf Facebook zu kontaktieren. Möglicherweise hatten diese eine Idee oder kannten jemanden, bei dem sie günstig übernachten könnte.

Tatsächlich wurde sie über einen Bekannten einer Frau vorgestellt, die direkt in Los Angeles wohnte und ihr helfen konnte. Sie schrieben eine Weile hin und her, und telefonierten miteinander. Schließlich bot die neue Bekanntschaft meiner Mandantin an, dass sie über einen Freund, der in einem Luxushotel arbeitete, ein Zimmer für zehn Tage zum Preis von insgesamt 600 Euro vermitteln könne. Das war zwar etwas mehr Geld, als meine Mandantin einkalkuliert hatte, aber die Möglichkeit, in einem sehr guten Hotel zu einem Bruchteil des normalen Preises zu wohnen, erschien ihr zu verlockend.

Sie hatte selbst einen Bekannten, der in Deutschland in einem Hotel arbeitete, und wusste daher, dass auch dieser immer mal wieder besonders günstige Übernachtungsangebote in seinem Hotel an Freunde vermitteln konnte, beispielsweise wenn Zimmer in der Nebensaison ohnehin leer stehen. Dass es sich bei der von ihr ausgesuchten Zeit über Silvester aber eher nicht um eine Nebensaison handeln dürfte, kam ihr zu diesem Zeitpunkt noch nicht verdächtig vor.

Sie entschied sich schließlich dafür, das Angebot anzunehmen, und schickte der unbekannten Facebook-Freundin über Western Union einen Betrag von 600 Euro. Das Geld wurde in Los Angeles von der Mutter der Freundin abgeholt. Hierfür erhielt meine Mandantin einen Beleg.

Bereits nach kurzer Zeit schrieb die Facebook-Frau, dass sie aus beruflichen Gründen überraschend nach Afrika musste, und dort ihre gesamten Papiere verloren hatte. Sie würde nun unbedingt 900 Euro benötigen, und bat meine Mandantin, ihr dieses Geld erneut per Western Union zu schicken. Zunächst traute meine Mandantin der ganzen Sache nicht, und sie wollte kein Geld per Western Union nach Afrika schicken. Dann aber kam von der Facebook-Freundin der Vorschlag, das Geld erneut in die USA zu senden, dort würde es ihre Mutter weiterleiten. Dies tat meine Mandantin schließlich, und laut der unbekannten neuen Freundin funktioniert alles reibungslos.

Mit dem vergünstigten Hotel hatte es dann schließlich doch nicht geklappt, da der Bekannte, der in dem Hotel arbeitete, ganz überraschend keine Zimmervermittlung vornehmen konnte.

Meine Mandantin blieb dennoch mit der unbekannten Frau in Kontakt und fragte immer wieder nach, wann sie ihr Geld zurück bekommen würde. Als Antwort erhielt sie regelmäßig die immer gleiche Aussage, dass dies geschehen würde, sobald ihre Sachen aus Afrika in Los Angeles angekommen wären.

Als nächstes kam die Facebook-Freundin mit einer neuen Geschichte: Sie würde nun an einer Modeshow in Afrika teilnehmen, da sie in diesem Bereich als Designerin arbeitet. In diese Show könne man investieren, allerdings nur höhere Beträge. Sie schlug vor, dass meine Mandantin einen Betrag von 5.000 Euro einsetzen könnte. Hier wurde meine Mandantin etwas stutzig, und ließ sich eine Ausweiskopie der Unbekannten zusenden. Dem kam sie nach, jedoch stellte sich erst viel später heraus, dass es sich dabei um eine Fälschung handelte.

Meine Mandantin meinte, dass sie nicht einen so hohen Betrag per Western Union schicken könne. Daraufhin schlug die Unbekannte als Alternative vor, dass sie das Geld an ihren Chef überweisen könne. Hierzu händigte sie meiner Mandantin die Bankverbindung ihres Chefs aus, mit IBAN und BIC. Leider ließ sich meine Mandantin schließlich dazu überreden, das Geld an den Chef zu überweisen.

Irgendwann kam ihr das dann etwas seltsam vor, und sie konfrontierte die Facebook-Freundin mit dem Vorwurf des Betrugs. Das erzeugte eine sofortige Reaktion, denn plötzlich war das Facebook-Profil gelöscht. Auch das Profil des Chefs war auf Facebook verschwunden. Alles, was meine Mandantin noch besaß, waren die Chat-Protokolle, die Abholbelege von Western Union, und die Bankdaten des Chefs.

Hier handelt es sich um einen klassischen Fall von Betrug. Die Frau aus den USA hat meiner Mandantin falsche Tatsachen vorgetäuscht und damit in ihr den Irrtum hervorgerufen, dass sie das Geld nur verleihe, und später wieder zurück erhalte. Da die Facebook-Freundin dies nie vorhatte, hat sie sich wegen Betrugs strafbar gemacht. Es besteht weder eine vertragliche noch eine gesetzliche Grundlage, auf deren Basis sie das empfangene Geld behalten dürfte. Die Facebook-Freundin hat das Geld somit auf rechtswidrige Weise erhalten und ist dazu verpflichtet, es zurückzuzahlen.

In so einem Fall ist rechtliche Hilfe schwierig, da das Geld bereits überwiesen wurde, und die Nachverfolgung bei Western Union eher problematisch ist. Hinsichtlich einer realen Bankverbindung gestaltet es sich etwas einfacher, denn die das Geld empfangende Bank kann kontaktiert und mit dem Sachverhalt vertraut gemacht werden. In bestimmten Fällen ist es der empfangenden Bank möglich, den Betrag vollständig an das Opfer zurückzuüberweisen. Meist veranlasst die Bank dann weitere Schritte wie eine Kontaktierung des Kontoinhabers, eine Kontosperrung und ein Einschalten der Strafverfolgungsbehörden.

Wichtig ist, dass man nicht nur gegenüber der Bank aktiv wird, sondern selbst Strafanzeige erstattet. Dabei sollte nicht nur die für einen selbst zuständige Staatsanwaltschaft einbezogen werden, sondern auch die auf der Empfängerseite. Selbst dann, wenn sich das Geschehen in einem anderen Land abspielt, kann über eine Recherche die zuständige polizeiliche Stelle ausfindig gemacht werden. Wendet man sich schließlich schriftlich an diese, so erfährt man in manchen Fällen weitere hilfreiche Details, da oftmals bereits mehrere Strafanzeigen erstattet wurden und die Polizei erste Ermittlungen aufgenommen hat.

Gerät man über diese Informationen an die reale Adresse des Betrügers, so kann dieser mit einem direkten Brief dazu aufgefordert werden, das erhaltene Geld zurückzuzahlen. Das kann funktionieren, wenn das Geld noch nicht ausgegeben wurde und der Betrüger angesichts der Konfrontation unter seiner realen Adresse und mit der Aussicht auf ein Gerichtsverfahren aufgibt.

Ich möchte Sie eindringlich bitten, sollten Sie selbst mit einer derartigen Botschaft eines Facebook-Freundes konfrontiert werden, bloß nicht vorschnell Geld zu überweisen oder zu versenden. Vergewissern Sie sich immer erst, ob die echte Person dahinter steht, oder ob es sich um einen Täuschungsfall handelt. Rufen Sie den Bittsteller an, und fragen nach, was los ist. Nur dann, nach einem persönlichen mündlichen Kontakt, bei dem Sie die Stimme erkannt und eine Erklärung für die Darlehensbitte erfahren haben, sollten Sie Ihre freundschaftliche Hilfe in die Wege leiten.

Eine andere meiner Mandantinnen erhielt auf Facebook eine Nachricht einer Freundin aus Schulzeiten, zu der lange Zeit kein Kontakt mehr bestand. Sie bat meine Mandantin um Mitteilung ihrer Handynummer, da sie die nicht mehr habe. Das verwunderte meine Mandantin zunächst nicht, denn es kommt immer wieder einmal vor, dass bei einem Handywechsel nicht alle Rufnummern übertragen werden.

Nachdem sie ihr die aktuelle Handynummer mitgeteilt hatte, meinte die Freundin, sie werde ihr auf diese Nummer nun wichtige Passwörter bzw. Codes schicken, die sie ihr anschließend über Facebook mitteilen solle. Genaueres könne sie zum jetzigen Zeitpunkt nicht erklären, aber es sei von großer Wichtigkeit für sie. Meine Mandantin hatte wenig technisches Wissen, und konnte sich darauf keinen Reim machen, blieb jedoch arglos und teilte ihrer Freundin die auf das Handy eingegangenen Codes mit.

Das war es zunächst, sie hörte nach diesem Vorfall nichts mehr von ihrer Freundin, und dachte sich nicht viel dabei. Erst als sie die aktuelle Monatsrechnung ihres Handyanbieters erhielt, bekam sie einen Schock. Darauf hatte PayPal den Betrag der Codes in Rechnung gestellt, dieser belief sich auf über 300 Euro.

Was war geschehen? Die Betrügerin hatte sich die mobile Bezahlfunktion von PayPal zunutze gemacht. Löst man einen solchen Bezahlvorgang aus, so erhält man zur Verifikation einen Code auf sein Handy, der wiederum zur Bestätigung bei PayPal eingegeben wird. Anschließend kann ein bestimmter Betrag über die Mobilfunkrechnung abgerechnet werden. Das ganze funktioniert gut, wenn man es tatsächlich wünscht und hierzu sein eigenes Handy zum Bezahlen benutzt. Verwendet man ein fremdes Handy, so muss jedoch der Besitzer dieses Handys die Rechnung bezahlen.

In dem hier vorliegenden Fall führte die Betrügerin vermutlich genau das aus, einen Online-Kauf für sich, und die Bezahlung über die Abrechnung der Mobiltelefonrechnung ihrer Pseudo-Facebook-Freundin.

Nach Erhalt der Handyrechnung setzte sich meine Mandantin sofort telefonisch mit ihrem Provider in Verbindung, als auch mit PayPal. Beide gaben ihr wenig Hoffnung, sie müsse den Betrag wohl bezahlen. Man riet ihr, bei der Polizei Anzeige gegen Unbekannt aufzugeben, was das Betrugsopfer dann auch tat.

In diesem Fall ist die rechtliche Handhabung etwas einfacher, da wir einen konkreten Ansprechpartner haben, nämlich den Mobilfunkprovider meiner Mandantin. Dieser ist zunächst Rechnungssteller, hat aber aufgrund der enthaltenen PayPal-Positionen eine fehlerhafte Rechnung erstellt.

Bei den PayPal-Leistungen handelt es sich nicht um eine Leistung des Anbieters (wie Telefonverbindungen, SMS, Flatrates oder Internetvolumen etc.), sondern um die Leistung eines fremden dritten Unternehmens. Es liegt daher eine Abrechnung von Drittanbietern vor. Diese dürfen nur dann berechnet werden, wenn sie rechtmäßig ergangen sind und eine vertragliche Grundlage dafür vorliegt.

Die Kundin wusste überhaupt nicht, dass sie einen Vertrag eingeht, und hat keine Leistung erhalten. Ist dem so, so muss dies dem Mobilfunkprovider mitgeteilt und um eine Rechnungspostenstornierung gebeten werden, mit anschließender Rechnungskorrektur. Eine solche muss der Anbieter in rechtlicher Hinsicht vornehmen, da er keine rechtswidrigen Posten auf die Rechnung setzen darf. Der weitere Vorgang wäre dann der, dass die Kundin eine Rechnung direkt vom Drittanbieter über die stornierten Posten erhält. Gegen diese kann mit entsprechender Begründung Widerspruch eingelegt werden.

Damit Ihnen nichts dergleichen passiert, empfehle ich Ihnen, bei Ihrem Mobilfunkanbieter eine vollständige Drittanbietersperre setzen zu lassen. Das hat zur Folge, dass sich keine Fremdanbieter mehr auf Ihre Handyrechnung setzen dürfen. Zudem ist es wichtig, immer misstrauisch zu bleiben. Erhalten Sie eine seltsame Anfrage auf Facebook, bei der es um Geld geht, um Handynummern oder um zugeschickte Codes, so rufen Sie Ihren Facebook-Kontakt lieber persönlich an, als nur über den Chat mit ihm zu reden. Alleine dadurch kann ein solcher Betrugsfall bereits aufgeklärt werden.

Betrügerische Kleinanzeigen im Internet

Welche Geldfalle droht hier? Sie geben eine Online-Bestellung auf und leisten hierfür Vorkasse. Anschließend erhalten Sie einen wertlosen Gegenstand zugeschickt, nicht aber die bestellte Ware. Der Verkäufer bleibt unauffindbar und Ihr Geld ist weg.

Ich beobachte schon seit einiger Zeit, dass Betrügereien bei Verkaufsangeboten im Internet zunehmen. Das gilt sowohl für Verkäufe von privater Seite, als auch von gewerblicher Seite.

Einer meiner Mandanten war auf der Suche nach einem günstigen Angebot für eine bekannte und gerne gekaufte Spielkonsole. Da er sich angesichts seiner finanziellen Verhältnisse einen Neukauf im örtlichen Elektronikhandel beim besten Willen nicht leisten konnte, schaute er sich die Angebote auf verschiedenen Kleinanzeigen-Seiten im Internet an. Schließlich fand er ein Angebot, das sein Interesse erweckte. Ein Mann offerierte die von ihm gesuchte Spielkonsole für einen Preis von lediglich 280 Euro, was zu dem Zeitpunkt ein äußerst günstiges Angebot darstellte. Im Handel hätte er für diese Konstellation inkl. Zubehör ca. 500 Euro bezahlen müssen. Zudem wurde die Konsole als komplett neu angeboten, da es sich um ein Geschenk handelte, für das der Beschenkte mangels Interesse angeblich keine Verwendung fand.

Begeistert von dem günstigen Preis kontaktierte mein Mandant den Privatverkäufer und fragte nach, ob die Spielkonsole noch verfügbar sei. Das war sie glücklicherweise, und nach dem Austausch von einigen wenigen E-Mails war der Kauf beschlossene Sache. Mein Mandant sollte den Kaufpreis von 280 Euro auf das Konto des Verkäufers überweisen, dann würde dieser das Gerät umgehend bei der Post zum Versand aufgeben. Der Verkäufer zeigte sich sehr kulant und verlangte nicht einmal Geld für Verpackung und Briefmarken, das würde er selbst übernehmen.

Nachdem der Kaufpreis überwiesen war, traf nach ein paar Tagen tatsächlich das Paket ein. Darin befand sich jedoch nicht die erwartete Spielkonsole, sondern zur Überraschung meines Mandanten ein großer schwerer Stein.

Natürlich war meinem Mandanten sofort klar, dass er einem Betrüger in die Falle gegangen war. Er schrieb den Verkäufer umgehend an und fragte nach, was das soll. Dieser aber meinte, er habe keinesfalls einen Stein versendet, sondern die gewünschte Spielkonsole. Er vermutete, dass jemand bei der Post das Paket geöffnet und die Konsole entwendet haben musste. Eine Rücküberweisung des Kaufpreises komme daher in keinem Fall in Frage.

Von dieser Antwort irritiert kontaktierte mein Mandant schließlich DHL und die Betreiber der Internet-Kleinanzeigenseite. Doch beide konnten oder wollten dem betrogenen Käufer nicht helfen. Die Betreiber der Seite meinten, sie stellen nur das Portal zur Verfügung. Was aber zwischen den Verkäufern und Käufern passiere, könne von ihnen nicht kontrolliert werden, sie würden hierfür auch nicht haften. Die Post meinte, das Paket wurde mit Sicherheit nicht unterwegs geöffnet, und erst recht kein Austausch des Inhalts vorgenommen. Was nun? Mein Mandant war ratlos.

Leider kommen solche Fälle sehr häufig vor. Ich erhalte nahezu wöchentlich Anfragen in diesem Bereich. Anscheinend versuchen etliche Privatverkäufer in Deutschland, auf diese Weise ihr monatliches Einkommen ein wenig aufzustocken. Aus jener Erfahrung heraus hege ich auch in diesem Sachverhalt die Vermutung, dass von Anfang an nur ein Stein im Päckchen war, und halte die vom Verkäufer ins Spiel gebrachte Idee des Warenaustausches auf dem Postweg für abwegig. Dem gesamten Ablauf nach handelte es sich um die typische Konstellation eines Verkaufsbetrugs über Online-Kleinanzeigen.

Schickt ein Verkäufer seinem Kunden einen Stein anstatt der bestellten Ware, so handelt er in betrügerischer Absicht. Gegen ihn kann daher Strafanzeige wegen Betrugs erstattet werden. Zudem ist ein derartiger Kaufvertrag wegen arglistiger Täuschung anfechtbar. Möchte der Kunde nach wie vor die eigentlich bestellte Ware ausgehändigt bekommen, so kann er den Verkäufer auf Erfüllung des Kaufvertrags verklagen. Meist rentiert sich ein solches Gerichtsverfahren aber nicht, da der Verkäufer die Ware überhaupt nicht besitzt. Ratsamer ist es dann, auf Rückzahlung des Kaufpreises zu klagen.

Ist einem so etwas passiert, so sollte man unbedingt alle Beweisstücke gut aufheben und Fotos davon anfertigen. Diese Fotos werden zusammen mit einer Strafanzeige wegen Betrugs bei der zuständigen Staatsanwaltschaft eingereicht. Gleichzeitig sollte die Empfängerbank kontaktiert und über den Betrug informiert werden. In manchen Fällen kann bereits dadurch eine Rücküberweisung des Kaufbetrags erreicht werden. Mit etwas Glück überweist der Verkäufer das Geld aber bereits von sich aus an den Käufer zurück, wenn man die weitere Vorgehensweise konkret androht und darstellt, welche Stellen nun eingeschaltet werden und welche strafrechtlichen und zivilrechtlichen Folgen damit drohen.

Grundsätzlich rate ich Ihnen, größere Käufe nicht über private Kleinanzeigen im Internet abzuwickeln, die Gefahr des Betrugs ist einfach zu groß. Bei kleineren Dingen, die nicht so viel kosten, können Sie beruhigt zugreifen und das Geld vorab überweisen. Denn meistens handelt es sich dabei aufgrund des niedrigen Preises nicht um Betrugsversuche. Erst wenn es in den Bereich von mehreren hundert Euro geht, versuchen Betrüger, sich illegal zu bereichern. Möchten Sie dennoch etwas kaufen, das privat im Internet inseriert wurde, so ist es empfehlenswert, einen Verkäufer aus der eigenen Stadt, oder zumindest aus einer mit dem Auto erreichbaren Nähe, auszuwählen. Eine persönliche Waren- und Geldübergabe inklusive Überprüfung des Kaufgegenstandes vor Ort und Kenntnis der privaten Adresse des Verkäufers schließen einen Betrug nahezu vollständig aus.

Gutscheine für unseriöse Online-Shops

Welche Geldfalle droht hier? Sie erhalten einen Gutschein geschenkt, den Sie nur in einem ganz bestimmten Online-Shop einlösen können. Dadurch sollen Sie zu einem Kauf verleitet werden. Bei der Einlösung des Gutscheins stellt sich heraus, dass dieser nicht funktioniert oder aufgrund einer Ausnahmeregelung nicht für die bestellte Warengruppe gilt. Der Online-Händler lässt Ihnen daher eine Zusatzrechnung zukommen, in der Sie den Betrag des eingelösten Gutscheins bezahlen sollen.

Nicht nur der private Handel im Internet ist durch Betrüger in Verunsicherung geraten, auch einzelne gewerbliche Anbieter nutzen die verschiedensten Tricks, um mehr Umsatz zu generieren. Ein beliebter Ansatz dabei ist der, dem Käufer einen Gutschein vorzutäuschen, der den nächsten Online-Einkauf vergünstigen soll, dies dann aber zum Erstaunen des Käufers doch nicht macht.

Einer meiner Mandanten bestellte auf einer Internetseite diverse Artikel für seine Heimwerkstatt. Hierfür nutzte er einen Gutscheincode, den er zuvor im Netz über ein Werbebanner gefunden hatte. Dort machte der Onlineshop gezielt Werbung für seine Seite und motivierte Neukunden, den angezeigten Gutscheincode bei der ersten Bestellung einzugeben. Diese würde sich dann um einen Betrag von 30 Euro reduzieren.

Glücklich über diesen Preisnachlass gab mein Mandant den Code am Ende der Bestellung in das dafür vorgesehene Feld ein und schickte die Bestellung ab. Als Zahlungsart wählte er Vorkasse, und überwies nach Erhalt der entsprechenden Zahlungsaufforderung per E-Mail den genannten Betrag. Alles hatte seine Ordnung, der Gutscheincode war erkannt worden und reduzierte den Endpreis dementsprechend.

Nach ein paar Tagen erhielt mein Mandant die gewünschte Bestellung, sie war auch zu seiner vollsten Zufriedenheit. Er ging davon aus, dass der Einkauf nun abgeschlossen sei. Doch weit gefehlt. Nach einem weiteren Tag erhielt er erneut eine E-Mail des Internethändlers, mit dem Hinweis, dass leider der von ihm genutzte Gutscheincode nicht einlösbar sei, die von ihm bestellte Warengruppe falle ausnahmsweise nicht unter die Vergünstigungen der Gutscheinaktion. Das sei deutlich in den Allgemeinen Geschäftsbedingungen des Händlers nachzulesen.

Davon überrascht klickte mein Mandant auf den Link, der zu den benannten AGBs führte, und musste dort tatsächlich nachlesen, dass ein

Großteil der angebotenen Waren überhaupt nicht von dem Gutschein gedeckt waren. Darunter befanden sich auch die von ihm erworbenen Artikel. Diese Information war aber während des Bestellvorgangs an keiner Stelle erwähnt worden. Hätte der nun überraschte Käufer von jenen Ausnahmeregelungen gewusst, hätte er niemals bei dem Onlineshop bestellt, sondern an anderer für ihn günstigerer Stelle. Erst die durch den Gutschein versprochene Preisreduzierung hatte ihn angelockt. Dass diese nun nicht für ihn gelten solle, sah er nicht ein und widersprach der Rechnung.

Trotzdem ließ der Händler nicht locker, er wollte das restliche Geld sehen, und schickte seinem Kunden Mahnung auf Mahnung. Mein Mandant gab nicht auf und widersprach jeder einzelnen davon. Schließlich reichte es dem Shopinhaber, und er schaltete einen Inkassodienstleister ein. Dieser forderte nicht bloß die 30 Euro Nachzahlung, sondern schlug noch seine eigenen Kosten mit auf die Rechnung drauf.

Selbstverständlich muss der Käufer diese Forderung nicht begleichen, da sie vollständig unberechtigt ist. Der Verkäufer hatte den Fehler gemacht, nicht auf die Ausnahmeregelungen des Gutscheins hinzuweisen. Bestehen solche, so muss während der Bestellung unbedingt darauf hingewiesen werden, und zwar so, dass der Käufer davon Kenntnis erlangt. Erst dann, wenn der Käufer Bescheid weiß, dass sein Gutschein möglicherweise nicht gilt, kann ein rechtlich wirksamer Kaufvertrag, zustande kommen. Andernfalls wird der Käufer im Glauben gelassen, dass sein Gutscheincode wirksam ist und sich der Endpreis um den Gutscheinbetrag entsprechend vermindert.

Der Käufer gibt durch anklicken des „Jetzt Kaufen!"-Buttons zu verstehen, dass er die benannten Waren zu genau dem angezeigten Preis erwerben möchte. Ist der Preis in Wahrheit höher, ohne dass der Kunde das wissen kann, so fehlt es an übereinstimmenden Willenserklärungen zwischen Kunde und Verkäufer, und der Vertragsschluss scheitert.

Hier verhielt es sich so, dass der Kunde den Button anklickte, und der Verkäufer den Kauf durch seine Bestätigungs-E-Mail verifizierte. Ein wirksamer Kaufvertrag zum verminderten Preis war abgeschlossen worden. Erst anschließend meinte der Händler, dass die Rechnung höher sei, und stellte eine Nachforderung. Das geht rechtlich nicht.

Stellen Sie sich vor, Sie kaufen beim Metzger ein paar Würstchen für drei Euro. Sie geben dem Ladeninhaber das Geld, er händigt Ihnen die Würste aus. Gut gelaunt wollen Sie das Geschäft verlassen, doch als Sie die Ladentüre öffnen, ruft Ihnen der Fleischer ein lautes „Stop!" hinterher. Sie drehen sich um und fragen erstaunt, was denn los sei. Der Metzger meint, der Preis sei nicht drei, sondern vier Euro. In seiner Geschäftsordnung, die gut sichtbar hinten im Zimmer unter dem Müllei-

mer liegt, stehe, dass Kunden bei Verlassen des Ladens einen Zusatzpreis von einem Drittel des Warenwerts entrichten müssen. Da Sie für drei Euro eingekauft haben, betrage ein Drittel davon ein Euro. Das müssen Sie nun bezahlen, da kann man gar nichts machen.
Ein irrer Metzger? Nicht so aus der Sicht des Online-Shops, den ich hier beschreibe. Auch dieser ist der Ansicht, dass der vereinbarte Kaufpreis nach Abschluss des Geschäfts noch erhöht werden dürfe. Das ist in rechtlicher Hinsicht natürlich Unsinn. Wie oben bereits erwähnt, gilt der Kauf, so wie er vereinbart wurde. Eine nach dem Kauf ausgesprochene Preiserhöhung ist nicht erlaubt, selbst wenn sie im Kleingedruckten steht.
Insofern hatte mein Mandant ein Widerspruchsrecht gegen die nachträgliche Rechnung. Dieses Widerspruchsrecht blieb auch gegenüber dem Inkassodienstleister erhalten, da eine Rechnung nicht plötzlich rechtmäßig wird, nur weil sich ein Inkassounternehmen eingeschaltet hat.
Handelte es sich hier um einen Einzelfall? So könnte man zunächst denken, denn sicherlich hatte es der Händler schlicht übersehen, seine Kunden ordnungsgemäß auf die Ausnahmeregelungen des Gutscheins hinzuweisen. Leider ist dem nicht so. Ich erhalte einfach zu viele Anfragen in diesem Bereich, als dass es sich noch um Einzelfälle handeln könnte. Auf verschiedenste Art und Weise werden im Internet Gutscheincodes angepriesen, die im Nachhinein nicht korrekt eingelöst werden können, den Kunden aber zuvor auf die Homepage des Onlineshops gelockt haben. Manchmal verhält es sich einfach nur so, dass die Eingabe des Gutscheincodes einen permanenten Absturz der Internetseite verursacht, manchmal findet sich kein Eingabefeld für den Code, und manchmal heißt es, dass dieser bereits abgelaufen ist. Unseriöse Onlinehändler finden die mannigfaltigsten Ausreden dafür, warum ein Gutscheincode nicht eingelöst werden kann.

Vorsicht bei Vorkasse

Welche Geldfalle droht hier? Sie bezahlen eine Online-Bestellung per Vorkasse. Die Ware kommt jedoch nie an, ist fehlerhaft oder etwas ganz anderes, als Sie erwartet haben. Der unseriöse Händler weigert sich, Ihnen den Kaufpreis zu erstatten, geht plötzlich insolvent oder verschwindet ganz.

Fragt man mich, welche Zahlungsart bei Bestellungen vermieden werden sollte, so nenne ich meist die Vorkasse als eine Bezahlweise, die nach Möglichkeit nicht vom Kunden genutzt werden sollte. Der Nachteil daran ist der, dass das Geld erst einmal weg ist, man die bestellte Ware aber noch nicht in Händen hält. Und genau das ist das Problem, denn bis die bereits bezahlte Ware den Weg in die eigene Wohnung gefunden hat, kann viel passieren. Es muss sich dabei nicht unbedingt um einen Betrugsfall handeln, bei Vorkasse besteht auch immer die Gefahr, dass der Händler plötzlich in Insolvenz gerät.

Einer meiner Mandanten bestellte bei einem Online-Shop eine Küchenmaschine im Wert von 289 Euro. Von allen Shops im Internet war dies das an jenem Tag günstigste Angebot. Deshalb schlug mein Mandant gerne zu. Leider war ein Kauf auf Rechnung nicht möglich, also musste er in Vorkasse gehen.

Aus der Lieferung wurde nichts, bereits am nächsten Tag erhielt der Kunde eine E-Mail mit der Benachrichtigung, dass die Bestellung storniert wurde, denn der Artikel war nicht mehr lieferbar. Zeitgleich ging meinem Mandanten eine weitere Nachricht zu, in der es hieß, dass die Rückzahlung des Kaufpreises innerhalb von fünf Tagen auf das Konto des Kunden erfolgen würde. Dies geschah jedoch nicht.

Nach zwei Wochen fragte mein Mandant telefonisch nach, wo das Geld denn bliebe. Zu seinem Erstaunen erhielt er von der Mitarbeiterin am anderen Ende der Leitung die Aussage, dass die Zahlung schon angewiesen sei und von der Buchhaltung innerhalb kürzester Zeit ausgeführt werden müsste. Wieder geschah tagelang nichts.

Schließlich erreichte ihn eine weitere E-Mail, in welcher dem Kunden mitgeteilt wurde, dass der Onlineshop ein Eigenverwaltungsverfahren zur Sanierung des Unternehmens aufgenommen hätte, und es für meinen Mandanten nun keinen Rechtsanspruch auf Rückzahlung des Geldes mehr gäbe. Mit anderen Worten, der Händler musste Insolvenz anmelden, und die bereits eingegangenen Zahlungen konnten nicht mehr an die Kunden zurücküberwiesen werden. Das Verfahren wurde laut der E-Mail bereits einen Tag nach der Bestellung eröffnet. Aus Kulanz bot man dem Kunden an, er könne einen weiteren Einkauf tätigen, wobei der von ihm bereits per Vorkasse entrichtete Betrag verrechnet werden würde.

Sicherlich ist es für Sie gut vorstellbar, wie irritiert mein Mandant war, als er diese Zeilen lesen musste. Er fühlte sich arglistig getäuscht, denn wenn die Insolvenz nur einen Tag nach seiner Bestellung eröffnet wurde, so fragte er sich, ob man dies nicht auch schon am Tag der Bestellung hätte wissen müssen. Wäre es nicht Pflicht des Händlers gewesen, seine Kunden zu warnen, um keine Zahlungen per Vorkasse zu leisten? Hätte es der Shop nicht wissen müssen, dass man das Produkt nicht mehr versenden kann, da dieses nicht verfügbar ist? Und warum hat man dennoch die Ware zu einem im ganzen Netz am günstigsten Preis angeboten?

Sie sehen, die Wahl der Zahlweise Vorkasse kann selbst bei scheinbar seriösen Online-Shops dazu führen, dass das gesamte Geld verloren ist. In dem hier vorgestellten Fall war die Insolvenz sicherlich absehbar, dennoch wurden die Kunden erst am letztmöglichen Tag darüber informiert. Vermutlich wollte der Händler zuvor noch möglichst viel Geld herbeischaffen, und bot daher Artikel per Vorkasse so günstig wie möglich an.

Es besteht durchaus der Verdacht, dass sich der Händler des Betrugs strafbar gemacht hat, doch der Beweis dieses Vorwurfs ist nur schwer zu erbringen. In jedem Fall haben Sie ein Recht auf Rückzahlung des bereits per Vorkasse gezahlten Kaufpreises. Allerdings kann es sein, dass dieses Rückzahlungsrecht nur schwer durchsetzbar ist, wenn der Händler insolvent ist.

Sollten Sie selbst einmal in eine solche Geldfalle geraten sein, so schreiben Sie den Händler an und fordern den bereits gezahlten Kaufpreis zurück, unter gleichzeitiger Erklärung des Widerrufs der Bestellung. Setzen Sie eine Frist, innerhalb dieser das geschehen muss. Machen Sie bereits in Ihrem ersten Schreiben deutlich, dass Sie nach Ablauf der Frist ohne weitere Ankündigung Strafanzeige wegen des Verdachts auf Betrug erstatten werden. Meist zeigt eine solche Ankündigung Wirkung, und Sie erhalten das Geld doch noch zurück.

Sollten Sie keine andere Zahlungsart als Vorkasse wählen können, so empfehle ich Ihnen, zumindest nur kleine Beträge auf diese Weise zu bezahlen. Also Beträge, die Ihnen bei Verlust nicht sonderlich weh tun. Geht es um eine Bestellung mit größerem Warenwert, so rate ich als Verbraucheranwalt, der von seinen Mandanten sehr viele schlechte Erfahrungen mit der Vorkasse erzählt bekommen hat, unbedingt davon ab. Wenn es irgendwie geht, wählen Sie die Bezahlung per Rechnung oder per Lastschrift.

Eine Zahlung per Rechnung ist die beste Möglichkeit, da Sie erst die Ware erhalten, und dann per Rechnung bezahlen können. Auch die Ermächtigung zum Bankeinzug ist gefahrlos, da Sie bei einer Reklamation oder bei Nichtlieferung die Möglichkeit haben, den Betrag innerhalb von acht Wochen ab Abbuchung über Ihre Bank zurückbuchen zu lassen.

Eine Zahlung per Nachnahme ist dann in Ordnung, wenn es sich um einen seriösen und bekannten Online-Shop handelt. Denn Sie müssen die Ware erst dann bezahlen, wenn Ihnen der Versanddienstleister das Paket in die Hände drückt. Natürlich besteht auch hier die Gefahr des Betrugs. Oft habe ich Schilderungen meiner Mandanten gehört, die ein solches Paket erhielten, bezahlten, dann aber feststellen mussten, dass etwas ganz anderes oder wertloses in dem Päckchen war. Das ist ein weiterer Fall des Betrugs, kommt aber eher bei kleinen unbekannten und unseriös arbeitenden Online-Shops vor.

Eine andere Variante ist die, beim Kauf im Internet einen Käuferschutz zu aktivieren. Zahlreiche Shops bieten das als zusätzlichen kostenlosen Kundenservice an. Grundsätzlich ist ein Käuferschutz so etwas wie eine Versicherung, die man beim Kauf abschließt, und die vom Onlinehändler bezahlt wird. Kommt es dann in irgend einer Form zu Problemen mit dem Händler, so ist das bereits überwiesene Geld nicht verloren, sondern wird durch diese Käuferschutz-Versicherung erstattet. Eine Zahlung per Vorkasse kann somit etwas gefahrloser getätigt werden, wenn die Option des Käuferschutzes besteht. Dennoch muss Vorsicht das erste Gebot bleiben, denn zum einen gibt es auch unter diesen Zusatzversicherungen Betrüger oder lediglich Attrappen, und zum anderen besitzen Käuferschutzangebote ihre eigenen Regeln, die genauestens befolgt werden müssen. Achtet man nicht auf die Geschäftsbedingungen, so kann das per Vorkasse überwiesene Geld trotz Käuferschutz verloren sein.

Einer meiner Mandanten bestellte Elektronikartikel im Wert von insgesamt 487 Euro bei einem ihm unbekannten Onlinehändler. Trotz des hohen Betrags war er bereit, per Vorkasse zu bezahlen. Dies zum einen, weil es keine andere Bezahlmöglichkeit gab, und zum anderen, weil der Shop einen Käuferschutz für seine Kunden anbot. Aus früheren Bestellungen bei anderen Händlern hatte er mit dem Käuferschutz bereits gute Erfahrungen gemacht, so dass er auch diesmal davon ausging, beruhigt per Vorkasse bezahlen zu können.

Nachdem die Ware nach fünf Wochen immer noch nicht geliefert wurde, hatte er den Support kontaktiert. Ihm wurde mitgeteilt, dass aufgrund eines Lieferantenwechsels Lieferschwierigkeiten bestehen würden. Dennoch bestätigte man dem Kunden, dass die Sendung in zwei Wochen eintreffen werde.

Nach Ablauf dieser zwei Wochen war leider noch immer keine Ware angekommen. Erneut kontaktierte mein Mandant den Support. Wieder wurde ein neuer Liefertermin benannt, der dann ebenso erfolglos verstrich. Nach einer weiteren E-Mail an den Händler erhielt mein Mandant nur noch eine automatische Antwort, dass der Support derzeit nicht erreichbar sei, man sich aber melden würde.

Nach einem weiteren Monat des Wartens wurde es meinem Mandanten zu bunt und er stornierte die Bestellung. Eine Antwort darauf erhielt er nicht. Schließlich setzte er eine Frist zur Rücküberweisung des bereits bezahlten Kaufpreises, doch auch diese verstrich ohne jegliche Antwort. Stattdessen war plötzlich die gesamte Internetseite des Händlers nicht mehr erreichbar, sie war komplett aus dem Netz genommen. Aus diesem Grund entschloss sich mein Mandant dazu, Strafanzeige gegen den Onlinehändler zu erstatten.

Da er den Käuferschutz als Zusatzoption gewählt hatte, blieb mein Mandant in Bezug auf die aufgetretenen Probleme gelassen. Er ging davon aus, dass zumindest über diese Schutzvorrichtung sein Geld wiedererlangt werden könne.

Doch das gestaltete sich dann nicht so einfach, wie er dachte. Nachdem der Händler die Homepage vom Netz genommen hatte, suchte mein Mandant die Bestätigungs-E-Mail des Käuferschutzes heraus. Dort musste er zu seinem Entsetzen lesen, dass der abgeschlossene Käuferschutz nur bis zu zwei Wochen nach Kauf gültig war. Dieser Zeitraum war inzwischen längst verstrichen. Im Falle von Lieferschwierigkeiten, wie bei meinem Mandanten, hätte Meldung an den Käuferschutz gemacht werden müssen, um die Frist zu verlängern. Das hatte mein Mandant nicht gemacht, da er von der Frist überhaupt nichts wusste.

Er schilderte seinen Fall dem Support des Käuferschutzes, und verwies auf den Verdacht des Betrugs. Dennoch konnte keine Lösung für den Kunden gefunden werden, er hätte sich an die Geschäftsbedingungen des Käuferschutzes halten und die Frist aktiv verlängern lassen müssen.

Es besteht hier die Möglichkeit, dass es sich um einen klassischen Betrugsfall handelte, welche immer wieder im Netz vorkommen. Irgend eine Person kommt auf die Idee, per Vorkasse Leute um ihr Geld zu bringen. Hierzu wird kurzerhand ein rudimentärer Onlineshop programmiert und mit Warenangeboten gefüllt, die überhaupt nicht vorrätig sind. Die Bilder und Artikelbeschreibungen stellen sich die Betrüger dabei von anderen Shops im Internet zusammen. Damit möglichst viele unbedarfte Kunden bestellen, werden die Preise auf ein konkurrenzlos niedriges Niveau festgesetzt und als einzige Bezahlweise die Vorkasse angeboten.

Nun muss der Pseudohändler nur noch darauf warten, dass möglichst viele Bestellungen eingehen. Mangels vorhandener Ware müssen die wartenden Kunden immer wieder vertröstet werden, damit diese ihre Geduld nicht verlieren und brav wochenlang auf ihre Bestellung warten. In dieser Zeit kann der Shop mehr und mehr Kunden per Vorkasse anziehen, so dass genug Überweisungen auf das Bankkonto eingehen. Hat sich ein beträchtlicher Geldbetrag angesammelt, so nimmt der Betrüger die Seite vom Netz und ist in der Folgezeit spurlos verschwunden.

Meist handelt es sich bei den betrügerischen Händlern nicht einmal um in Deutschland lebende Personen, sondern das ganze wird vom Ausland aus organisiert. Das macht eine Rückverfolgung erheblich schwieriger und kann vom Kunden zunächst nicht erkannt werden, da die Shopseite auf deutsch gestaltet wurde und als Betreiber einen deutschen Namen und eine deutsche Adresse benennt. Nachdem der Shop vom Netz genommen wurde, zieht der Betrüger das eingesammelte Geld von dem eigens hierfür eröffneten Bankkonto ab und verfrachtet es an eine andere Stelle. Damit ist die Aktion für ihn beendet, und er lässt hunderte oder tausende betrogene Kunden zurück.

Sie sehen, die Bezahlung per Vorkasse birgt immer ein gewisses Risiko, selbst bei aktiviertem Käuferschutz. Ich rate Ihnen daher noch einmal, nicht die Bezahlmöglichkeit Vorkasse zu wählen. Sollte das nicht anders gehen, so nutzen Sie diese nur bei Bestellungen mit kleinen Geldbeträgen. Größere Bestellungen sollten Sie nicht per Vorkasse bezahlen. Gibt es jedoch das gewünschte Produkt nicht in einem Geschäft in Ihrer Nähe, sind Sie also auf eine Bestellung im Internet angewiesen, dann bevorzugen Sie einen großen und bekannten Onlineshop, den es seit vielen Jahren gibt. Selbst wenn dieser ein paar Euro teurer ist, stellt das meist die gefahrlosere Variante dar, als einen kleinen unbekannten Shop auszuwählen.

Gebrauchtware wird als neu verkauft

Welche Geldfalle droht hier? Kleine unseriöse Onlineshops nehmen es mit dem deutschen Recht nicht so genau und setzen bewusst Fallen zum Nachteil des Kunden in ihre Allgemeinen Geschäftsbedingungen (AGBs). Es droht Geldverlust, die gekaufte Ware kann erhebliche Mängel ausweisen, oder der Onlinehändler versteckt sich im Ausland.

Kleine und unbekannte Onlineshops weisen noch viel mehr Gefahren für den arglosen Kunden auf. Es tummeln sich in diesem Bereich einfach zu viele Betrüger, als dass man bei scheinbar günstig angebotener Ware sorgenfrei zugreifen könnte. Niemand hat etwas zu verschenken, und je preiswerter das Angebot ist, desto größer ist die Gefahr des Betrugs.

Meine Mandantin erwarb ein aktuelles Handy von einem kleinen unbekannten Onlineshop. Das Angebot war günstig, es war sogar das mit Abstand günstigste weit und breit. Als sie das Smartphone endlich in Händen hielt, musste sie zu ihrem Erstaunen feststellen, dass es sich nicht um ein neues Gerät, sondern um ein bereits gebrauchtes handelte, das äußerlich starke Abnutzungserscheinungen aufwies. Wir alle wissen, wie ein Handy nach intensiver Benutzung und regelmäßigem Transport in der Hosentasche, in der Handtasche oder im Rucksack aussieht. Das Display und die Kameralinse ist verkratzt, und an den Ecken löst sich die Farbe ab. Genau so sah das gelieferte Smartphone aus.

Völlig verwundert über die zugesandte Ware rief sie die Homepage des Onlineshops auf, und las sich alle Beschreibungen des Händlers durch. Nirgends war ein Hinweis darauf zu entdecken, dass es sich bei dem Angebot um Gebrauchtware handelte. Erst als sie die Seite mit den AGBs aufrief, musste sie zu ihrem Erschrecken eine Klausel lesen, die in etwa besagte, dass die Geräte zwar in aller Regel neuwertig seien, dies jedoch nicht immer garantiert werden könne. Man gebe daher den Zustand als gebraucht an, der Kunde müsse sich aber dennoch keine Sorgen machen, da die Artikel technisch einwandfrei seien und immer eine 24-monatige Gewährleistung bestehe.

So schrieb zumindest der Shop im Kleingedruckten. Eine Angabe, dass das von meiner Mandantin erworbene Handy ein gebrauchtes sein könne, stand nach wie vor nicht bei dem Angebot dabei.

Schließlich entschied sich die Kundin dazu, den Onlineshop anzuschreiben, und bat um Rückerstattung des Kaufpreises. Das Handy wurde leider bereits per Vorkasse bezahlt.

Die Antwort des Shops war irritierend, denn die Kundin wurde dazu aufgefordert, zunächst den Widerruf an die angegebene Adresse in Thailand zu schicken. Tatsächlich stand auf der Homepage unter dem Punkt „Widerruf" eine Adresse in Thailand. Dorthin müsse die Kundin dann auch das Handy schicken. Erst nach Wareneingang würde sie den Kaufpreis rückerstattet bekommen. Die Versandkosten nach Thailand inklusive etwaiger Zusatzkosten wie Zoll o.ä. müsse die Kundin selbst übernehmen, so der Shopbetreiber.

Da das Päckchen ursprünglich aus Bremen kam, wunderte sich meine Mandantin, warum sie das Smartphone nun nach Thailand zurückschicken müsse. Auf eine Nachfrage erhielt sie diesbezüglich keine Antwort vom Shop.

Weitere Recherchen ergaben, dass der Betreiber des Onlineshops seinen Sitz in Hongkong angab. Ein weiteres Mysterium in dieser Geschichte. Nun saß meine Mandantin auf einem gebrauchten Handy, das ihr aus Bremen zugeschickt wurde, sie es aber nach Thailand senden müsse, damit ein Shopbetreiber aus Hongkong ihr das bereits überwiesene Geld erstatten würde. Eine sehr dubiose Angelegenheit.

Natürlich war die Kundin nicht damit einverstanden, den riskanten Versand nach Thailand vorzunehmen und die Kosten zu tragen. Sie schrieb den Shop erneut an und setzte eine Frist zur kundenfreundlichen Lösung der Angelegenheit. Wie erwartet ging der Shopbetreiber nicht darauf ein und meinte nur, er könne ihr nicht weiterhelfen, so seien nun einmal die Verkaufsbedingungen in seinem Laden.

Nach einer rechtlichen Beratung entschied sich meine Mandantin dazu, das gebrauchte Handy doch zu behalten. Letztendlich war der Preis trotz der Gebrauchtspuren immer noch günstig, und es funktionierte ohne Probleme. Die gesamte Aktion inklusive Rücksendung nach Thailand, eventueller Strafanzeige in Deutschland, Thailand und Hongkong und weiteren Zeitaufwendungen war der Kundin zuviel und stand nicht im angemessenen Verhältnis zum Streitwert.

Stellen Sie sich vor, Sie kaufen Socken in einem großen Warenhaus. Nachdem Sie der netten Verkäuferin Ihre Größe und die gewünschte Farbe genannt haben, holt diese Ihnen freudestrahlend ein passendes Paar aus einem Regal. Die Socken sind jedoch ohne Verpackung und stinken. Als Sie die Verkäuferin darauf ansprechen, entgegnet Ihnen diese ganz verwundert, dass es sich hierbei natürlich um bereits getragene Socken handele. Ein anderer Kunde habe die Socken vor kurzem zurückgebracht, da er mit ihnen unzufrieden war. Aber das mache nichts, so die Verkäuferin, da in den Verkaufsbedingungen des Warenhauses deutlich stehe, dass die verkaufte Ware entweder neu oder gebraucht sein könne. Die Socken sind auf jeden Fall noch einwandfrei und könnten ihrer Bestimmung nach genutzt werden. Einmal waschen helfe, und sie stinken nicht mehr. Sollten Sie dennoch mit den Socken unzufrieden sein, so können natürlich auch Sie die Socken zurückgeben. Das ginge aber nur persönlich in der Filiale in Rom. Rückgaben müssten nach den neuesten Geschäftsbedingungen des Warenhauses leider immer in Italien erfolgen. Aus logistischen Gründen ginge das nicht anders.

Unvorstellbar, oder? Nicht so aus der Sicht so manchen unseriösen Onlinehändlers. Diese gehen davon aus, dass sie dem Kunden alles verkaufen können, was sie wollen, solange es in den gut versteckten Geschäftsbedingungen stehe. Und wenn es dann zu einer Rückgabe kommt, legen sie dem Kunden derart schwierige Bedingungen auf, dass diese davon absehen und zähneknirschend den Kauf akzeptieren.

In dem hier geschilderten Fall war die Klausel, die auf den Verkauf von gebrauchter Ware hinweist, unzulässig. Ein so wichtiger Umstand muss groß und deutlich direkt neben dem zu verkaufenden Produkt stehen, und darf sich nicht im Kleingedruckten verstecken. Sie wäre in rechtlicher Hinsicht wirkungslos, da Allgemeine Geschäftsbedingungen keine verkaufsentscheidenden Hinweise enthalten dürfen. Der Onlineshop ist daher so zu behandeln, als ob es diesen Passus in den Geschäftsbedingungen überhaupt nicht gibt. Das wiederum bewirkt, dass es sich um einen strafrechtlich relevanten Betrug handelt, denn dem Kunden wird vorgetäuscht, er erhalte ein neues Handy, tatsächlich wird ihm aber ein gebrauchtes zugesandt. Doch was nützt das dem Kunden, wenn das Geld schon weg ist und der Händler in China oder in Thailand sitzt?

Eine Klage auf Rückzahlung ist in derartigen Fällen nicht empfehlenswert, da selbst bei einem gewonnenen Klageverfahren das dadurch erwirkte Urteil möglicherweise nicht vollstreckt werden kann, sprich, der Händler müsste zwar rückzahlen, tut es aber nicht. Dann müsste ein Gerichtsvollzieher in China beauftragt werden. Sie können sich denken, dass das nicht unbedingt einfach ist.

Ich habe die Erfahrung gemacht, dass es in solchen Fällen effektiver ist, den Händler mit einem deutlichen Brief auf seine Verfehlungen hinzuweisen, und gleichzeitig eine Strafanzeige anzudrohen. Meist zeigt dies schon Wirkung, und der Shopbetreiber kommt seinem Kunden plötzlich doch entgegen.

Ebenso kann der Weg über die das Geld empfangende Bank gegangen werden. Im Extremfall wird eine im Land des Händlers sitzende deutsche Kanzlei beauftragt, diesen anzuschreiben. Meist ist es für den Shopbetreiber wesentlich eindrucksvoller, wenn sich eine Rechtsanwaltskanzlei aus dem eigenen Land meldete, bzw. im Idealfall sogar aus der eigenen Stadt.

Planen Sie einen Einkauf im Internet, so seien Sie bitte gerade bei kleineren und unbekannten Onlineshops besonders vorsichtig. Natürlich sind nicht alle schlecht, aber es gibt, wie dieses Beispiel deutlich zeigt, sehr schwarze Schafe darunter. Wenn Sie in einem unbekannten Onlineshop eine Bestellung tätigen möchten, so lesen Sie sich zunächst unbedingt alle Seiten der Homepage genau durch. Wichtig ist der Hinweis, wo sich der Sitz des Unternehmens befindet, und welche Adresse für den Widerruf angegeben ist. Zudem sind die Allgemeinen Geschäftsbedingungen entscheidend, denn dort findet sich so manche den Kunden benachteiligende Klausel. Wichtig ist außerdem, dass es verschiedene Zahlmethoden zur Auswahl gibt, nicht nur die Vorkasse. Ist das der Fall, so rate ich von einer Bestellung ab.

Der arglistige Weinverkäufer

Welche Geldfalle droht hier? Ein Händler steht vor Ihrer Tür und möchte Ihnen etwas verkaufen. Das Bestellformular ist jedoch so manipuliert, dass Sie den Trick nicht auf den ersten Blick erkennen können. Beispielsweise steht vor jeder Bestellzeile das Wort „Dutzend", so dass Sie die Sache nicht einmalig kaufen, sondern gleich ein Dutzend davon.

Nicht nur online kann man einem Betrüger begegnen, leider gibt es diese Menschengruppe nach wie vor auch in der realen Welt. Eine dieser Gruppen stellen betrügerisch agierende Weinhändlern dar.

Einer meiner Mandanten befand sich bereits längst im Rentenalter und wohnte alleine in seiner kleinen Wohnung. Aus diesem Grund freute er sich über jeden menschlichen Kontakt, und das nutzte ein Betrüger gezielt aus. Eines Tages klingelte es an der Wohnungstür meines Mandanten, ein freundlich blickender Mann im Geschäftsanzug stand davor. Er stellte sich mit Namen vor und gab meinem Mandanten zu verstehen, dass er ihm exquisite Weine verkaufen könne, die sonst nirgendwo im Handel erhältlich wären. Da mein Mandant gerne Wein trank, war er dem Besuch nicht abgeneigt, und ließ ihn in seine Wohnung herein. Die beiden nahmen im Wohnzimmer Platz, und der Verkäufer begann, Kostproben seiner mitgebrachten Weine auszuschenken. Von jeder Flasche durfte mein Mandant ein Gläschen probieren. Es stellte sich heraus, dass die mitgeführten Weine tatsächlich hervorragend schmeckten. Einige stachen besonders hervor, und auf Nachfrage erhielt mein Mandant noch ein Gläschen zum Probieren, und dann noch eines. Nachvollziehbar, dass dadurch die Laune anstieg, vermutlich auch die Kaufbereitschaft. Am Ende der Probierzeremonie fragte der Händler schließlich, ob er Interesse daran hätte, den einen oder anderen Wein zu bestellen. Angesichts der wohlschmeckenden Weine zögerte er nicht, und orderte von den Weinen, die ihm am besten geschmeckt hatten, jeweils zwei Flaschen.

Insgesamt machte er eine Bestellung von sechs Flaschen. Der Preis pro Flasche war mit knapp 15 Euro angegeben, was meinem Mandanten angesichts der hervorragenden Qualität aber als günstig erschien. Und mit einer kleinen Bestellmenge von sechs Flaschen konnte er nichts falsch machen, die finanziellen Belastungen blieben trotz seiner geringen Rente überschaubar. Er unterzeichnete das Bestellformular und verabschiedete den netten Herrn an seiner Tür.

Nach ungefähr einer Woche traf die Bestellung ein. Zur Verwunderung meines Mandanten war das Paket aber wesentlich größer, als erwartet. Es stellte sich heraus, dass darin nicht lediglich sechs Flaschen Wein enthalten waren, sondern insgesamt 72 Flaschen. Verwundert rief der Kunde bei dem Weinhändler an und fragte nach, warum ihm derart viele Flaschen geliefert wurden. Dieser stellte sich ebenso verwundert und meinte, ob der Herr denn nicht das Bestellformular angeschaut habe? Es stand dort doch ganz deutlich, dass es sich jeweils um ein Dutzend Flaschen gehandelt hatte. Mein Mandant habe nicht sechs Flaschen von dem von ihm gewünschten Wein bestellt, sondern sechs Dutzend Flaschen. Das warf meinen Mandanten innerlich um. An einen solchen Hinweis auf dem Bestellformular konnte er sich beim besten Willen nicht erinnern. Knapp 1.080 Euro sollte er nun für die 72 Flaschen Wein bezahlen. Das war für ihn eine beträchtliche Summe, und angesichts seiner finanziellen Lage nur schwer zu bewältigen.

Glücklicherweise handelte es sich bei dem Geschehen um einen Hausbesuch, so dass meinem Mandanten ein 14-tägiges Widerrufsrecht zustand. Dieses konnte ausgesprochen und damit die Bestellung zunichte gemacht werden. Durch den Widerruf wurde der Kunde so gestellt, als ob er den Auftrag nie abgegeben hätte.

Übrigens war das Versprechen, dass es sich bei den Weinen um solche handeln würde, die sonst nirgendwo erhältlich seien, eine falsche Aussage. Wir nahmen anhand der Etiketten eine Überprüfung vor, und es zeigte sich, dass es ganz gewöhnliche Weine aus dem regulären Handel waren. Der Preis lag dort bei ungefähr acht Euro pro Flasche, somit weit unter den angegebenen 15 Euro. Aus Sicht des Händlers verständlich, denn er möchte maximalen Gewinn erzielen, aus Sicht des Kunden aber ein glatter Betrug.

Sollten Sie einmal von einem Händler an der Wohnungstür überrumpelt worden sein, so steht Ihnen ein 14-tägiges Widerrufsrecht zu. Denn hier liegt ein sog. „Haustürgeschäft" vor, bei dem der Gesetzgeber die Kunden ausdrücklich vor Überrumpelungen schützen möchte. Sie sollen nicht durch geschulte Überredungskünste zu einem Kaufvertrag überzeugt werden, den Sie bei längerem Nachdenken vielleicht nie abschließen wollten. Sie haben daher nach Erhalt der Ware und nach Erhalt einer Widerrufsbelehrung, die Ihnen Ihre Rechte genau erklärt, 14 Tage Zeit, um den Kauf zu annullieren.

Kommt es im Rahmen des Kaufvertrags zu einer arglistigen Täuschung, wie hier in Bezug auf den Flaschenpreis und die Flaschenanzahl, so steht Ihnen zusätzlich das Recht auf Vertragsanfechtung zu.

Zudem zeigt in derartigen Fällen ein eindringlicher Brief an den Weinhändler erstaunliche Wirkung. Denn wird dieser mit dem Vorwurf des Betrugs konfrontiert, so stellt sich oftmals ein plötzliches Einsehen in die Tat ein, gefolgt von einer freiwilligen Stornierung der Bestellung.

Der einfachste Schutz besteht natürlich darin, solche Händler erst gar nicht in die Wohnung zu lassen. Die meisten möchten etwas zu ihrem Vorteil verkaufen, nicht zum Vorteil des Kunden. Gelangt dennoch ein fahrender Händler trickreich in Ihre Wohnung, und setzen Sie bereits zur Unterschrift unter den Kaufvertrag an, so halten Sie inne und bitten darum, sich das ganze noch einmal überlegen zu dürfen. Fragen Sie, ob Sie das Formular bei sich behalten dürfen, um es in ein paar Tagen unterschrieben an den Händler zu senden. Reagiert der Verkäufer ablehnend und meint, dass nur jetzt der Vertrag abgeschlossen werden könne, so verzichten Sie ganz auf den Kauf. Denn wenn Ihnen jemand keine Bedenkzeit geben möchte, stehen meist rechtswidrige Absichten dahinter. Ein rechtschaffener Händler wird Ihnen immer etwas Zeit geben, und Ihnen auch seine Vertragsformulare bedenkenlos überlassen.

Schlank werden leicht gemacht?

Welche Geldfalle droht hier? Sie bestellen Schlankheitspillen im Internet und geraten dabei an einen unseriösen Onlineshop. Dieser berechnet Ihnen nicht nur die Tabletten, sondern auch weitere angeblich abgeschlossene Verträge.

Sicherlich sind Ihnen auch schon einmal die Werbeanzeigen auf diversen Internetseiten aufgefallen, die auf einen angeblichen Trick hinweisen, mit dessen Hilfe man abnehmen kann und endlich sein Wunschgewicht erhält. Leider steckt dieses verführerische Angebot nicht immer dahinter, es geht meistens nur darum, Ihnen auf die verschiedensten Weisen Geld zu entlocken. Eine häufig genutzte Variante ist die, Ihnen überteuerte Schlankheitspillen zu verkaufen. Zusätzlich werden dabei manchmal noch weitere Verträge heimlich untergeschoben, ohne dass sie es zunächst bemerken können.

Eine meiner Mandantinnen stieß eines Tages auf ein solches Werbebanner auf einer von ihr angesurften Homepage. Das Banner versprach eine neu entdeckte Methode, mit deren Hilfe sensationelle Gewichtsverluste innerhalb nur weniger Tage erzielt werden könnten.

Neugierig geworden, klickte meine Mandantin auf die Werbeanzeige, und wurde sogleich auf eine andere Seite weitergeleitet. Dort stellten angebliche Experten eine Pille vor, mit deren Hilfe das Abnehmen zum Kinderspiel würde. Man müsse lediglich eine Kapsel vor den Mahlzeiten einnehmen, und schon könne man abnehmen.

Das Prinzip, das hinter dem Mittel steckte, war, dass der Körper aufgrund einer speziell ausgesuchten Kombination von natürlichen Wirkstoffen davon abgehalten werde, weiteres Fett in die Zellen einzulagern. Gleichzeitig würden die Zellen dazu ermuntert, mehr Energie umzusetzen und somit den Gesamtkalorienverbrauch des Körpers zu erhöhen. In Kombination führe das dann dazu, dass ein stetiger Gewichtsverlust eingeleitet werde. Neben der Beschreibung der genauen Wirkungsweise fanden sich zahlreiche Berichte und Fotos von Personen, die das Produkt bereits erfolgreich ausprobiert hatten.

Das alles überzeugte meine Mandantin, und sie entschied sich zu einer Bestellung. Eine Packung war aufgrund einer Neukundenaktion wesentlich günstiger als üblich, so dass 90 Pillen nur 48 Euro kosteten, anstatt der sonstigen 84 Euro. Meine Mandantin dachte sich, dass man damit nicht viel falsch machen könne. Und da die Versprechungen in die Richtung gingen, dass bereits nach einem Monat ein Gewichtsverlust von bis zu zehn Kilogramm erzielbar war, müsste sich die Wirkung schon nach einer Packung zeigen.

Die Bestellung verlief reibungslos, nach nur wenigen Tagen traf das Päckchen bei der Kundin ein, und der Kaufpreis wurde von ihrem Konto abgebucht. Allerdings blieb es nicht bei einer einmaligen Abbuchung über 48 Euro, nach einer ganzen Weile erfolgte eine weitere über 44,70 Euro. Natürlich wunderte sich meine Mandantin, denn sie hatte keine zweite Bestellung aufgegeben.

Nach Rücksprache mit der Firma erfuhr sie, dass sie bereits mit der ersten Warenlieferung eine Broschüre zugesandt bekommen hatte, welche in Verbindung mit einem persönlichen Internetaccount für die Seite des Herstellers 25 Tage lang kostenlos wäre, ab dann aber einen Betrag von 1,49 Euro pro Tag kosten würde. Die Bestellung der kostenpflichtigen Broschüre würde deutlich auf der Homepage angezeigt, insofern sei es verwunderlich, warum die Kundin das nicht gesehen hätte. Was für eine Broschüre? Und was für ein persönlicher Internetaccount? Die Kundin hatte nach diesem Telefonat nur noch Fragezeichen im Kopf.

Meine Mandantin konnte sich nicht daran erinnern, diese Zusatzoptionen gesehen zu haben. Sie rief daher die Homepage der Firma noch einmal auf und spielte den Bestellvorgang erneut durch. Sie legte die gewünschte Packung in den Warenkorb, konnte dabei aber zunächst keine zusätzliche Broschürenbestellung erkennen. Erst nach einem Klick auf den Gang zur Kasse fand eine Weiterleitung auf eine neue Seite statt. Dort sind die persönlichen Daten wie Name und Adresse des Kunden einzugeben. Erst hier sah sie nach langer Suche einen ganz kleinen Hinweis an unscheinbarer Stelle, dass zusätzlich zu den Schlankheitspillen ein Vertrag über den Bezug einer Broschüre abgeschlossen werde. Deren Kosten wurden tatsächlich mit 1,49 Euro pro Tag angegeben, allerdings so gut wie unsichtbar.

Nachdem die Kundin diese versteckten Hinweise entdeckt hatte, rief sie erneut bei der Firmenhotline an und beschwerte sich, dass jene Informationen kaum erkennbar seien. Sie möchte deshalb von dem Vertrag loskommen. Die Mitarbeiterin am Telefon gab ihr zu verstehen, dass der Vertrag rechtsverbindlich abgeschlossen wurde, und dessen Kosten zu bezahlen sind. Eine Kündigung sei nur für die Zukunft möglich, und das müsse schriftlich erfolgen. Am Telefon könne sie leider gar nichts für sie tun.

Enttäuscht legte meine Mandantin auf und schrieb sofort ein Kündigungsschreiben an die Firma. Sie war sich unsicher, ob die Mitarbeiterin recht hatte, und sie wirklich einen zusätzlichen Vertrag abgeschlossen hatte. Die bereits erfolgte Abbuchung ließ sie daher bestehen.

Kann ein Händler von Schlankheitspillen einen zusätzlichen Absatz auf seine Bestellseite setzen, die vom Kunden kaum bemerkt werden kann? Und kommt damit ein rechtlich wirksamer Vertrag zustande? Natürlich nicht. Auch hier haben wir wieder einmal den typischen Fall, dass Unternehmen glauben, heimlich Verträge unterschieben zu können. Wie überall sonst gilt auch hier, dass Verträge nicht im Vorbeilaufen unbemerkt abgeschlossen werden können. Erst dann, wenn der Kunde weiß, dass er überhaupt einen Vertrag eingeht, was dessen Leistung ist, und was er kostet, kann nach deutschem Recht ein wirksamer Vertrag zustande kommen. Die zusätzliche Bestellung der Broschüre war damit rechtlich unwirksam. Es liegt kein Vertrag vor, auf dessen Basis der Händler Rechnungen erstellen darf.

Die Kundin konnte daher unbesorgt die Rückbuchung von ihrem Bankkonto veranlassen, sie musste lediglich die tatsächlich gewollten Schlankheitspillen bezahlen. Da die Pillen mit großer Wahrscheinlichkeit ein unwirksames Produkt darstellen, kann der Kaufvertrag in derartigen Fällen zusätzlich wegen Täuschung angefochten werden. Ein eindringlicher Brief an den Händler, inklusive des Vorwurfs des Betrugsverdachts, zeigte dann meist Wirkung, so dass der Kaufvertrag ohnehin storniert wird.

Stellen Sie sich vor, sie gehen im Supermarkt etwas Wurst für fünf Euro einkaufen. Nachdem Sie das gewünschte Produkt gefunden haben, stellen Sie sich an die Kasse. Die Kassiererin nennt Ihnen als zu zahlenden Betrag aber nicht die erwarteten fünf Euro, sondern 105 Euro.

Natürlich sind Sie verwundert, warum Sie plötzlich 100 Euro mehr bezahlen sollen. Die Kassiererin erklärt Ihnen, dass Sie doch an einer Werbetafel vorbeigelaufen sind. Auf dieser stehe ganz deutlich in kleiner Mikroschrift am untersten Rand, dass jeder Kunde, der hier vorbeiläuft, ein Jahresabonnement über die wöchentliche hausinterne Zeitschrift des Supermarktes „Gut kochen und dabei dick werden" abschließt. Seitdem diese Tafel dort stehe, verkaufe der Markt wesentlich mehr von den Abos als früher.

Wie könne sich der Kunde nun beschweren, wo er doch absichtlich neben der Werbetafel entlang gelaufen sei. Kopfschüttelnd hält Ihnen die Kassiererin die ausgestreckte Hand entgegen und verlangt mit verärgertem Blick das Geld. Hat sie ein Recht auf Bezahlung? Nein, sicherlich nicht. Kein Kunde kann im Vorbeigehen einen Vertrag abschließen, ohne es zu bemerken. Unseriöse Verkäufer von Schlankheitspillen scheinen aber so zu denken.

Erhalten Sie die Rechnung eines Online-Einkaufs, die höher als erwartet ausfällt, so legen Sie gegen diese schriftlich Widerspruch ein, und erklären gleichzeitig den Widerruf des Kaufs. Wurde der Betrag bereits von Ihrem Bankkonto abgebucht, so veranlassen Sie direkt über Ihre Bank eine Rückbuchung. Sie sind nur dazu verpflichtet, das zu bezahlen, was Sie bestellt haben. Unerwartete Rechnungen von angeblichen Zusatzverträgen müssen Sie nicht begleichen. Aufgrund des Widerrufs wird der gesamte Kaufvertrag beseitigt, und Sie sind nicht länger vertraglich an den unseriösen Händler gebunden. Bitte achten Sie grundsätzlich immer genau darauf, was Sie im Internet anklicken. Abgesehen davon, dass Sie kein derart wirkungsloses Produkt wie eine Schlankheitspille bestellen sollten, ist bei solchen Vorgängen immer darauf zu achten, was wo steht. Lesen Sie alles durch, auch das kleinste Kleingedruckte am Rand der Internetseite, oder auf unscheinbaren Unterseiten. Gerade dann, wenn ohnehin ein unseriöses Produkt wie eine Schlankheitspille verkauft werden soll, haben es die Händler oftmals nicht nur auf den Kaufpreis abgesehen, sondern auf noch viel mehr Geld ihrer Kunden. Es wird leider mit allen Tricks versucht, weitere Verträge unterzuschieben.

Angeblich kostenlose Kreditkarten

Welche Geldfalle droht hier? Sie bestellen ein angeblich kostenloses Produkt im Internet. Dennoch erhalten Sie eine Rechnung und werden vehement zur Zahlung aufgefordert.

Ähnlich häufig wie auf Anzeigen für Schlankheitsmittel stößt man im Netz auf unseriöse Werbung für Kreditkarten. Auf den ersten Blick scheint es so, als seien diese völlig kostenfrei zu haben, man müsse lediglich seine persönlichen Daten eingeben, und schon bekäme man eine kostenlose Kreditkarte nach Hause geschickt. Doch dann bringt der Postbote nicht nur die Kreditkarte, sondern legt eine Nachnahme-Rechnung vor. Der Kunde bekommt die Kreditkarte nur dann ausgehändigt, wenn er dem Postboten umgehend das Geld übergibt. Hier handelt es sich um unseriöse Kreditkarten-Vermittler, die ein kostenfreies Angebot vortäuschen, dann jedoch eine unerwartete Rechnung stellen.

Auf ein derartiges Angebot wollte sich einer meiner Mandanten einlassen, denn er besaß bislang noch keine Kreditkarte, wollte eine solche aber zukünftig für die Bezahlung von Spielen für sein Smartphone verwenden. Bislang ließ er diese In-Game-Kosten direkt über seine Handyrechnung abbuchen, was ihm auf Dauer aber zu riskant erschien.

Dementsprechend suchte er sich eine ihm seriös erscheinende Anzeige für eine kostenlose Kreditkarte heraus und gab alle erforderlichen Daten ein. Hinweise auf eventuelle Kosten waren nicht zu sehen, er hatte sich alles ganz genau angeschaut. Nach der Betätigung des Bestellbuttons erhielt er eine E-Mail, in der es hieß, dass ihm die Kreditkarte innerhalb von einer Woche zugeschickt werden würde.

So kam es dann auch, doch die Karte landete nicht einfach in einem Briefkuvert im Briefkasten, sondern der Postbote klingelte extra und wollte die Sendung persönlich übergeben. Schnell wurde klar, warum. Zusammen mit der Übergabe des Briefes verlangte der Postbote eine

Nachnahme-Zahlung in Höhe von 97 Euro. Natürlich war mein Mandant verwundert, denn er hatte in der letzten Zeit nichts bestellt, was kostenpflichtig per Nachnahme gesendet werden sollte.

Als er den Absender des Briefes sah, wurde ihm klar, dass es sich dabei um die Kreditkarte handeln musste. Doch war diese nicht kostenlos? Warum verlangte der Postbote nun so viel Geld dafür? Mein Mandant wollte nicht bezahlen und verweigerte die Annahme. Er teilte dem Briefträger mit, dass es sich dabei um einen Irrtum handeln müsse, denn er habe etwas kostenloses bestellt, von einer Rechnung war nie die Rede. Der Postbote zeigte Verständnis und zog zusammen mit dem Brief wieder davon, während sich mein Mandant umgehend an seinen PC setzte und eine E-Mail an das Kreditkarten-Unternehmen schickte, bei dem er die Karte bestellt hatte.

Zu seinem Erstaunen kam nicht etwa eine Antwort mit der Begründung, warum es auf einmal doch Geld kosten solle, sondern eine E-Mail-Mahnung. In dieser Mail beschwerte sich das Kreditkarten-Unternehmen, dass der Kunde die Bezahlung der Nachnahme-Sendung verweigert hatte. Er solle den Betrag nun bitte innerhalb von sieben Tagen per Überweisung an die angegebene Bankverbindung zahlen. Zu den 97 Euro rechnete die Firma noch einmal fünf Euro Mahngebühr hinzu, so dass der zu überweisende Betrag bereits bei 102 Euro lag.

Mein Mandant wollte das verständlicherweise so nicht hinnehmen, und schrieb das Kreditkarten-Unternehmen erneut an. Er bat um Aufklärung, warum auf einmal Geld bezahlt werden müsse, obwohl er ein kostenfreies Produkt bestellt hatte. Keine Antwort. Die Firma schwieg und wartete auf die Überweisung. Nach einer Weile erging eine weitere Mahnung, dann noch eine, und jedesmal erhöhte sich der zu zahlende Geldbetrag um fünf Euro. Zu einer Stellungnahme, warum der Kunde überhaupt etwas für eine angeblich kostenlose Kreditkarte zahlen sollte, ließ sich das Unternehmen nicht herab.

Nach weiteren fünf Wochen erhielt mein Mandant schließlich doch eine Nachricht, in der die Firma auf den Vertragsschluss einging. Sie führte auf, dass der kostenpflichtige Vertrag dadurch zustande kam, dass der Kunde seine persönlichen Daten in das Formular auf der Homepage des Unternehmens eingetragen hatte. An dieser Stelle habe sich auch ein Hinweis auf die Kostenpflichtigkeit befunden, welcher kaum zu übersehen gewesen wäre. Da die Daten des Kunden vorlägen, und seine IP-Adresse gespeichert sei, wäre ein kostenpflichtiger Vertrag zustande gekommen. Die Kreditkarte müsse daher bezahlt werden.

Mein Mandant empfand das als puren Unsinn, denn selbstverständlich hatte er seine Daten eingegeben, er wollte doch die kostenlose Kreditkarte zugeschickt bekommen haben. Wie sonst sollte dies geschehen, wenn er nicht seinen Name und die Anschrift in das Formular eingetragen hätte? Und von ihm aus konnten sie auch seine IP-Adresse speichern, er bestritt ja nicht, dass er an seinem Computer saß. Aber daraus nun abzuleiten, dass ihm die Kosten von knapp 100 Euro angezeigt wurden, hielt er für sehr abwegig. Er blieb daher konsequent und leistete keine Zahlung.

Jetzt meldete sich ein Inkassodienstleister bei ihm. Erneut wurde er zur Zahlung aufgefordert, diesmal zuzüglich der Inkasso- und Verzugsgebühren. Inzwischen belief sich der Gesamtbetrag bereits auf 191 Euro. Mit viel Kopfschütteln und Verwunderung schrieb er eine weitere E-Mail, diesmal direkt an das Inkassounternehmen. Abermals verwies er darauf, dass er eine kostenlose Kreditkarte bestellt hatte, von einer Zahlungspflichtigkeit war nie die Rede. Einfallslos erwiderte das Inkassobüro, dass der Betrag zum Zeitpunkt der Bestellung deutlich angezeigt wurde und daher bezahlt werden müsse. Da er bereits sehr lange die Zahlung verweigert habe, befinde er sich im Verzug, und müsse zusätzlich die Inkassogebühren begleichen.

Nun wurde es meinem Mandanten zu bunt, und er wandte sich an meine Kanzlei. Ich kenne derartige Fälle seit vielen Jahren, leider kommen diese immer wieder vor. Dementsprechend klärte ich meinen Mandanten zunächst darüber auf, dass er sich keine Sorgen machen müsse, denn die Sache werde gut für ihn ausgehen.

Fakt ist, dass der Kunde keinen kostenpflichtigen Vertrag abgeschlossen hat, sondern einen kostenlosen. Juristen bezeichnen dies als eine Art von Schenkungsvertrag. Natürlich möchte das Kreditkarten-Unternehmen zu einem späteren Zeitpunkt Geld mit den Zahlungen über die ausgegebene Kreditkarte verdienen, doch zunächst handelt es sich bei der kostenfrei überlassenen Kreditkarte um eine Schenkung. Und hierfür darf kein Geld verlangt werden.

Behauptet die Firma, dass während des Bestellvorgangs ein Betrag angezeigt wurde, der per Nachnahme zu bezahlen sei, so müsste sie dies auch beweisen können. Das kann sie aber nicht, denn es ist nur eine Behauptung. Grundsätzlich verhält es sich in rechtlicher Hinsicht so, dass diejenige Partei in einem Rechtsstreit, die einen Vertrag behauptet, diesen auch beweisen muss. Liegt ein schriftlicher Vertrag vor, so müsste er dem Kunden in Kopie vorgelegt werden, mit seiner deutlich sichtbaren Unterschrift. Liegt ein telefonischer Vertrag vor, so hat das Unternehmen eine Audiodatei zu präsentieren, in der der Vertragsschluss eindeutig vom Kunden angenommen wird, und sowohl Vertragsleistung als auch Vertragspreis benannt wird.

In dem hier vorliegenden Fall handelte es sich jedoch um einen im Internet abgeschlossenen Online-Vertrag, der nur ganz schwierig bewiesen werden kann. In derartigen Fällen müsste sich das Unternehmen eigentlich eine zusätzliche Bestätigung seitens des Kunden holen, beispielsweise in Form einer nachträglichen schriftlichen Bestätigung, um den Vertrag nachweisen zu können. Eine solche lag hier nicht vor, und ohnehin handelte es sich um einen nur vorgetäuschten kostenpflichtigen Vertrag, da für den Kunden zu keinem Zeitpunkt eine Kostenpflichtigkeit erkennbar war.

Das unseriöse Kreditkarten-Unternehmen versuchte auf diese Weise, Kunden zunächst in den Vertrag zu locken, und ihnen erst im Nachhinein, wenn die Kreditkarte bereits geliefert wurde, eine Zahlung aufzubürden. Vermutlich dachte sich das Unternehmen, dass der Kunde einen so kleinen Betrag von unter 100 Euro sicherlich bezahlen werde, wenn er die Kreditkarte erst einmal zum Greifen nahe vor Augen sähe.

Würde es sich um einen Einzelfall handeln, so könnte man noch von einem Versehen ausgehen. Da ich aber solche Schilderungen immer wieder von Mandanten höre, muss ich die Vermutung hegen, dass dahinter System steckt.

Schaut man sich derartige Kreditkarten-Bestell-Homepages einmal etwas genauer an, so entdeckt man manchmal, dass es zwei verschiedene Varianten gibt. Einmal diejenige, die der Kunde sieht, nachdem er auf eine Werbeanzeige im Internet geklickt hat. Hier ist von einem kostenlosen Vertrag die Rede. Dann gibt es die zweite Version, die einen Hinweis auf die Kostenpflichtigkeit besitzt. Diese Seite wird dann verwendet, wenn beispielsweise vor Gericht der Nachweis erbracht werden soll, dass ein ordnungsgemäßer Hinweis auf die Kostenpflichtigkeit erfolgt ist. Diese Vorgehensweise mit zwei verschiedenen Seitentypen gibt es in vielen Bereichen, nicht nur bei Kreditkarten-Bestellungen.

Dennoch, es hilft dem Unternehmen nichts, wenn es auf eine allgemeine Seite verweist, selbst wenn dieses einen Kostenhinweis enthält. Es muss nachweisen können, dass der konkrete Kunde genau diese Seite mit dem Kostenhinweis vor Augen hatte, als er die Bestellung aufgab. Es bringt der Firma nichts, nur auf eine generelle Seite mit Hinweis auf die Zahlung zu verweisen. Homepages können jeden Tag verändert und neu gestaltet werden, das weiß auch das Gericht. Da das Kreditkarten-Unternehmen nicht beweisen kann, dass der Kunde den Hinweis auf die Kostenpflichtigkeit sah, als er die Karte bestellte, scheitert der Vertragsnachweis. Und ohne vertragliche Grundlage darf es keine Rechnungen verschicken.

Betrug beim Online-Banking

Welche Geldfalle droht hier? Ein Betrüger kapert Ihr Online-Bankkonto und fordert Sie durch einen Trick zur Überweisung eines bestimmten Geldbetrags auf.

Immer wieder kommt es zu Geldattacken auf Bankguthaben. Die Täter lassen sich dabei ständig neue Strategien einfallen, um das Opfer hinters Licht zu führen. Eine der aggressivsten Methoden wird im folgenden Beispiel vorgestellt.

Eine meiner Mandantinnen wollte eigentlich nur ihren aktuellen Kontostand überprüfen, um zu sehen, wieviel Geld noch für den Rest des Monats zur Verfügung steht. Nachdem sie sich eingeloggt hatte, erschien jedoch ein ungewohntes Fenster auf ihrem Bildschirm. In diesem hieß es, dass das „Zollamt" aufgrund einer Sepa-Umstellung versehentlich 2.600 Euro auf das Bankkonto meiner Mandantin überwiesen hätte. Diesen Betrag wollte das Zollamt schnellstmöglich zurückhaben, und bat um Überweisung. Würde diese nicht sofort ausgeführt, so werde das Konto gesperrt.

Verständlicherweise war meine Mandantin zunächst sehr überrascht, denn ein solches Fenster hatte sie auf ihrem Online-Bankaccount noch nie gesehen. Es war sehr gut gemacht und im Stil der Internetseite ihrer Bank gestaltet, alles sah täuschend echt aus. Am unteren Rand des Fensters befanden sich zwei Kästchen, auf dem einen stand „Rückzahlung", und auf dem anderen „Kontostand". Als erstes klickte meine Mandantin auf die Option „Kontostand" Es folgte eine Übersicht ihrer letzten Bankaktivitäten, und dort war tatsächlich ein Zahlungseingang über 2.600 Euro vermerkt. Entsprechend war ihr Endsaldo erhöht. Alles deutete darauf hin, dass eine Überweisung des Zollamts wirklich stattgefunden hatte.

Nun klickte meine Mandantin auf die zweite Option „Rückzahlung", denn selbstverständlich wollte sie die Fehlbuchung so schnell wie möglich ungeschehen machen, um eine Sperrung ihres Kontos zu verhindern. Es öffnete sich ein weiteres Fenster für die Überweisung, in dem bereits die Empfängerdaten des Zollamts ausgefüllt waren. So dachte zumindest meine Mandantin. Sie erhielt per SMS eine TAN-Nummer, trug diese in das Online-Überweisungsformular ein, und schickte den Zahlungsauftrag ab. Anschließend deutete alles darauf hin, dass die Rückzahlung des Betrags erfolgreich verlaufen war. In ihrer Kontoübersicht stand sowohl der Zahlungseingang des Zollamts, als auch ihre Überweisung dorthin zurück, so dass sich der Saldo ihres Kontos nicht verändert hatte.

Einen Tag später war die Überweisung des Zollamtes verschwunden, es erschien nur noch die selbst durchgeführte Zahlung über 2.600 Euro. Nun war als Empfänger nicht mehr das Zollamt angegeben, sondern eine Auslandsüberweisung an einen Herrn mit osteuropäisch klingendem Namen. Völlig erschrocken fuhr meine Mandantin sofort zu ihrer Bank, um den Vorfall persönlich aufzuklären. Dort konnte man ihr aber nicht helfen, da es sich um eine selbst in Auftrag gegebene Überweisung handelte. Wäre es eine Lastschrift gewesen, so hätte man eine Rückbuchung problemlos durchführen können. Bei eigenen Überweisungen ginge das nicht. Der Bankmitarbeiter empfahl meiner Mandantin, zur Polizei zu fahren und dort Anzeige zu erstatten.

In den folgenden Tagen verhielt sich die Anzeige ihres Online-Bankaccounts ganz seltsam, einmal wurde der vermeintliche Zahlungseingang des Zollamts angezeigt, dann mal wieder nicht. Letztendlich verschwand die Eintragung dauerhaft. Nach einer Weile erhielt meine Mandantin eine Nachricht der Polizei, da die beschuldigte Person nicht aufzufinden war. Auch ihre Bank meinte nochmals, dass sie nichts für sie tun könne, denn sie habe das Geld freiwillig überwiesen und der Bank sei kein Fehler unterlaufen.

Was war hier passiert? Wie konnte es der Betrüger schaffen, auf dem Online-Bankaccount meiner Mandantin ein Fenster erscheinen zu lassen, in der er seinen eigenen Text platzieren und zur Überweisung an seine Bankverbindung auffordern konnte? Hätte die Bank meiner Mandantin das nicht verhindern müssen? Vermutlich handelt es sich hierbei um einen groß angelegten Betrugsfall, bei der die Banking-Accounts der Opfer gezielt mit Hilfe von speziellen Programmen manipuliert wurden, inklusive der zum Online-Banking verwendeten Smartphones. Ein solches Programm könnte über einen Link, den meine Mandantin vielleicht zuvor in einer Spam-E-Mail angeklickt hatte, auf ihren Rechner übertragen worden sein. Von da an hat die Schadsoftware jegliche Aktivität meiner Mandantin mitverfolgt und aufgezeichnet. Dadurch wurde bekannt, bei welcher Bank sie ein Konto hat, wie ihre Zugangsdaten für dieses Konto lauten und welche Kontobewegungen sie dort in der letzten Zeit durchgeführt hat.

Anschließend ließ der Betrüger über das Schadprogramm ein Fenster auf der Homebankingseite erscheinen, das der Homepage der Bank täuschend ähnlich sah. Auf diesem Fenster platzierte er einen Link zu einer vorgefertigten Überweisung, die das Geld direkt auf sein Konto transferierte, nach außen hin aber eine Überweisung an das Zollamt vortäuschte. Der Betrüger hatte damit ein Fenster so genau über die eigentliche Überweisungsvorlage der Bank gelegt, dass die dort eingetragenen Daten direkt in das eigentliche Formular der Bank übertragen, zuvor jedoch hinsichtlich der Empfängerdaten verändert wurden. Dadurch war nicht die Bankverbindung des im Ausland sitzenden Empfängers sichtbar, sondern die des Zollamts. Dennoch wurde eine normale Überweisung vorbereitet und ausgelöst, so dass meine Mandantin wie sonst auch eine TAN-Nummer auf ihr Handy geschickt bekam. Sie schöpfte keinen Verdacht, da der ganze Vorgang seinen gewöhnlichen Gang nahm, wie bei sonstigen Überweisungen auch.

So könnte es zumindest gewesen sein. Der genaue Vorgang bleibt auch mir verborgen, da dies vermutlich nur ein Informatiker aufdecken könnte, der sich in diesem Bereich gut auskennt. Meine Aufgabe war es, den rechtlichen Vorgang zu bewerten und meiner Mandantin zu helfen. Hier handelte es sich um einen klaren Fall von Betrug, der bei der Polizei oder Staatsanwaltschaft zur Anzeige gebracht werden kann. Die Rückführung des Geldes ist trotz der eindeutigen strafrechtlichen Sachlage dennoch schwierig, da meine Mandantin, wie ihr die Bank bereits mitgeteilt hatte, selbst für die Überweisung verantwortlich war.

Es gibt aber Mittel und Wege: Zunächst muss man die Bank ausfindig machen, die im Ausland ihren Sitz hat und das Geld in Empfang nimmt, das der Kunde ungewollt an den Betrüger überwiesen hatte. Natürlich weiß man nicht, wer wirklich hinter dem Betrug sitzt, man hat weder einen Namen noch eine Adresse. Aber man weiß, wo sich seine Bank befindet. Es kann nun eine Strafanzeige mit genauer Schilderung des gesamten Vorgangs in englischer Sprache an die in dieser Stadt ansässige Polizeibehörde geschickt werden. Mit etwas Glück erhält man dann nach einiger Zeit eine Antwort mit der Bestätigung des Eingangs der Strafanzeige.

Diese Bestätigung, zusammen mit der Anzeige, schickt man nun an die Bank, die das Geld für den Betrüger in Empfang nimmt. Gleichzeitig schreibt man noch einmal die Bank des Opfers in Deutschland an, und bittet erneut um Rückerstattung des Geldes. Nun trägt man vor, dass die Bank ein Mitverschulden besäße, da sie den Online-Bankingaccount des Opfers nicht vor solchen Betrugsversuchen schützen konnte. Im Idealfall erstattet die Bank dann aus Kulanz zumindest einen Teil des verloren gegangenen Geldes. Manchmal muss abgewartet werden, wie die ausländische Bank reagiert und Rücksprache mit der deutschen Bank hält. Wie gesagt, diese Fallkonstellationen sind schwierig. Manchmal kann aber tatsächlich eine Rückzahlung erreicht werden.